航天科工出版基金资助出版

武器装备可靠性保证

李宏民　王　冬　张生鹏　王　刚　编著

中国宇航出版社
·北京·

图书在版编目（CIP）数据

武器装备可靠性保证 / 李宏民等编著. -- 北京：中国宇航出版社，2024.7

ISBN 978-7-5159-2386-4

Ⅰ. ①武… Ⅱ. ①李… Ⅲ. ①武器装备管理－可靠性工程－研究 Ⅳ. ①E145.1

中国国家版本馆 CIP 数据核字(2024)第 088530 号

责任编辑　刘　凯　　　封面设计　王晓武

出版发行　中国宇航出版社

社　址　北京市阜成路 8 号　　邮　编　100830

(010)68768548

网　址　www.caphbook.com

经　销　新华书店

发行部　(010)68767386　　(010)68371900

(010)68767382　　(010)88100613(传真)

零售店　读者服务部

(010)68371105

承　印　北京中科印刷有限公司

版　次　2024 年 7 月第 1 版　　2024 年 7 月第 1 次印刷

规　格　880×1230　　开　本　1/32

印　张　9.875　　字　数　284 千字

书　号　ISBN 978-7-5159-2386-4

定　价　108.00 元

本书如有印装质量问题，可与发行部联系调换

《武器装备可靠性保证》编委会名单

序

质量是航天的生命。航天装备具有的系统构成复杂、技术风险高的特点，决定了航天是一项高风险的事业。中国航天 60 多年的实践告诉我们，质量是航天事业发展壮大的根本保证和永恒主题。航天成功功于质量，失败亦败于质量。中国航天科工集团作为我国重要的导弹供应商，随着导弹装备逐步向体系化、集成化、智能化和软件化方向发展，对质量与可靠性提出了更新、更高的要求。

当前质量管理正在经历一场技术变革。质量靠体系、靠管理、靠保证、靠控制，这是必要的，但也是不全面的。高新武器装备质量问题的技术化特征非常明显，技术质量问题约占质量问题总数的一半。在此形势下，传统的过分依赖质量体系的建设与运行和强调“事后把关”的质量归零等质量管理保证模式，已难以满足装备质量建设的发展需求。质量技术变革，就是要加大质量的技术含量，树立从源头抓起的现代质量观，一要关注全系统、全过程、全特性的“三全”质量管理；二要重视质量特性的形成过程。运用可靠性系统工程等专业技术手段来强化“质量设计”，通过技术的方法手段和一套规范化的工程，确保产品“好用管用、经久耐用”。

可靠性是装备效能的倍增器。随着装备实战化背景下的运用强度不断增大，用户需求逐渐从重视功能性能发展到重视效能，再到重视“高效费比”。切实处理好装备技术先进性同性能稳定性、可靠性、安全性的关系，充分发挥装备的效能是当前装备质量建设的最高要求。传统的产品设计，“重性能、轻效能”的现象普遍存在。但故障多、维修难、保障差、费用高等技术质量问题，已严重影响产品效能的发挥。可靠性既是构成产品效能的重要基础，也是影响其寿命周期费用的关键因素。因此，可靠性工程是满足新时代用户高质量需求的重要支撑。建设质量强国，就是要大力推进以可靠性为中心的质量建设，这是推动装备高质量发展的必由之路。

本书以导弹武器系统的可靠性保证为背景，系统梳理总结了当前武器装备可靠性管理、设计与分析、试验与评价等方面的工作项目和实施方法，同时介绍了可靠性保证技术的发展趋势，具有广泛的工程应用价值。为此作序，并向广大读者，尤其是航天工作者推荐此书，希望大家能够学有所获。

2024年5月

前　言

在几十年的工程实践中，可靠性工程的作用越来越重要，尤其是导弹武器系统的可靠性问题，比起设备的一般性能指标更为重要，它不仅在于经济意义，更重要的还在于军事意义。目前，对可靠性的认识又有新的发展，在观念上又有一个新的飞跃，美国空军指出：我们完全改变了轻重缓急的优先顺序，把可靠性、维修性和可生产性作为所有重要事件中的第一位来抓。可靠性和维修性的重要性现在已等于甚至超过过去人们认为的最重要的性能、成本和进度等指标。

20世纪八九十年代之前，我国武器装备以测绘仿制为主，部分型号研制总要求中缺少可靠性顶层约束，设计可靠性指标虽然能满足要求，但在研制使用过程中质量可靠性问题依然层出不穷。随着高新技术密集型号的自主研制，军工单位已逐渐认识到可靠性工作的有效开展是武器装备性能和功能得以发挥的根本前提。只有从系统工程的角度出发，在武器装备设计之初就明确可靠性保证这一纲领性要求并贯穿于全寿命周期，才能做到未雨绸缪，更好地在研制阶段消除产品的故障隐患，降低故障发生的可能性，保证装备的可靠性水平。

最新颁布的GJB 450B—2021《装备可靠性工作通用要求》作为指导装备可靠性工作的顶层标准，总结了可靠性管理、设计分析、制造工艺、试验评价的系列工作项目，体现了装备全寿命周期可靠性保证的系统工程思想，对提高装备的可靠性水平具有重要意义。在工程实际应用中，还需从管理和技术两个层面入手，结合装备具体特点，对 GJB 450B—2021 的工作项目进行剪裁、细化和分解，以将顶层要求落实到研制过程中；同时有效应用可靠性设计、分析、试验与评价等技术方法，切实提升武器装备可靠性水平。

全书以导弹武器装备的研制为背景，系统总结了武器装备研制过程中可靠性保证的实践经验和部分研究成果。本书共 7 章，第 1 章介绍了可靠性工程的发展历程、重要性，导弹装备的设计及使用特点和相关术语定义；第 2 章介绍了武器装备可靠性保证的基本内容、可靠性要求和可靠性工作项目要求；第 3 至第 6 章，按照 GJB 450B—2021 的基本框架，运用系统工程理念，从管理、设计与分析、工艺可靠性技术、试验与评价 4 个方面全面论述了武器装备可靠性保证的工作项目及实施方法；第 7 章从数字化、体系化、智能化、实战化 4 个方面展望了武器装备可靠性工程的新发展趋势。在 GJB 450B—2021 中与软件可靠性相关的工作项目另有专门的软件保证实施规范，不在本书中体现。

本书第 1 章由李宏民、张生鹏编写，第 2 章由黄硕编写，第 3 章由唐宇彬编写，第 4 章由荣双龙编写，第 5 章由张安琪编写，第 6 章由赵朋飞编写，第 7 章由王冬、王刚编写，全书由李宏民、王冬负责审核定稿。曹晓蕾、李晋鹏、徐如远为本书的撰写做了许多文献查阅、素材收集、归纳整理等工作，在此一并表示感谢。限于编者水平，书中难免存在不足与疏漏之处，敬请读者谅解和指正。

在本书出版之际，我们向所有默默奉献在武器装备可靠性保证战线上的工作者表示感谢。

作　者

2024 年 5 月

目 录

第1章 概 述 …… 1
1.1 可靠性工程的发展 …… 1
1.1.1 基于统计推断的可靠性阶段 …… 1
1.1.2 基于故障物理的可靠性阶段 …… 3
1.1.3 基于模型的可靠性系统工程阶段 …… 5
1.2 武器装备设计和使用特点 …… 6
1.3 可靠性工程在武器装备研制中的地位和作用 …… 10
1.3.1 可靠性保证工作是武器装备产品保证工作的重要内容 …… 10
1.3.2 可靠性设计是提高武器装备效费比的重要一环 …… 12
1.3.3 可靠性是影响武器系统效能的重要因素 …… 14
1.4 术语和定义 …… 16
1.4.1 可靠度函数、累计故障分布函数及故障密度函数 … 16
1.4.2 故障率与浴盆曲线 …… 17
1.4.3 平均故障前时间（MTTF） …… 18
1.4.4 平均寿命（θ） …… 19
1.4.5 平均故障间隔时间（MTBF） …… 19
参考文献 …… 21
第2章 可靠性要求及工作项目确定 …… 22
2.1 可靠性保证的基本内容 …… 22

2.2 确定可靠性要求 …… 24
2.2.1 可靠性要求的分类 …… 25
2.2.2 可靠性要求的确定原则 …… 27
2.3 确定可靠性工作项目要求 …… 28
参考文献 …… 32

第3章 可靠性管理 …… 33
3.1 概述 …… 33
3.2 制定可靠性工作计划 …… 33
3.2.1 概述 …… 33
3.2.2 承制方制订可靠性工作计划的作用 …… 34
3.2.3 制订可靠性工作计划时需要考虑的一般因素 …… 34
3.2.4 可靠性工作计划的基本构成 …… 35
3.3 可靠性保证工作系统及职责 …… 35
3.3.1 建立可靠性保证工作系统 …… 35
3.3.2 工作职责 …… 36
3.4 订购方对承制方、承制方对转承制方和供应方的监督和控制 …… 38
3.4.1 概述 …… 38
3.4.2 监督与控制的内容与要求 …… 38
3.4.3 订购方对承制方的监督与控制 …… 39
3.4.4 承制方对转承制方和供应方的监督与控制 …… 39
3.5 可靠性评审 …… 40
3.5.1 概述 …… 40
3.5.2 论证阶段的可靠性评审 …… 40
3.5.3 方案阶段的可靠性评审 …… 40
3.5.4 工程研制阶段的可靠性评审 …… 41

3.5.5 定型阶段的可靠性评审 …… 42
3.6 建立故障报告、分析和纠正措施 …… 43
3.6.1 概述 …… 43
3.6.2 建立的时机 …… 43
3.6.3 有关概念和工作内容说明 …… 43
3.6.4 FRACAS 管理 …… 47
3.7 可靠性增长管理 …… 49
3.7.1 概述 …… 49
3.7.2 有关概念 …… 50
3.7.3 可靠性增长管理的基本内容 …… 52
3.7.4 实施可靠性增长管理的对象和各阶段的管理 …… 54
3.8 可靠性设计核查 …… 55
3.8.1 概述 …… 55
3.8.2 可靠性设计核查的依据与原则 …… 55
3.8.3 可靠性设计核查时机 …… 56
3.8.4 可靠性设计核查程序 …… 56
3.8.5 可靠性设计核查对象 …… 56
3.8.6 可靠性设计核查结果及结论 …… 58
参考文献 …… 60
第4章 可靠性设计与分析 …… 61
4.1 概述 …… 61
4.2 可靠性设计分析流程 …… 62
4.3 可靠性建模、分配及预计 …… 64
4.3.1 建立可靠性模型 …… 64
4.3.2 可靠性分配 …… 70
4.3.3 可靠性预计 …… 78

4.3.4　可靠性分配和预计程序 …… 88
4.4　故障模式、影响及危害性分析 …… 91
4.4.1　目的 …… 91
4.4.2　FMECA的输入 …… 93
4.4.3　FMECA的方法 …… 94
4.4.4　FMECA实施步骤 …… 98
4.5　可靠性设计准则的制定和符合性检查 …… 107
4.5.1　目的 …… 107
4.5.2　可靠性设计准则制定 …… 108
4.5.3　可靠性设计准则的贯彻程序及符合性检查报告 …… 111
4.5.4　通用可靠性设计准则 …… 113
4.5.5　非电子产品可靠性设计准则 …… 119
4.6　元器件、标准件和原材料的选择与控制 …… 125
4.6.1　目的 …… 125
4.6.2　元器件选用 …… 126
4.6.3　标准件和原材料的选用 …… 128
4.7　故障树分析（FTA）技术 …… 131
4.7.1　目的 …… 131
4.7.2　FTA的输入 …… 131
4.7.3　基本原理 …… 132
4.7.4　实施步骤 …… 134
4.8　电路可靠性设计分析 …… 138
4.8.1　降额设计 …… 138
4.8.2　电路容差分析 …… 144
4.8.3　电应力仿真分析 …… 155
4.9　潜在分析 …… 160

4.9.1 目的 …… 160
4.9.2 潜在电路的产生原因及主要表现形式 …… 160
4.9.3 基本原理 …… 161
4.9.4 分析方法 …… 164
4.9.5 潜在电路分析程序 …… 165
4.9.6 潜在电路分析的注意事项 …… 170
4.10 确定可靠性关键产品 …… 171
4.10.1 目的 …… 171
4.10.2 可靠性关键产品的判别准则 …… 172
4.10.3 确定可靠性关键产品的方法及时机 …… 172
4.10.4 可靠性关键产品的控制措施 …… 173
4.10.5 应注意的问题 …… 174
4.11 确定功能测试、包装、贮存、装卸、运输和维修对产品可靠性的影响 …… 174
4.11.1 目的 …… 174
4.11.2 功能测试、包装、贮存、装卸、运输、维修等对产品可靠性的影响 …… 175
4.11.3 确定随贮存期、环境条件变化对产品可靠性影响的实例 …… 176
4.11.4 确定定期现场检查程序的实例 …… 176
4.12 振动仿真分析 …… 177
4.12.1 目的 …… 177
4.12.2 振动仿真分析的流程 …… 178
4.13 温度仿真分析 …… 182
4.13.1 目的 …… 182
4.13.2 温度仿真分析的流程 …… 182

4.14 耐久性分析 …… 186
4.14.1 目的 …… 186
4.14.2 耐久性分析的步骤 …… 186
4.14.3 常用的耐久性分析模型和方法 …… 187
4.14.4 设备和主要部件的定、延寿分析 …… 192
参考文献 …… 195
第5章 工艺可靠性技术 …… 196
5.1 概述 …… 196
5.2 工艺可靠性工作内容 …… 197
5.2.1 特性分析 …… 197
5.2.2 工艺可靠性工作项目 …… 198
5.3 工艺故障模式、影响与分析 …… 204
5.3.1 概述 …… 204
5.3.2 P-FMEA的实施原则 …… 204
5.3.3 P-FMEA的实施步骤 …… 205
5.4 关键过程控制 …… 211
5.4.1 概述 …… 211
5.4.2 关键工序生产过程控制 …… 212
5.5 特殊过程控制 …… 215
5.5.1 概述 …… 215
5.5.2 特殊过程制造工艺质量控制 …… 215
5.5.3 特殊过程人员质量控制 …… 216
5.5.4 特殊过程设备、仪表、测具与工装质量控制 …… 216
5.5.5 特殊过程材料质量控制 …… 217
5.5.6 特殊过程环境质量控制 …… 218
参考文献 …… 219

第 6 章　可靠性试验及评价 …… 220
6.1　概述 …… 220
6.2　环境应力筛选 …… 221
6.2.1　试验目的 …… 222
6.2.2　工作要点 …… 222
6.2.3　筛选方法 …… 223
6.3　可靠性强化试验 …… 225
6.3.1　试验目的 …… 226
6.3.2　工作要点 …… 226
6.3.3　试验方法 …… 227
6.4　可靠性增长（摸底）试验 …… 232
6.4.1　试验目的 …… 232
6.4.2　工作要点 …… 233
6.4.3　试验方法 …… 233
6.4.4　试验结果评估 …… 234
6.5　可靠性鉴定试验 …… 235
6.5.1　试验目的 …… 235
6.5.2　工作要点 …… 235
6.5.3　试验方法 …… 236
6.5.4　试验结果评估 …… 240
6.6　可靠性分析评价 …… 241
6.6.1　试验目的 …… 242
6.6.2　工作要点 …… 242
6.6.3　可靠性数据收集 …… 242
6.6.4　单元级产品可靠性评估方法 …… 245
6.6.5　系统级产品可靠性评估方法 …… 249

6.7　寿命试验 …… 254
6.7.1　试验目的 …… 254
6.7.2　工作要点 …… 255
6.7.3　自然贮存试验方法 …… 255
6.7.4　加速贮存试验方法 …… 266
参考文献 …… 279
第7章　发展趋势展望 …… 280
7.1　数字化研制模式下的挑战 …… 281
7.2　装备体系化场景下的挑战 …… 286
7.3　装备智能化发展下的挑战 …… 291
7.4　装备实战化环境下的挑战 …… 294
参考文献 …… 298

第1章 概 述

1.1 可靠性工程的发展

20世纪50年代初，可靠性的概念在美国兴起，至今已有70余年的历史，现如今，可靠性工程的发展经历了基于统计推断的可靠性阶段、基于故障物理的可靠性阶段和基于模型的可靠性系统工程阶段。

1.1.1 基于统计推断的可靠性阶段

20世纪50年代，美国军用电子设备由于失效率很高而面临着十分严重的局面：1949年美国海军有70%的电子设备失效，一个正在使用的电子管要有九个新的电子管作为临时替换的备件；24%的一般无线电设备有故障，高达84%的雷达有故障；美国空军每年的设备维修费为设备购置费的两倍，需有一定的地勤人员维修电子设备。据其统计，价值100万美元的电子设备，在十年工作寿命期内，需要耗费2 000万美元维修费。为扭转被动局面，1952年8月21日，美国国防部下令成立由军方、工业部门和学术界组成的“电子设备可靠性咨询组”（Advisory Group on Reliability of Electronic Equipment，AGREE）。

1955年，AGREE开始实施一个从设计、试验、生产到交付、储存、使用的全面的可靠性发展计划，并于1957年发表了《军用电子设备可靠性》研究报告。该报告从9个方面阐述了可靠性设计、试验及管理的程序及方法，确定了美国可靠性工程发展的方向，成为可靠性发展的奠基性文件。这标志着可靠性已成为一门独立的学科。《军用电子设备可靠性》研究报告的 9 个专题包括：1）找出表示可靠性的最小允许尺度；2）保证设计满足最小允许尺度的试验基本要求；3）为在生产时提供可靠性试验所具备的基本要求；4）保证可靠性的标准和程序的调查及建议；5）在产品使用期内和使用环境下，规定故障的判断方法；6）对现有进货合同法规和规则的调查；7）包装的调查和改进；8）产品：使用过程中的质量影响与改进；9）使设备产品性能保持设计水平的维护方法、处理措施等。

《军用电子设备可靠性》研究报告的诞生是可靠性工程和可靠性科学发展过程中的里程碑事件，它标志着可靠性成为一门新的工程学科。报告中提出的一整套可靠性设计、试验及管理方法被美国国防部及美国国家航空航天局（National Aeronautics and Space Administration，NASA）接受，在新研制的装备中得到广泛应用并迅速发展，并形成了一套较完善的可靠性设计、试验和管理标准，如 MIL - HDBK - 217、MIL - STD - 781 和 MIL - STD - 785。在新一代装备的研制中，工程技术人员都不同程度地制订了较为完善的可靠性大纲，规定了定量的可靠性要求，进行可靠性分配及预计，开展故障模式及影响分析（Failure Mode and Effects Analysis，FMEA）和故障树分析（Fault Tree Analysis，FTA），采用余度设计，开展可靠性鉴定试验、验收试验和老炼试验，进行可靠性评审等，这些方法在型号中被广泛推广应用，并使得装备的可靠性有了大幅度提高。

我国在 20 世纪 50 年代就有关于电子设备可靠性研究方面零星的较高理论水平的文章发表。60 年代初，随着尖端军事科学的发展，可靠性专业开始作为有组织的工程性研究方向。国防科委所属研究院成立了专门的研究所或机构，航天工业系统成立了质量控制相关研究所。1980 年 12 月，电子工业部在京召开了第一次整机可靠性工作经验交流会，逐步形成了整机和大型电子设备的可靠性工作的骨干单位和群众队伍，成立了质量管理协会。1981 年 10 月，电子工业部在广州召开第一届电子设备可靠性学术年会。1983年10月，电子工业部在昆明召开第二届学术年会。可靠性理论和可靠性工程都取得了长足的进步。我国相继制订了成套的可靠性标准，加强了我国可靠性工程的基础。

20世纪80年代之前，我国武器装备的研制以仿制为主，武器系统在研制试验中暴露出许多可靠性问题。在部分型号研制总要求中，没有从装备的作战使用要求出发，论证提出可靠性指标，且难以验证考核，导致可靠性定型工作故障频发，定型工作拖期严重。随着装备自主研制工作的开展，我国装备质量建设正由跟仿质量向自主研发质量、单装质量向体系质量、硬装质量向软装质量拓展，新一代武器装备开始编制可靠性、维修性、保障性、测试性、安全性、环境适应性、电磁兼容性（以下简称“七性”）等一系列保证大纲，我国武器装备通用质量特性设计走过了跨越式发展道路。

1.1.2 基于故障物理的可靠性阶段

基于AGREE的报告的可靠性统计分析方法，主要依靠对故障数进行统计推断的数学途径，对产品可靠性进行预计、分配和评估，从而为装备的使用和保障资源的配置提供支持。对于如武器装备这种价格昂贵的产品，一般批产量较小，难以获取大样本的故障信息去支撑基于统计推断的可靠性工作；此外，统计推断的方法无法分析产品失效背后的本质，只有深入研究故障现象背后的机理，才能从根本上解决产品可靠性问题。因此，基于故障物理（Physic of Failure，PoF）的可靠性技术应运而生并且取得蓬勃发展。

故障物理是20世纪60年代中后期发展起来的一门新兴边缘学科，是在物理学、电子学、材料学、化学、冶金学、环境工程和系统工程等多学科基础上发展起来的。故障物理的出发点，就是想在节省时间和费用的前提下找到某种方法以保证元件的可靠性。失效物理方法将可靠性由一种“黑盒艺术”变为了科学（即不仅知其然，还知其所以然），同时提出了“概率统计方法的可靠性研究仍处于领先地位”的论断。与此同时，新型材料、半导体（尤其是集成电路）的发展是推动失效物理学向前发展的一个重要因素。新型材料、半导体从研制开始，物理学与可靠性工程相互结缘，由于新型材料、半导体研制更新的速度很快，因此所遇到的试验时间与试验样品数量方面的矛盾比之以往的产品就显得更加突出，如果想在不进行大量试验的情况下，希望对产品的可靠度进行保证和评价，就得用到失效物理的方法。

1992 年，由美国陆军装备司令部授权，马里兰电子封装研究中心的研究项目“电子装备失效物理工程”寻求更科学的失效物理方法评价电子装备可靠性。该电子封装研究中心开发用于芯片组件可靠性评估的软件工具计算机辅助电子封装设计。现在美军的电子产品与系统中心仍然在通过电子部件联盟，继续开发完善计算机辅助电子封装设计等理论方法。此外，马里兰电子封装研究中心也开发了用于电路卡组件可靠性评估的失效物理分析软件工具 CalcePWA，奠定了其在 PoF 领域的主导地位，也标志着 PoF 开始走向成熟和专业化，并逐步被工程实践所接受。总的来看，基于故障物理的可靠性技术以工程应力分析为基础，假设任何产品的故障都是由基本的化学、物理、电、热等应力导致，因此所有故障的发生均可以用具体的设计信息及其载荷信息作为输入建立仿真模型进行分析，这为实现数字化平台下基于产品数字样机的可靠性与性能协同优化设计提供了可能。支撑此类分析方法的国外代表性工具和软件主要包括美国圣地亚哥实验室开发的基于故障物理技术与计算机辅助技术（Computer Aided Design，CAD）工具的可靠性分析工具、美国马里兰大学开发的 CalcePWA 系列软件等，目前这些软件工具均在国外电子、机电等产品领域得到了一定应用。

国外基于故障物理的可靠性技术发展证明：故障物理方法应用于工程实践最为有效的途径是与仿真技术相结合，形成基于故障物理的可靠性仿真方法，即采用计算机建模与仿真技术，在产品设计过程中，通过建立产品的材料模型、设计分析模型、故障机理模型和其他工程分析模型，将产品预期承受的工作环境应力与潜在故障发展过程联系起来，从而定量地预计产品设计的可靠性，发现薄弱环节并采取有效的改进措施。基于故障物理的可靠性仿真试验方法能够在产品研制阶段，并行地分析和改进产品设计的健壮性和可靠性，实现在设计早期阶段消除故障源、提高健壮性、减少试验量、缩短开发周期、提高武器系统可靠性的目的。

1.1.3 基于模型的可靠性系统工程阶段

装备快速迭代升级、设计周期压缩、体系集成的现实需求推动武器装备的设计、验证、制造、保障业务向数字化模式转变。其中，基于模型的系统工程技术（Model Based System Engineering，MBSE）已成为一种公认的复杂系统数字化设计范式。MBSE 以模型为主要载体，开展跨单位/跨专业的协同设计，虚拟试验先行、虚实融合的试验验证，可以显著提升研发效率，降低研制成本。可以预见，MBSE 技术将对传统的可靠性设计分析及试验验证工作带来深刻的变革。

北京航空航天大学（以下简称“北航”）王自力院士团队结合 MBSE 理论提出了基于模型的可靠性系统工程，其基本思想是通过构建通用多视图的统一模型逐步将传统大量、分散、碎片化的工作项目整合为有序、有机的基于模型的分析工作。在实践层面，通过构建以故障为核心的模型体系，与 MBSE 中的产品模型建立关联关系，然后在模型的基础上，围绕故障的“防、诊、治”，开展设计、分析、试验、评价，诊断预测、健康管理，故障修复、维修保障等工作。应用基于模型的可靠性方法，有望扭转传统可靠性设计工作中“轻设计、重试验”的做法，使可靠性设计和验证更加均衡，并进一步缩短研制周期、降低研制费用，快速形成装备可靠性水平和战斗力。

2022 年，北航的康锐教授、王自力院士在《可靠性系统工程理论研究回顾与展望》一文中指出：可靠性系统工程理论研究一直沿着综合集成和学科构建基础理论的双螺旋结构迅速发展。其中，“综合集成”侧重于对已经成熟或相对成熟的可靠性、环境适应性、安全性、维修性、测试性、保障性等通用质量特性技术与管理活动的综合、集成与应用，强化基于效能仿真的需求集成、基于模型驱动的研制集成和基于健康管理的运维集成，构建了正向预防、融合整改、增长补课、审核把关等 4 种可靠性系统工程应用模式，成功应用于飞机装备可靠性保证工程、导弹装备可靠性提升工程、直升机及其发动机可靠性增长工程以及各类武器装备的定型审核工作等，为大幅提升歼 10 飞机、巡航导弹、航母工程等重大装备的可靠性水平奠定了基础。“学科构建”则侧重发展工程故障学、机械失效学、可靠性共性技术体系、故障物理学、失败事理学和失误人理学、确信可靠性理论等基础理论与方法论。两条线索相互支撑、相互促进。发展至今的研究成果表明，可靠性作为一门新兴的技术采纳的知识体系已初露端倪。

综上所述，可靠性工程的发展历史是不断总结经验教训并不断发展和前进的历史。它是从惨重的教训起步，在多学科的综合研究中发展的。尽管现在仍有不少新课题尚待进一步研究，但可靠性工程现已建立了一套实用性强的理论和方法，并在许多国防尖端武器、民用产品研制中都取得了巨大的成果和显著的效益。

1.2 武器装备设计和使用特点

武器装备是现代科学技术的集中体现，武器装备的研制过程是一项复杂的系统工程。当前武器装备作战使命任务需求增加，任务过程更为复杂，作战范围更为宽广，面临的作战使用环境更为复杂和严酷，使用强度进一步提高，对各单位研制生产和保障能力提出了严峻的挑战。武器装备是现代科学技术的集中体现，是系统工程最具有代表性的一例，可靠性是重要的设计指标之一。为了获得良好的设计，必须了解它的特点和有关属性。除了一般概念下的属性之外，它还具有以下特点。

1）装备系统复杂。可靠性是武器装备的重要属性，在武器装备研制过程中，涉及结构工程、空气动力学、推进技术、控制技术、光电技术和电子电气技术等。这些学科综合发展，推动了武器装备系统工程的飞速发展。这种技术综合体的故障分布不是常规的指数分布，可能是多种分布的综合，为可靠性设计与分析带来了新的课题。

2）技术风险高。现代先进武器装备由数以万计的元器件、零组件组成，在使用过程中，任一元器件的失效都有可能引起系统故障，甚至造成严重的后果。此外，装备的结构重量和内部空间都是有严格限制的，一些关键设备没有备份，要求在设计武器系统时，能够做到在装备的结构重量和内部空间都有严格限制的约束条件下的可靠性最优化。

3）环境复杂、严酷。对于武器装备来讲，在它的寿命期内，要经历运输、贮存、测试、战术机动、值勤、发射、飞行、实时引爆战斗部等环节。其间要经受长期的高低温、湿热、运输等自然环境，严酷的振动、冲击、加速度等力学环境以及电磁环境的影响。为保证飞行试验成功，试验验证要求更充分，对各项指标、要求都要开展地面验证。

4）可靠性指标要求高。在“高质量、高效益、低成本、可持续发展”的武器装备建设理念下，采购经费不增但研制成本增加，要求可靠性指标不变或有所提高，例如对于导弹装备而言，由于其具有“长期贮存、一次使用”的特点，贮存寿命是十分重要的设计指标，近年来这一指标要求不断提升，从5年、8年到10年、15年，又到18年、20年、25年或30年。

通过长期以来的实践及统计分析，得到武器装备研制阶段故障的原因主要来自四个方面，即设计技术因素、材料及零部件因素、制造因素和使用因素。其不可靠的原因及比例如下：

1）设计不周：40%；

2）材料及零部件缺陷：30％；

3）生产制造中的问题：10％；

4）使用不适当：20％。

当前武器装备作战使命任务需求增加，任务过程更为复杂，作战范围更为宽广，面临的作战使用环境更为复杂和严酷，武器装备的使用强度进一步提高，对各单位研制生产和保障能力提出了严峻的挑战。为确保现役、在研武器装备在动用频繁、实战化运用强度加大的情况下“好用”“耐用”，在实战化考核和常态化应用中发挥应有的作战效能，需要从管理、设计、生产、试验等方面，系统地开展型号可靠性保证工作，全面提升各型武器装备的可靠性水平。

以导弹武器系统为例，在寿命剖面内，不同型号有着不同的部署和使用特性，海军和空军的使用要求各不相同。图 1－1 示出陆军用便携式防空导弹的部署和使用要求；图 1－2 示出空军用地空导弹武器系统的部署和使用要求；图 1－3 示出海军用舰空导弹武器系统的部署和使用要求。

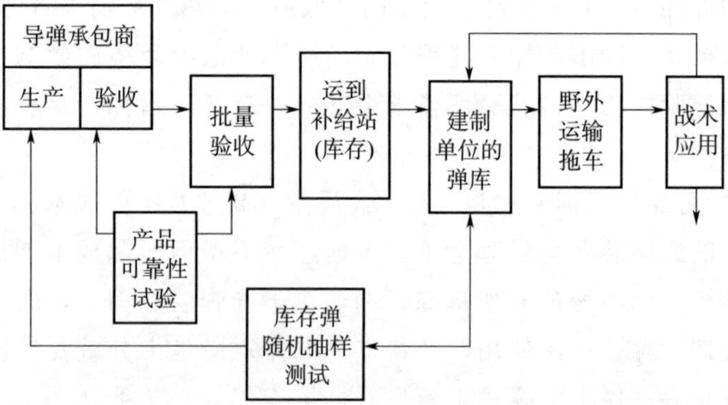

图 1－1　便携式防空导弹的部署和使用要求（陆军）

根据不同类型的导弹及其部署和使用情况，导弹寿命剖面及任务剖面内的每一个事件都有着不同的可靠性要求。这些不同就决定了它们的可靠性特性参数要求的不同，主要涉及的是任务可靠性定

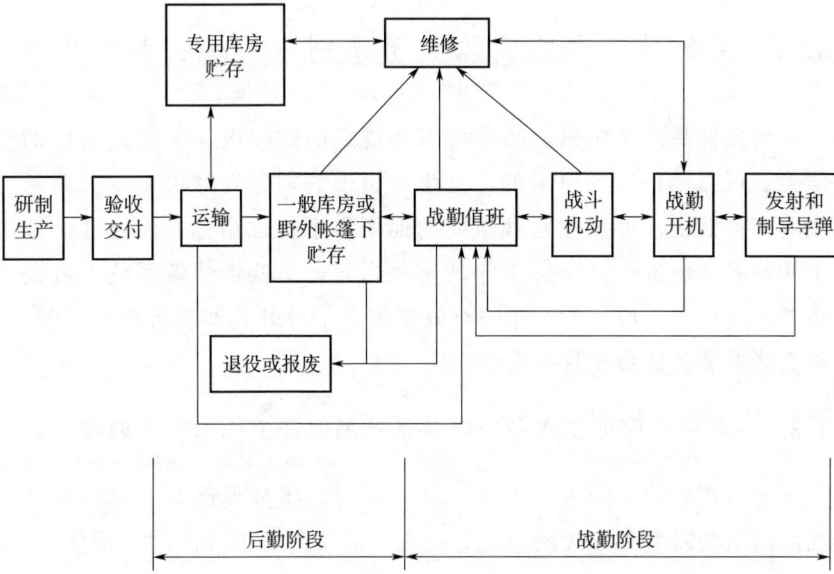

图 1-2 地空导弹武器系统的部署和使用要求（空军）

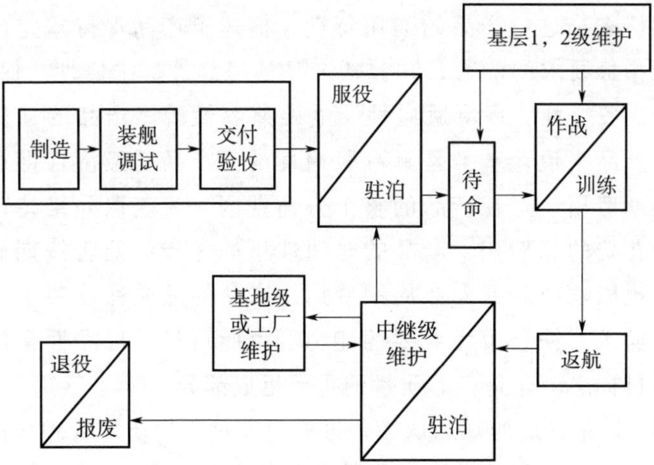

图 1-3 舰空导弹武器系统的部署和使用要求（海军）

义、维修性工程定义、系统可用性定义、系统作战效能定义以及多兵种、多武器联合作战效能的具体定义等。

1.3 可靠性工程在武器装备研制中的地位和作用

可靠性是产品在规定的条件下和规定的时间内完成规定功能的能力。可靠性是设计出来的，是生产出来的，是管理出来的。对于武器装备而言，可靠性是其重要的通用质量特性指标，可靠性保证工作是武器装备产品保证工作的重要内容，是武器装备系统工程的重要组成部分。可靠性工作的有效实施对于提升武器装备作战效能、提高武器装备效费比具有重要作用。

1.3.1 可靠性保证工作是武器装备产品保证工作的重要内容

随着高新技术的进步发展，过去狭隘的质量观逐渐向现代的全面的质量观转变。现代质量观念认为，质量包含了产品的专用特性、通用特性、经济性、时间性、适应性等方面，它是产品满足使用要求的特性总和，如图 1-4 所示。产品的专用特性，可以用性能参数与指标来描述。产品的通用特性，描述了产品保持规定的功能和性能指标要求的能力，它包括产品的可靠性、维修性、保障性、测试性、安全性、环境适应性、电磁兼容性等。产品的通用特性对各类产品来说，基本是具有普遍性的。产品的经济性即产品的寿命周期费用，指在产品的整个寿命期内，为获取并维持产品的运营所花费的总费用。产品的时间性指的是产品能否按期研制交付，它也影响产品的寿命周期费用。产品的适应性反映了产品满足用户需求、符合市场需要的能力。由此可见，可靠性是产品基本质量目标之一，是产品质量的重要组成部分。

现代质量管理的观念认为，过去生产过程的质量管理应向前扩展到研制过程，向后延伸到使用过程，形成全寿命期的质量管理。这一扩展和延伸，也标志着质量管理的思想由“事后把关”到“预防为主”，再到“一次成功”的转变。在这一观念指导下，产品保证工作应运而生。产品保证是关于研究、策划并实施一系列活动，以

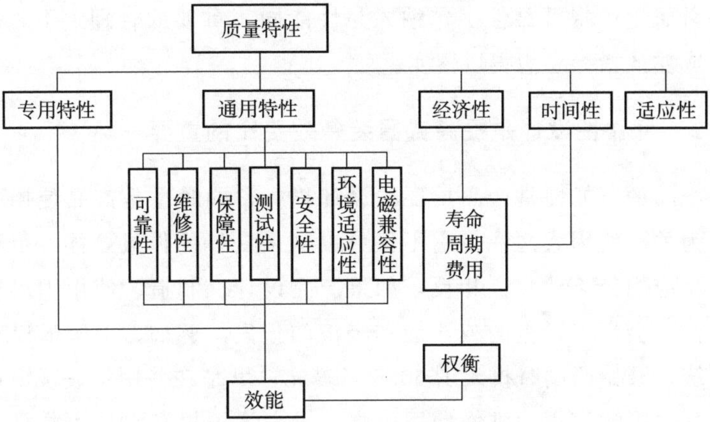

图 1-4　质量特性之间的关系

保证项目的设计、控制、手段和技能使产品达到满意的质量水平的一门科学。产品保证管理的目标是：通过贯彻产品保证规范以及开展相关的管理和工程活动，确保充分、有效、可行地协调和实施产品保证活动，以保证所要求的产品质量。产品保证的项目职责是实施质量保证、可靠性保证、元器件保证、零部件材料和工艺保证、软件产品保证。

产品保证大纲的执行要贯穿于整个工程项目阶段，具体落实到每一个组织和个人，每个产品保证子过程对应于一个独立的产品保证要求子集，这些要求是按照用户产品保证体系规定的，但不是所有产品保证子过程对一切项目阶段都适用。

由此看来，武器装备产品保证是使军方和在研人员确信产品能达到规定的质量要求。产品保证工作是在产品研制、生产全过程所进行的一系列有计划、有组织的技术和管理活动。可靠性保证是进行可靠性管理、设计与分析、试验与验证的技术与管理活动，作为产品保证工作的重要组成部分，保证产品以最佳效费比完成所要求的任务，目标是在产品开发的寿命周期内，了解可能导致任务失败的任何潜在故障，并通过分析、识别、评价、控制使其风险最小。由此可见，可靠性保证工作是一项复杂的系统工程，当前部分武器装备科研生产将可靠性工作纳入与性能同等重要的管理之下，确保一次成功的指导思想得以落实。

1.3.2 可靠性设计是提高武器装备效费比的重要一环

产品的可靠性是产品重要的设计指标，同时也是产品使用中人们最为关心的因素之一。它不仅可以带来良好的作战效能，更可以带来相应的经济价值。相反，如果产品设计、制造、使用中可靠性不高，也会带来严重的战斗的和经济的损失。例如，美国的民兵导弹系统，开始研制时投入了60.5亿美元，可是在使用中表现出可靠性不好，影响使用，维修费用极高。后来为了提高它的可靠性，不得不再次投入大量的资金，提高产品的可靠性（主要是元器件的可靠性），才使得民兵导弹具有真正的可用性。

全寿命周期费用是指预研费、研制费、生产费、施工费、使用费、维修费及退役处理费等。一般来说，产品的可靠性和全寿命周期费用之间存在如图1－5所示的关系。可以看出，产品如要具有较高的可靠性，在产品的研制过程中必须用高可靠的元器件和设计方案，同时要完成相应的环境试验和可靠性试验等，从而花费的经费当然也要增加，即研制费是随可靠性的提高而增加的。相反，在研制过程中若不重视产品的可靠性，产品的可靠性不高，则在使用过程中出现故障的概率就会变高。出现故障不仅影响正常使用，而且设备的多次维修又需花费维修器件费和工时费。产品的可靠性越低，这部分维修费用就会越高。可靠性与合理的投资强度关系是极其密切的。通常，要获得产品的高可靠性，在不同的研制阶段其投资强度是不一样的，合理的投资强度不仅可以保证产品的可靠性，更重要的是会节约研制费用，如图1－6所示。

由图1－6可见，如曲线A所示，在方案论证时就要考虑到可靠性论证，在方案设计时就要重视可靠性，在工程研制阶段以较多的投入保证可靠性，其中包括元器件的选择、筛选、试验等，最终既完成了研制工作，又节省了一定的资金。

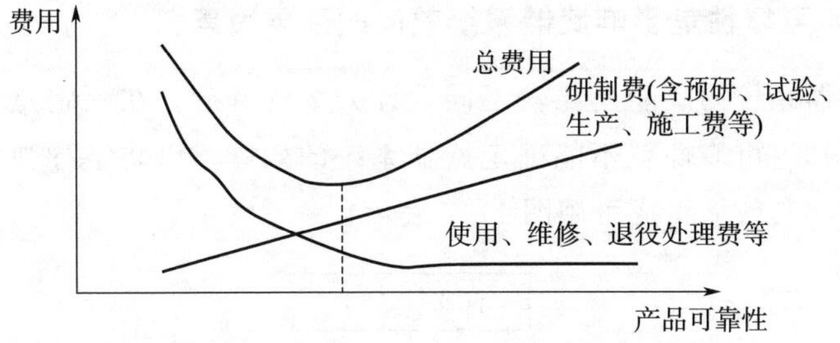

图 1-5　可靠性与全寿命周期费用

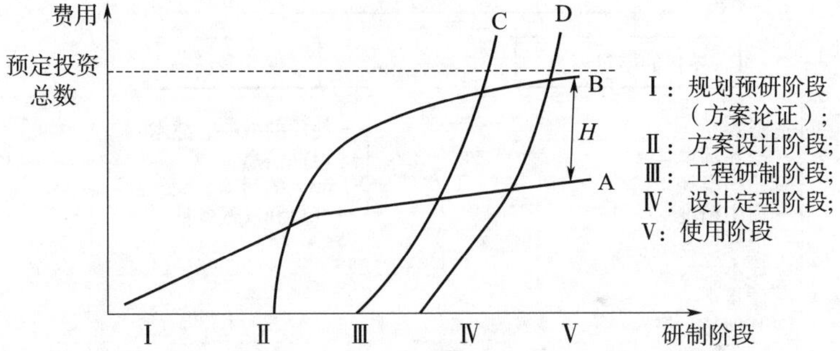

图 1-6　研制费用与可靠性及投资强度的关系

如曲线 B 所示，在方案设计阶段才开始重视可靠性，大量投入资金。可见，虽然投入了大量资金完成了研制任务，但对预定的拨款来讲，没有多少节余。这主要是由于设计得不合理，生产过程中出现废品，或使研制试验失败损失了大量费用。由曲线 C、D 可见：工程研制或后期才投入资金重视可靠性，结果是由于设计的缺陷、加工的缺陷、元器件的缺陷等造成大量故障，或使系统试验失败等，使得附加的返工费用大幅度增加。这样不仅产品不满足用户要求，经费的总投入也会大大超过预定的拨款数目。

综上所述，合理的可靠性可以提升武器装备研制的效费比，这是整个工程管理的重要方面。

1.3.3 可靠性是影响武器系统效能的重要因素

武器系统的效能是比较不同设计方案的基础，在一定意义上来讲，不知道可靠性就不能确定武器系统的效能。以防空导弹武器系统为例，其效能组成可用图 1－7 表示。

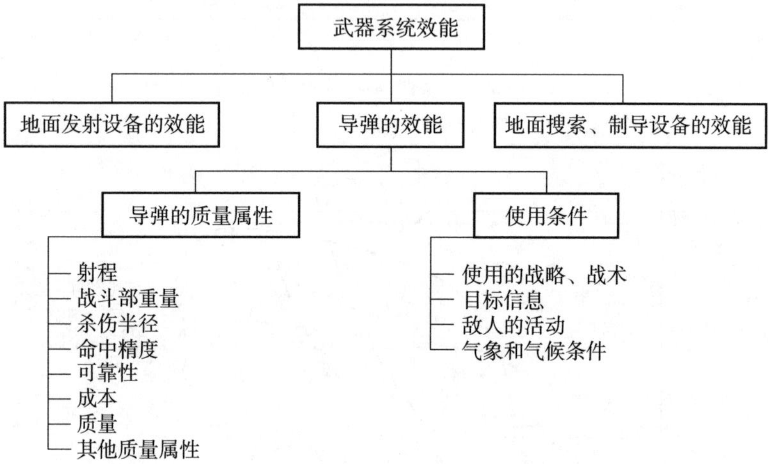

图 1－7 防空导弹武器系统效能组成

在一个装备系统的设计中，必须考虑许多不同的要求。图 1－8 给出了其中的某些要求。衡量一个系统的价值和可用性，除了较为常见的要求（如性能、组装外），还要求考虑保障性、人的因素、安全性、可靠性、维修性和可生产性。无论是在获取期间还是在使用期间，装备系统必须受到时间的约束、环境的约束、人的因素的约束与费用的约束，而以上几个方面的要求就处于此种约束的范围内。

另一种武器系统效能模型，主要是基于武器系统设计改进为目的，是美国无线电公司为舰空导弹武器系统建立的，具体以“宙斯盾”系统为背景，系统效能包括：

1）性能参数；

2）设计特性参数（即可用性、可靠性等）；

3）运用能力的利用。

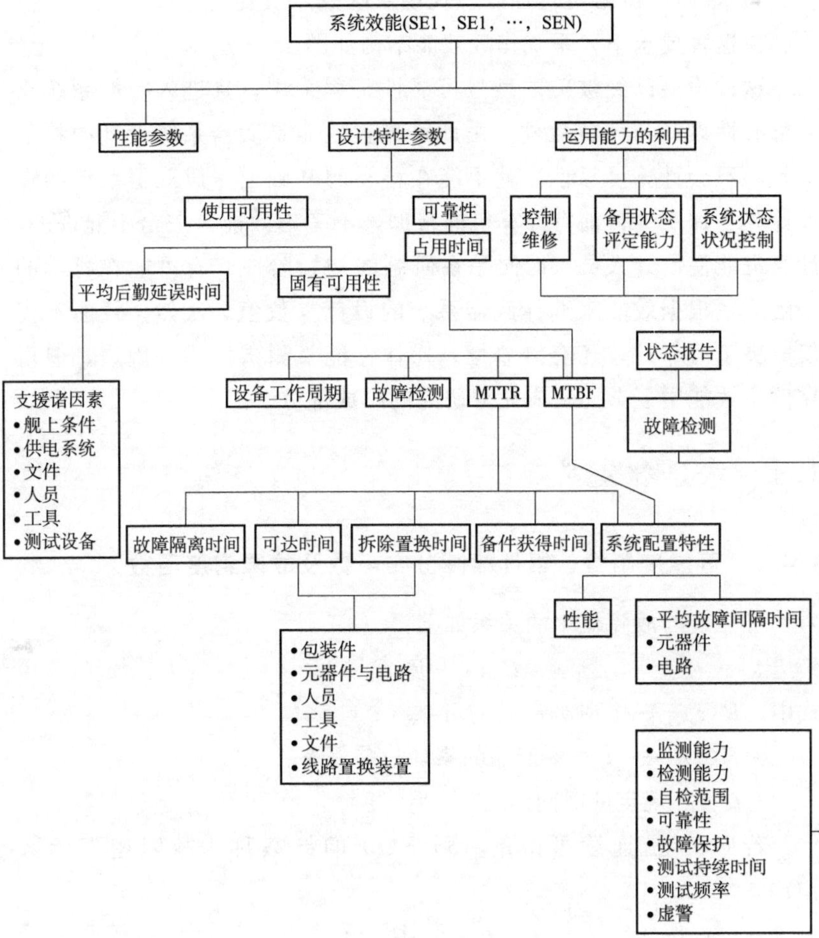

图 1-8　武器系统效能必要因素结构图

这样系统效能的表达式为

系统效能 $= F$(性能、设计特性、运用能力的利用)

该模型的特点是从工程实际出发，考虑了如下因素：

1）配备的操作和维修人员要少于其他武器系统；

2）维护人员工作的熟练程度应在要求的限度内；

3）备份件满足要求，且占用的空间少和费用减少；

4）设备的维修可达性好，现场系统故障恢复快。

在这种要求下，系统作战效能结构如图 1-8 所示。

这种模型已经被美国型号可靠性工程采用，且进入宇航系统有关可靠性设计与评价软件。由此可见，效能是武器系统设计的科学基础，不会计算可靠性，就不能在科学的基础上完成武器系统的设计计算与评定。目前有计算机的帮助，不考虑效能是完全不允许的。计算机能使设计人员（即便是在研制的初始阶段）有可能在科学的基础上，根据效能来选择武器系统的设计参数值。诚然，效能不仅仅取决于可靠性，还有维修性、操作性能、测试性能等因素，但可靠性是效能中复杂而又应充分研究的组成部分。

1.4　术语和定义

1.4.1　可靠度函数、累计故障分布函数及故障密度函数

可靠度与故障概率的关系如下：

$$R(t)+F(t)=1 \tag{1-1}$$

式中　$R(t)$——t 时刻产品的可靠度；

$F(t)$——t 时刻产品的累计故障概率；

t——规定的时间。

若 $F(t)$ 是连续可微的，则 $F(t)$ 的导数称为故障密度函数 $f(t)$，即

$$f(t)=\frac{\mathrm{d}F(t)}{\mathrm{d}t} \tag{1-2}$$

并且，将 $f(t)$ 与 $R(t)$ 的比值称为产品的故障率函数或瞬时故障率 $\lambda(t)$，即

$$\lambda(t)=\frac{f(t)}{R(t)} \tag{1-3}$$

由式（1-1）～式（1-3）可知

$$\lambda(t)=\frac{f(t)}{R(t)}=-\frac{R'(t)}{R(t)}=\frac{-\mathrm{d}R(t)}{\mathrm{d}t}\cdot\frac{1}{R(t)}=-\frac{\mathrm{d}}{\mathrm{d}t}[\ln R(t)] \tag{1-4}$$

对式（1-4）两侧从 $0\sim t$ 进行积分可得

$$-\int_0^t \lambda(t)\mathrm{d}t=\ln R(t)-\ln R(0)$$

两边再取指数变为

$$\left.\begin{array}{c} e^{-\int_0^t \lambda(t)\mathrm{d}t}=R(t)/R(0) \\ \text{或} \\ R(t)=R(0)\cdot e^{-\int_0^t \lambda(t)\mathrm{d}t} \end{array}\right\} \tag{1-5}$$

式（1-5）是可靠度函数的一般表达式。对于由机械、电子、液压部件等构成的复杂系统，由于它们的组成有着不同的故障率函数，可靠度的计算相当复杂，需用专门的计算机程序来处理。目前，本书作者成功研制了该软件，可以计算多达 20 个分系统、700 个以上设备组成的复杂系统的可靠性。

如果认为 $\lambda(t)$ 在某时间段是恒定不变的，即 $\lambda(t)=$常数（这对电子设备来讲大多数情况都能满足该条件），则式（1-5）变成

$$R(t)=R(0)\cdot e^{-\lambda(t)} \tag{1-6}$$

若再假设时刻 t_0 产品是绝对可靠的，即 $R(0)=1$，则有

$$R(t)=e^{-\lambda(t)} \tag{1-7}$$

除上述 $f(t)$、$\lambda(t)$ 和 $R(t)$ 的概念以外，还应了解以下几个概念，它们是：平均故障前时间（Mean Time to Failure，MTTF），平均寿命（θ）和平均故障间隔时间（Mean Time Between Failure，MTBF）。

1.4.2 故障率与浴盆曲线

通常，电子产品在自己的寿命期内，其故障率与时间的关系如图 1-9 所示。

图 1-9 中，t_1 之前称产品的早期故障期，t_2 之后称耗损故障期，

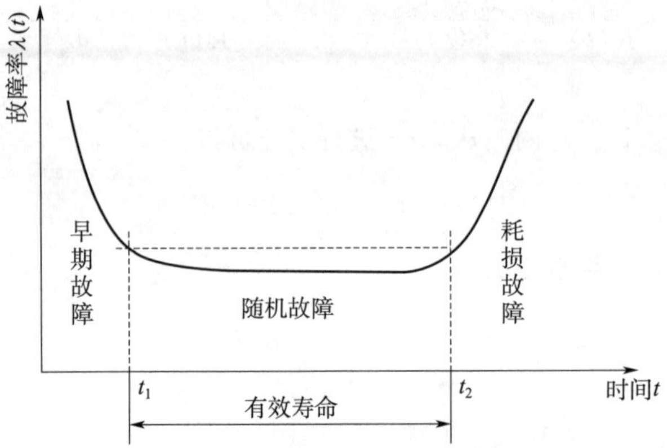

图 1-9　故障率与时间的关系

$t_1 \sim t_2$称随机故障期，相应的故障可称作早期故障、耗损故障和随机故障。

早期故障主要是由于设计考虑不周、材料可靠性不高、元器件失效、工艺不好及制造中的缺陷所引起。产品的早期故障应在出厂之前通过环境应力筛选和加电老炼的办法加以消除或减至最低程度。

耗损故障主要是由于元器件、元材料的老化引起的，如轴承的磨损、电池化学物质的消耗、高分子材料的断链、环境因素逐步作用等。这些故障大都发生在产品使用的后期寿命阶段。对于可修复的产品，可通过定期更换受损的元器件、原材料或部分电路板（或可更换单元），来延长产品的使用寿命。

随机故障是由于非外界的偶然因素导致的，如元器件的偶然失效等。这类故障有着不确定的因素，事先难以预料，也无法完全避免。对于电子设备来讲，在一段很长的时间内，它的故障率可近似看成不变的，可靠性工程就是使这个阶段尽可能长、故障率尽可能低的一门技术。

1.4.3　平均故障前时间（MTTF）

MTTF 只是故障前工作时间的期望值，并且可以推导出如下公式：

$$\mathrm{MTTF}=\int_0^{\infty} t \cdot f(t)\mathrm{d}t=\int_0^{\infty} t \cdot \left[-\frac{\mathrm{d}R(t)}{\mathrm{d}t}\right]\mathrm{d}t \tag{1-8}$$

进而可得

$$\mathrm{MTTF}=\int_0^{\infty} R(t)\mathrm{d}t \tag{1-9}$$

如果可以知道可靠度函数 $R(t)$，MTTF 可通过对 $R(t)$ 的直接积分获得（如果数学上是可处理的），或通过图估计法得到。对于不可修复的设备，MTTF 定义为首次故障前时间。对于完全可修复的设备，MTTF 定义为平均故障间隔时间 MTBF。

1.4.4　平均寿命 (θ)

平均寿命（θ）是对所考虑的产品总体而言的。例如，已知 n 个产品的初始母体，如果所有产品都工作到发生故障为止，平均寿命（θ）仅是由式（1-10）给出的总体的算术平均值：

$$\theta=\frac{\sum_{i=1}^{n} t_i}{n} \tag{1-10}$$

式中　t_i ——母体中每个产品发生故障前的工作时间；

　　　n ——母体中总产品数。

1.4.5　平均故障间隔时间（MTBF）

平均故障间隔时间（MTBF）在可靠性文献中经常用到，它适用于可修复的产品，它的定义是：

$$\mathrm{MTBF}=\frac{T(t)}{r} \tag{1-11}$$

式中　$T(t)$ ——总工作时间；

　　　r ——故障总数。

重要的是，对于可修复的产品，在这种情况下，MTBF 恰好表示平均寿命（θ）。更重要的是，在产品故障后可更换和故障率为常数的两个假设下，可靠度函数是：

$$R(t)=\mathrm{e}^{-\lambda t}=\mathrm{e}^{-t/\theta}=\mathrm{e}^{-t/\mathrm{MTBF}} \quad (1-12)$$

并且，在这种情况下

$$\lambda=\frac{1}{\mathrm{MTBF}} \quad (1-13)$$

可靠性计算中用到的分布函数很多，表 1-1 给出了常用的几种分布函数表达式。

表 1-1　不同分布的故障密度函数、可靠度函数和故障率函数的表达式

分布形式	故障密度函数 $f(t)$	可靠度函数 $R(t)$	故障率函数 $\lambda(t)$
指数分布	$\lambda\mathrm{e}^{-\lambda t}$	$\mathrm{e}^{-\lambda t}$	λ
正态分布	$\frac{1}{\sigma\sqrt{2\pi}}\mathrm{e}^{-(t-\theta)^2/(2\sigma^2)}$	$\frac{1}{\sigma\sqrt{2\pi}}\int_t^{\infty}\mathrm{e}^{-(t-\theta)^2/(2\sigma^2)}\mathrm{d}\tau$	$\frac{\mathrm{e}^{-(t-\theta)^2/(2\sigma^2)}}{\int_t^{\infty}\mathrm{e}^{-(t-\theta)^2/2\sigma^2}\mathrm{d}\tau}$
对数正态分布	$\frac{1}{\sigma t\sqrt{2\pi}}\mathrm{e}^{-(\ln t-\theta)^2/(2\sigma^2)}$	$\frac{1}{\sigma\sqrt{2\pi}}\int_t^{\infty}\frac{1}{\tau}\mathrm{e}^{-(\ln t-\theta)^2/2\sigma^2}\mathrm{d}\tau$	$\frac{\frac{1}{t}\mathrm{e}^{-(\ln t-\theta)^2/(2\sigma^2)}}{\int_t^{\infty}\frac{1}{t}\mathrm{e}^{-(\ln t-\theta)^2/(2\sigma^2)}\mathrm{d}\tau}$
威布尔分布 $\gamma=0$	$\frac{m}{t_0}t^{m-1}\mathrm{e}^{-\frac{t^m}{t_0}}$	$\mathrm{e}^{-\frac{t^m}{t_0}}$	$\frac{m}{t_0}t^{m-1}$

参 考 文 献

［1］ 康锐. 确信可靠性理论与方法［M］. 北京：国防工业出版社，2020.

［2］ 谢里阳. 机械可靠性理论、方法及模型中若干问题评述［J］. 机械工程学报，2014，50（14）：27－35.

［3］ 李良巧. 可靠性工程师手册［M］. 北京：中国人民大学出版社，2012.

［4］ GJB 451B—2021. 装备通用质量特性术语［S］. 2021.

［5］ GJB 899A—2009. 可靠性鉴定与验收试验［S］. 2009.

［6］ GJB 4239—2001. 装备环境工程通用要求［S］. 2001.

［7］ GJB 150A—2009. 军用装备实验室环境试验方法［S］. 2009.

［8］ 杨建军. 地空导弹武器系统概论［M］. 北京：国防工业出版社，2006.

［9］ ［日］盐见弘. 失效物理基础［M］. 北京：科学出版社，1982.

［10］ 曾声奎，赵廷弟，张建国，等. 系统可靠性设计分析教程［M］. 北京：北京航空航天大学出版社，2001.

［11］ 曹胜. 基于故障物理的电子产品可靠性预计与试验研究［D］. 成都：电子科技大学，2016.

［12］ 康锐，王自力. 可靠性系统工程理论研究回顾与展望［J］. 航空学报，2022，43（10）：172－182.

第 2 章　可靠性要求及工作项目确定

2.1　可靠性保证的基本内容

武器装备可靠性保证工作贯穿于武器装备整个研制及使用过程中，为装备确定合理的可靠性要求并达到规定的可靠性要求，重点是可靠性设计、可靠性分析、可靠性试验及数据积累、可靠性评价工作，旨在提升保持和提高装备的可靠性水平，以满足战备完好性和任务成功性要求，降低对保障资源的要求并降低全寿命周期费用。

当前装备着眼于实战化考核要求，在装备全寿命周期构建了立项论证阶段、工程研制阶段、鉴定定型阶段、生产使用阶段的全寿命周期工作链路，自论证方案阶段至在役考核，通过可靠性设计、可靠性分析、可靠性试验、可靠性评价等工作，最后保证武器装备的可靠性满足要求，具体流程如图 2-1 所示。根据武器装备各阶段的工作特点，可靠性保证工作的重点在各阶段也有所不同。

(1) 立项论证阶段

在立项论证阶段，产品依据研制任务总要求，开展产品功能特性分析和使用需求分析，在此基础上，开展产品可靠性需求分析，形成产品可靠性指标体系。

(2) 工程研制阶段

在工程研制阶段，可靠性保证工作全面铺开，根据可靠性要求开展武器装备的可靠性设计，重点开展故障模式影响与危害性分析，确定可靠性关键产品和薄弱环节，基于产品结构功能分析结果，切实开展简化设计、冗余设计、降额设计、热设计、防护设计等工作。依据试验计划，对于器件级、板级、组合级产品开展相应的环境应

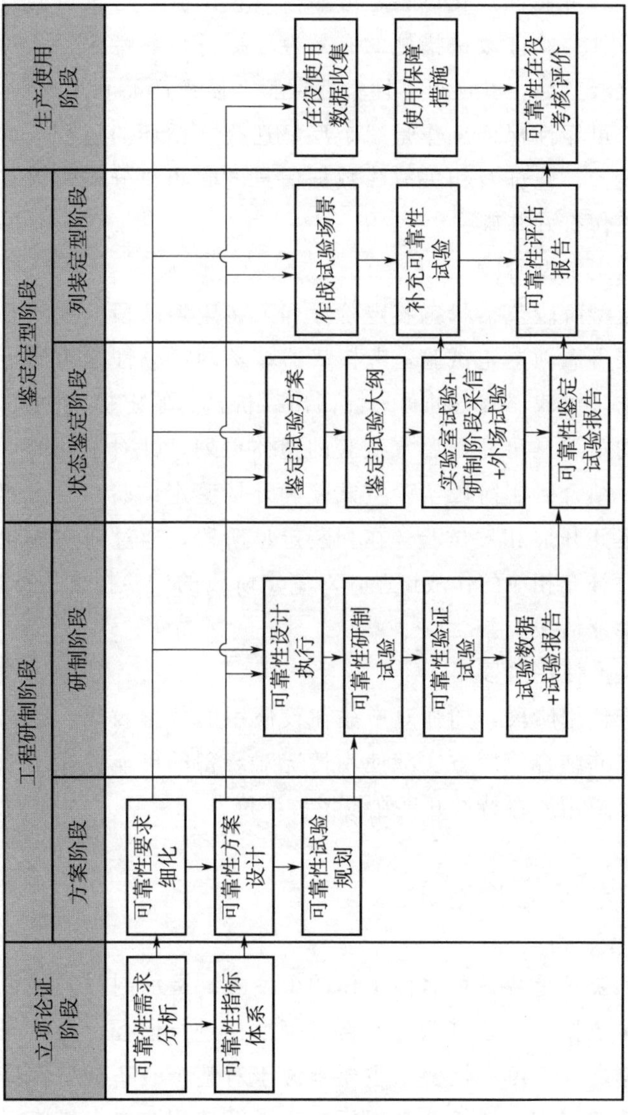

图 2－1　装备全寿命周期可靠性工作重点流程

力筛选，剔除产品潜在故障，对于存在薄弱环节的产品或可靠性关键产品，开展可靠性强化试验、可靠性增长试验，通过试验发现问题、改进设计并验证改进措施的有效性，提升可靠性水平。对于组合级和整机级产品，开展可靠性验证试验，使得产品满足出厂要求。在此阶段，可靠性保证工作是一个反复迭代、循环的过程，重点是对可靠性设计、验证及相关故障数据信息的收集、分析，为装备后续的定型工作打好基础。

（3）鉴定定型阶段

鉴定定型阶段包括状态鉴定阶段和列装定型阶段。在状态鉴定阶段，开展可靠性鉴定试验，考核武器装备的可靠性是否满足规定的使用要求，对武器装备的可靠性做出评价，为鉴定提供决策依据。这一阶段的重点是可靠性鉴定试验的整体策划，针对不同的可靠性指标要求，结合研制阶段实验室试验和外场鉴定试验，给出相应鉴定试验方案并开展相关试验。在列装定型阶段，通过对实战化作战场景飞行，补充相应的作战试验，对鉴定阶段的试验报告进行迭代，形成可靠性评估报告。

（4）生产使用阶段

在生产使用阶段，加强对产品在役使用的数据收集，结合使用保障措施，并结合使用方实际使用情况对装备的可靠性做出综合评价。对产品通用质量特性开展在役考核评价。

2.2 确定可靠性要求

可靠性要求是装备可靠性工作的出发点，是承制方开展可靠性工作的基本依据，也是订购方对装备可靠性进行监控、考核与验收的重要依据之一。可靠性要求主要来源于对整个装备战备完好性和任务成功性的要求，应综合考虑任务需求及使用要求、维修保障资源条件等，提出可靠性要求。

承制方应协助订购方在装备立项阶段和制定研制总要求时开展

该项工作，在方案阶段结束前明确所有可靠性要求。经协调确定的可靠性要求必须纳入装备研制总要求或合同中。

2.2.1　可靠性要求的分类

在武器装备研制过程中，可靠性要求分为定量要求和定性要求两类。

可靠性定量要求包括基本可靠性要求和任务可靠性要求，以及贮存可靠性和耐久性方面的要求。表 2-1 以防空导弹武器系统为例，给出了基本可靠性、任务可靠性、贮存可靠性、耐久性对应的定量指标要求，以及相关要求的类型、适用范围、反映目标的相关信息。

表 2-1　防空导弹武器系统可靠性参数选择表

参数名称	类型		适用范围		反映目标			
	使用参数	合同参数	地面装备	导弹	战备完好性	任务成功性	维修人力资源	保障资源
1. 基本可靠性								
1.1 平均故障间隔时间	√	√	★	—	√	—	√	—
1.2 平均故障间隔里程	√	√	★	—	√	—	√	—
2. 任务可靠性								
2.1 作战任务可靠度 R_1	√	√	—	★	—	√	—	—
2.2 发射飞行可靠度 R_f	√	√	—	★	—	√	—	—
2.3 平均严重故障间隔时间	√	√	★	—	—	√	—	—
3. 贮存可靠性								
3.1 贮存可靠度 R_s	√	√	—	△	—	—	√	√
3.2 贮存寿命 L_s	√	√	—	★	—	—	√	√
4. 耐久性								
4.1 第一次大修期 T_{fo}	√	√	—	△	—	—	√	√
4.2 使用寿命 L_o	√	√	—	★	—	—	√	√

注：★必需的；△适用的；√相关的；—不涉及。

可靠性定性要求是为获得满足可靠性要求的产品，对产品设计、工艺、软件及其他方面提出的非量化要求，如采用成熟技术、简化设计、冗余设计和模块化设计等要求，以及有关元器件使用、降额和热设计方面的要求等。

以某武器装备产品为例，其定性要求包括以下几方面。

（1）元器件与原材料选用要求

按设备性能要求选择元器件和原材料应尽量在规定的元器件、材料优选手册中选用；应在相应国家标准、行业标准以及现行有效的手册中选用。

（2）系统简化设计、标准化设计、继承性设计要求

在满足产品性能的要求下，尽可能简化方案、简化结构、简化电路，减少零部件、元器件数量及规格品种；尽量采用成熟的技术，采用新技术应经过充分论证、试验和鉴定；实施标准化设计，尽量采用标准零部件、标准电路、标准模块，并强调互换性；实施集成化设计，尽量采用固态组件，减少分立元器件。

（3）抗振动冲击设计、热设计与低温防护设计要求

针对产品使用环境剖面，明确产品的高低温贮存工作条件，开展热仿真分析、热设计和低温防护设计，并开展实验室仿真试验，验证设计水平。

（4）裕度设计降额设计要求

对机械产品，依据使用中受力情况合理选择安全系数，在满足质量、体积等要求下，应留有一定的裕度，裕度确定应考虑工作状态载荷性质、使用环境以及结构特点等因素；电路设计应尽量降低电流、电压，避免高功耗电路，对发热部件应采取通风、散热、冷却措施。

（5）冗余设计要求

关键功能和关键连线分别采用功能冗余和多点并联，对关键器件和机械零件的已知缺陷应予以补偿或采取措施；接插件、开关、继电器等多余点应尽量利用，多点并接。

2.2.2　可靠性要求的确定原则

（1）研制合同中应规定的可靠性要求事项

研制的武器系统必须满足作战任务的要求。为此，在订立合同时必须规定以下内容：

1）可靠性定性、定量要求；

2）寿命剖面和任务剖面；

3）设备的贮存、运输、工作环境和维修环境；

4）故障的明确定义；

5）可靠性验收程序及订购方接收、拒收产品的判据等。

（2）可靠性参数选择的依据和要求

可靠性使用参数应反映战备完好性、任务成功性、维修人力资源和综合保障资源等四方面的要求；可靠性合同参数是使用参数在合同（或《研制任务书》）中的体现形式。可靠性参数选择应考虑下列因素：

1）装备的特点，如装备类型、复杂程度、可修和不可修等；

2）装备的使用要求，如战时和平时、一次性使用或重复使用等；

3）预期的维修方案（即对维修的考虑和约束条件的说明，包括维修类别、维修工作要求、维修资源要求等）；

4）验证方法，如试验验证、分析验证或使用验证等。

（3）可靠性定量要求的确立

1）在选择可靠性参数时，应全面考虑装备的作战使命任务、类型特点、复杂程度及参数是否能够验证等因素；

2）在满足装备系统战备完好性和任务成功性要求的前提下，选择的可靠性参数数量应尽可能少且参数之间相互协调；

3）在确定可靠性要求时，应全面考虑使用要求、费用、进度、技术水平及相似产品的可靠性水平等因素；

4）基本可靠性要求应由系统战备完好性要求导出，还需协调权衡确定可靠性、维修性、测试性、安全性、环境适应性和保障系统及其资源等要求；

5）任务可靠性要求应由装备的任务成功性要求导出；

6）在确定可靠性要求的过程中，应充分权衡基本可靠性和任务可靠性要求，以最终满足系统战备完好性和任务成功性要求；

7）订购方可以单独提出装备关键分系统和设备的可靠性要求。对与订购方没有明确规定的较低层次产品的可靠性要求，由承制方通过可靠性分配的方法确定。

2.3 确定可靠性工作项目要求

可靠性工作涉及装备全寿命周期各阶段和装备各产品层次，包括要求确定、监督与控制、设计与分析、试验与评价以及使用阶段的评估与改进等各项可靠性活动。GJB 450B—2021 规定了装备开展可靠性工作的所有工作项目，具体工作如表 2-2 所示。在装备全寿命周期内，订购方和承制方应明确其在各阶段的可靠性工作角色。

在立项论证阶段，订购方（军兵种装备部、军委机关分管装备机构）组织开展立项综合论证阶段的通用质量特性要求论证，提出装备可靠性要求及可靠性工作项目要求，在立项批复后，将可靠性使用要求转化为合同要求，并明确可靠性考核要求，着手制定可靠性计划，对装备可靠性工作的总体要求和安排进行规定。承制方在该阶段应协助订购方对装备的可靠性要求进行可行性分析，确保可靠性要求的合理性和可实现性。

在工程研制阶段，承制方应根据研制总要求、研制合同要求以及订购方制定的可靠性计划，全面落实合同要求的各项可靠性工作过程节点评审，对转承制方的可靠性工作进行监控，对装备试验和使用中暴露的设计、工艺缺陷进行改进。订购方在该阶段应根据可靠性计划组织制定项目管理实施方案，在方案中明确项目实施过程的可靠性管控措施，对装备寿命周期的可靠性工作进行有效管理，对承制方的可靠性工作进行监控。

在鉴定定型阶段，订购方应在其组织制定的试验总案、试验大纲中明确可靠性试验的要求和具体内容，在其组织开展的性能鉴定试验、作战试验中完成相应的可靠性试验工作，作为装备状态鉴定和列装定型的基本依据；根据在役考核计划和在役考核大纲中的可靠性考核要求，完成在役考核工作中的可靠性考核评价，以作为装备改进、后续装备研制的重要依据。承制方在该阶段应提供必要的技术支持。

在生产使用阶段，承制方应对工艺设计及制造过程中各种因素对产品可靠性的影响进行系统分析，并采用有效的方法和控制程序，以减少工艺制造过程对可靠性带来的不利影响，保持设计的可靠性水平。订购方应对承制方的生产过程进行监控，确保产品可靠性水平不发生偏离。

表 2-2　GJB 450B—2021 中可靠性工作项目表

标准中条款编号	工作项目编号	工作项目名称	论证立项	工程研制	鉴定定型	生产使用
5.1	101	确定可靠性要求	√	√	×	×
5.2	102	确定可靠性工作项目要求	√	√	×	×
6.1	201	制定可靠性计划	√	√	△	△
6.2	202	制定可靠性工作计划	△	√	△	△
6.3	203	对承制方、转承制方和供应方的监督和控制	△	√	√	√
6.4	204	可靠性评审	√	√	√	√
6.5	205	建立故障报告、分析和纠正措施系统	×	√	√	√
6.6	206	建立故障审查组织	×	√	√	√
6.7	207	可靠性增长管理	×	√	√	○
6.8	208	可靠性设计核查	×	√	√	○
7.1	301	建立可靠性模型	△	√	√	○

续表

标准中条款编号	工作项目编号	工作项目名称	论证立项	工程研制	鉴定定型	生产使用
7.2	302	可靠性分配	△	√	√	○
7.3	303	可靠性预计	△	√	√	○
7.4	304	故障模式、影响及危害性分析	△	√	√	△
7.5	305	故障树分析	×	√	√	△
7.6	306	潜在分析	×	√	√	○
7.7	307	电路容差分析	×	√	√	○
7.8	308	可靠性设计准则的制定和符合性检查	△	√	√	○
7.9	309	元器件、标准件和原材料的选择与控制	×	√	√	√
7.10	310	确定可靠性关键产品	×	√	√	○
7.11	311	确定功能测试、包装、贮存、装卸、运输和维修对产品可靠性的影响	×	√	√	○
7.12	312	振动仿真分析	×	√	√	○
7.13	313	温度仿真分析	×	√	√	○
7.14	314	电应力仿真分析	×	√	√	○
7.15	315	耐久性分析	×	√	√	○
7.16	316	软件可靠性需求分析与设计	△	√	√	○
7.17	317	可靠性关键产品工艺分析与控制	△	√	√	√
8.1	401	环境应力筛选	×	√	√	√
8.2	402	可靠性研制试验	×	√	√	○
8.3	403	可靠性鉴定试验	×	×	√	○
8.4	404	可靠性验收试验	×	×	△	√
8.5	405	可靠性分析评价	×	×	√	√

续表

标准中条款编号	工作项目编号	工作项目名称	论证立项	工程研制	鉴定定型	生产使用
8.6	406	寿命试验	×	△	√	△
8.7	407	软件可靠性测试	×	△	√	○
9.1	501	使用可靠性信息收集	×	×	×	√
9.2	502	使用可靠性评估	×	×	×	√
9.3	503	使用可靠性改进	×	×	×	√

注:“√”表示该阶段适用的工作项目;“△”表示该阶段可选用的工作项目;“○”表示该阶段仅产品设计更改时适用的工作项目;“×”表示该阶段不适用的工作项目。

参 考 文 献

［1］ GJB 368B—2009. 装备维修性工作通用要求［S］. 2009.

［2］ GJB 450B—2021. 装备可靠性工作通用要求［S］. 2021.

［3］ GJB 841—1990. 故障报告、分析和纠正措施系统［S］. 1990.

［4］ GJB 900A—2012. 装备安全性工作通用要求［S］. 2012.

［5］ GJB 2547A—2012. 装备测试性工作通用要求［S］. 2012.

［6］ GJB 3872—1999. 装备综合保障通用要求［S］. 1999.

［7］ GJB 4239—2001. 装备环境工程通用要求［S］. 2001.

［8］ 曾声奎. 可靠性设计与分析［M］. 北京：国防工业出版社，2011.

第 3 章　可靠性管理

3.1　概述

可靠性是产品的设计特性，是设计赋予武器装备的固有属性，但可靠性也是管理出来的。可靠性管理是发展高可靠、易维修武器装备的基本保证，是一项对武器装备质量建设及其效能发挥有着全局性影响的工作。可靠性管理的基本职能就是通过制定计划，建立或明确工作机构和组织，对整个寿命期中的各项可靠性活动进行监督、控制和指导，以尽可能少的经费投入，实现规定的可靠性要求。可靠性管理的基本方法：一是明确目标，制定计划（做什么、谁来做、何时做、如何做）；二是建立或明确可靠性管理机构和组织（明确监督和控制的机构、组织及其职责）；三是对各项可靠性活动进行监控，评价可靠性活动进展情况、工作结果和问题，并对出现的问题提出处理意见（检查、监督、评价可靠性计划的进展情况）。

本章将介绍可靠性管理主要工作，包含制定可靠性工作计划，可靠性保证工作系统及职责，订购方对承制方、承制方对转承制方和供应方的监督和控制，可靠性评审，建立故障报告、分析和纠正措施，可靠性增长管理，可靠性设计核查等。

3.2　制定可靠性工作计划

3.2.1　概述

可靠性工作计划是实施可靠性工作的基本文件，通常是承制方必做的一项工作。为实现可靠性目标，承制方需要通过可靠性工作计划来组织、指挥、协调、检查监督和控制可靠性的全部管理活动。

组织制订可靠性工作计划的目的，是为了确保实现所确定的产品可靠性工作任务。产品可靠性工作计划应符合合同要求，并作为所确定的执行合同依据。

3.2.2 承制方制订可靠性工作计划的作用

承制方制订可靠性工作计划的作用如下：

1）有利于管理、实施产品可靠性大纲；

2）反映承制方在研制工作中对可靠性工作的重视程度；

3）评价承制方为实施和控制可靠性工作所规定的各项程序是否合适；

4）反映承制方对产品可靠性要求的保证能力。

3.2.3 制订可靠性工作计划时需要考虑的一般因素

制订可靠性工作计划时需要考虑的一般因素如下：

1）所要求的系统可靠性水平高低，通常要求愈高者，工作安排应愈细；

2）在系统寿命周期内所处的阶段；

3）技术类别和同类产品的可靠性状况，不同类产品的具体要求不同；

4）对系统研制计划的其他约束条件，如进度和资金等。

可靠性保障工作本身需要大量人力、物力和财力投资。这笔投资只是整个寿命周期费用的一部分，因此，制订可靠性工作计划时，要考虑由寿命周期费用所决定的可靠性投资，要分析性能、可靠性(或有效性)、投资和进度等几个互相矛盾的因素之间的消长关系，以求得综合平衡。不同类别的系统，要求有不同的侧重点。例如，武器系统要求高可靠性，长期使用的系统要求高有效性和低寿命周期费用。考虑到可靠性投资时必须考虑寿命周期费用。还有一些长远的投资，如高精尖的试验设备设施等，需要分析长远的效益，由高级管理机构做出决策。

3.2.4 可靠性工作计划的基本构成

可靠性工作计划的内容一般包括所要实现的目标（做什么）、承制方及其职能（谁去做）、工作进度安排（什么时候做）以及实施的方法（如何做）。

通常，可靠性工作计划一般包括以下内容：

1）产品研制和生产阶段的可靠性工作任务或工作项目的实施细则，如工作项目/任务要求、工作内容、完成状况、检查方法等；

2）可靠性工作组织、人员及其职责；

3）可靠性工作进度表；

4）可靠性大纲评审点；

5）可靠性工作计划与产品研制总计划的协调说明（包括与维修性计划的协调）；

6）可靠性数据和信息的收集、传递、处理、储存、使用等程序的说明，这些数据和信息包括相似产品在使用和保障中所取得的基本可靠性，以及任务可靠性的测量值、测量的环境应力、典型的故障模式和致命性的故障模式；

7）可靠性关键问题及它对可靠性要求的影响，以及解决这些问题的方法或程序。

3.3 可靠性保证工作系统及职责

3.3.1 建立可靠性保证工作系统

在装备研制过程中，建立设计师系统的同时，应建立可靠性工程保证工作系统。可靠性保证工作系统属于武器产品保证工作系统的一部分，由型号两总系统、型号设计师系统（含可靠性设计师）、质量可靠性管理人员、科研管理人员组成。型号系统总体应设立可靠性主任设计师，在型号分系统应设立专职或兼职可靠性设计师。

3.3.2 工作职责

型号总（副）指挥职责如下：

1）对型号可靠性工程管理工作全面负责；

2）负责组织型号可靠性工程工作项目的实施；

3）负责建立项目可靠性工程保证工作系统和故障报告、分析和纠正措施系统（Failure Report Analysis and Corrective Action System，FRACAS）；

4）型号副总指挥协助型号总指挥完成可靠性工程相关工作。

型号总（副）师职责如下：

1）对型号可靠性工程技术工作全面负责；

2）负责组织型号可靠性工程工作的总体策划；

3）负责组织型号可靠性工程要求的论证；

4）协调解决型号研制中重大的可靠性工程问题，组织可靠性工程技术攻关；

5）审批型号可靠性工程技术文件；

6）型号副总师协助型号总师完成可靠性工程相关工作。

型号总质量师职责如下：

1）负责组织型号可靠性工程工作策划，组织编制可靠性工程有关文件，制定型号产品可靠性工程工作计划；

2）负责组织开展型号可靠性工程有关工作的实施；

3）负责型号故障报告、分析和纠正措施系统的运行，负责型号质量信息系统的闭环管理。

厂（所）型号行政指挥职责如下：

1）对承担的型号产品可靠性工程管理工作全面负责；

2）负责组织承担型号产品可靠性工程工作项目的实施；

3）负责建立承担型号产品可靠性工程保证工作系统和FRACAS；

4）负责提供承担型号产品可靠性工程工作所需的资源。

产品可靠性设计师的职责如下：

1）对所负责的产品进行可靠性工作策划；

2）负责制定产品可靠性保证工作计划（或实施细则）、设计准则及相关技术文件；

3）负责产品的可靠性工作项目的实施；

4）负责参与监督可靠性保证实施细则执行情况并给予技术支持；

5）参与可靠性评审和故障问题的分析处理，审查下级产品的可靠性评价结果，并反馈改进建议；

6）负责产品的可靠性信息与数据的收集、分析与评价。

产品设计师的职责如下：

1）对所设计产品的可靠性负责；

2）分析产品的寿命剖面和任务剖面，制定产品的可靠性设计方案；

3）负责产品的功能分析和故障定义；

4）负责产品的可靠性设计、分析、试验及其他可靠性工作项目实施；

5）负责产品的可靠性信息与数据的收集和传递；

6）负责产品的故障分析，参与产品的可靠性评价，并落实改进措施。

质量可靠性管理部门职责如下：

1）负责型号的可靠性工程管理工作；

2）负责组织型号可靠性工程保证工作策划；

3）负责组织可靠性工程专项评审和 FRACAS 的运行；

4）负责组织对可靠性工程工作的落实和实施情况进行监督、检查；

5）负责进行可靠性工程技术培训的策划。

科研管理部门职责如下：

1）负责将各阶段可靠性工程工作计划纳入科研生产科研计划；

2）为可靠性工程工作项目提供保障条件及相关资源；

3）负责对可靠性工程工作计划进行协调、落实，对计划完成情况进行监督、检查。

3.4 订购方对承制方、承制方对转承制方和供应方的监督和控制

3.4.1 概述

对承制方的可靠性工作实施监督与控制是订购方重要的管理工作。在装备的研制与生产过程中，订购方应通过检查、评审、参加试验等手段监控承制方可靠性工作计划进展情况和各项可靠性工作项目的实施效果，以便尽早发现问题并采取必要的措施。

由于现代武器装备是一个复杂的系统，是由不同类型的分系统、设备、零部件和元器件组成的。承制方不可能研制、生产所有的系统组成部分，60％～70％的分系统和设备，80％～90％的元器件、零部件是靠转承制方和供应方提供的。为保证整个装备的可靠性，对转承制方协作研制的分系统和设备，对供应方提供的元器件、零部件和原材料，也必须提出可靠性要求并进行监控。通过订购方对承制方、承制方对转承制方和供应方的可靠性工作进行监督与控制，必要时采取相应的措施，以确保承制方、转承制方和供应方交付的产品符合合同和转承制合同规定的可靠性要求。

3.4.2 监督与控制的内容与要求

“监督与控制”包括订购方对承制方、承制方对转承制方和供应方的监督与控制。对承制方的监督与控制是订购方的重要职责，是最终实现可靠性目标的重要管理手段。订购方要把它视为一项重要工作，认真对待，在可靠性计划中规定对承制方监控与控制的内容、要求和方式等。监督与控制的主要方式有：亲自参与、重要问题跟

踪、设立控制节点、进行评审或检查、必需的反馈信息等。

3.4.3　订购方对承制方的监督与控制

订购方应利用合同明确对承制方可靠性工作进行监督与控制的内容、要求和方式。监控的主要内容包括：

1）合同中规定的可靠性要求及其落实情况；

2）可靠性工作计划的进展情况和各项可靠性工作的成果，并确保符合订购方可靠性计划的要求；

3）初步设计评审和详细设计评审；

4）关键元器件、零部件和原材料的选择与控制；

5）可靠性关键产品的鉴别、控制方法和试验要求；

6）单点故障、重大故障、故障发展趋势、纠正措施的执行情况和有效性；

7）可靠性鉴定与验收试验及试验结果的有效性；

8）执行有关可靠性标准的情况等。

3.4.4　承制方对转承制方和供应方的监督与控制

承制方应利用合同，明确对转承制方和供应方可靠性工作进行监督与控制的内容、要求和方式等。对转承制方和供应方的监督与控制是承制方的责任，应将其纳入承制方的可靠性工作计划。承制方应规定对转承制产品和供应品的可靠性要求，并与装备的可靠性合同要求协调一致。监督与控制的主要内容包括：

1）转承包和供应合同中规定的可靠性要求及其落实情况；

2）转承制方和供应方的可靠性工作计划的进展情况和各项可靠性工作的成果，并确保与承制方的可靠性工作计划是协调一致的；

3）转承制方和供应方执行 FRACAS 的规定，对单点故障、重大故障纠正措施的执行情况和有效性；

4）关键元器件、零部件和原材料的选择与控制；

5）初步设计评审和详细设计评审；

6）可靠性关键产品的鉴别、控制方法和试验要求；

7）可靠性鉴定与验收试验及试验结果的有效性；

8）执行有关可靠性标准的情况等。

3.5 可靠性评审

3.5.1 概述

进行可靠性评审是产品可靠性保证大纲中必须规定的工作项目，评审结论是产品转阶段的重要依据之一。按照策划的安排，进行产品分阶段、分级的可靠性评审，确保可靠性工作按预定的程序进行，并保证交付的产品及其组成部分满足规定的可靠性要求。

可靠性评审是产品阶段评审的主要内容之一。一般情况下，可靠性评审可结合产品设计评审进行；特殊情况下，可进行专项可靠性评审。

在实际工作中，为避免评审工作中的可靠性评审内容有疏漏，建议编制可靠性评审项目检查单。

3.5.2 论证阶段的可靠性评审

在论证阶段，可靠性评审的目的是为了评价所论证产品可靠性的定性、定量要求，以及科学性、可行性是否满足产品的使用要求。

评审应提交包含以下内容的文件：

1）产品的可靠性参数和指标要求，以及选择和确定的依据；

2）国内外相似产品的可靠性水平分析；

3）产品的寿命剖面、任务剖面及其他约束条件（如初步维修保障条件等）；

4）可靠性指标考核方案；

5）可靠性经费需求分析。

3.5.3 方案阶段的可靠性评审

在方案阶段，可靠性评审的目的是为了评审可靠性研制方案与技术途径的正确性、可行性、经济性和研制风险。评审结论为产品是否转入工程研制阶段提供重要的依据。

在方案阶段的可靠性评审中，必须将可靠性设计方案作为重点内容之一进行评审。提交评审的文件一般应包含以下方面的内容：

1）可达到的可靠性定性、定量要求，可靠性技术方案及其分析（含故障诊断及检测隔离要求等）；

2）可靠性大纲及其重要保证措施；

3）可靠性指标的考核验证方法及故障判别准则；

4）采用的标准、规范；

5）可靠性设计准则；

6）可靠性经费的预算及依据。

3.5.4 工程研制阶段的可靠性评审

工程研制阶段的可靠性评审应根据实际情况进行具体安排，一般可进行两次设计评审，即初步设计评审和详细设计评审。

（1）初步设计评审

初步设计评审的目的是初步检查设计满足《研制任务书》对该阶段的可靠性要求的情况，检查可靠性大纲的实施情况，找出可靠性方面存在的问题或薄弱环节，并提出改进建议。评审结论为是否转入详细设计阶段提供重要依据。

在进行初步设计评审时，应当包括对产品可靠性设计和可靠性大纲的进展情况进行评审。提交评审的文件，一般应包括以下可靠性内容：

1）可靠性初步设计情况报告（含分配、预计、相应的模型框图及分析报告等）；

2）关键项目清单及控制计划；

3）FMEA、故障模式、影响及危害性分析（Failure Mode, Effects and Criticality Analysis，FMECA）、FTA等资料；

4）元器件保证大纲；

5）可靠性研制、增长试验以及鉴定试验方案，本阶段的试验结果报告。

（2）详细设计评审

详细设计评审的目的是检查详细设计是否满足《研制任务书》规定的本阶段的可靠性要求，检查可靠性的薄弱环节是否得到改进或彻底解决。评审结论为是否转入设计定型阶段提供重要依据。

在进行详细设计评审时，应当包括对产品达到的可靠性水平及实施可靠性大纲的情况进行评审。提交评审的文件一般应包括以下可靠性要求：

1）可靠性的详细设计（含可靠性分配、预计、分析等）；

2）可靠性验证；

3）预期的维修/测试设备清单及费用分析；

4）FMECA 和 FTA 资料；

5）可靠性增长。

详细设计评审主要评审可靠性大纲的实施情况、可靠性遗留问题的解决情况及可靠性已达到的水平情况。具体内容分为可靠性设计分析的一般检查项目、非电产品的可靠性设计与分析、电子产品的可靠性设计与分析、可靠性增长试验、可靠性验证试验等。

3.5.5 定型阶段的可靠性评审

定型阶段评审中的可靠性评审主要评审产品的可靠性是否满足《研制任务书》和合同要求，目的是：评审可靠性验证结果与合同要求的复合性，以及评审验证中暴露的问题和故障分析处理的正确性与彻底性，评审结论为能否通过设计定型提供重要依据。

在进行设计定型评审时，提交评审的文件应包括下列可靠性的内容：

1）系统可靠性设计报告；

2）FMEA（或 FMECA）报告；

3）可靠性试验、验证和分析报告；

4）可靠性大纲（计划）实施报告；

5）与供应单位、外包单位配套研制产品的可靠性鉴定报告。

3.6 建立故障报告、分析和纠正措施

3.6.1 概述

FRACAS实质上是一种故障归零的闭环管理制度。它保证在研制、生产和使用过程中发生的所有硬件故障、软件缺陷等均能按规定的格式和要求进行记录，并在规定的时间内向规定的管理级别进行报告，分析其原因，制定和实施有效的纠正措施，并实行跟踪、监控。它是实现可靠性增长、进行正确的设计、生产决策的有力工具。

建立FRACAS的目的一是确立并执行故障记录、分析和纠正程序，防止故障重复出现，从而使产品可靠性得到增长；二是建立故障审查组织，以便对重大故障、故障发展趋势、纠正措施的执行情况及其有效性进行严格的管理。

3.6.2 建立的时机

1）承制方（转承制方）应在产品研制早期（方案阶段）建立FRACAS，并在订购方的协同下加以实施。FRACAS应与本单位的质量与可靠性信息系统密切配合、协调工作。

2）承制方在产品已有样机（实物）后，建立故障审查组织或明确能完成故障审查任务的机构负责此项工作。

3.6.3 有关概念和工作内容说明

3.6.3.1 故障报告

（1）故障的分类

为分析和利用故障信息，首先应对故障进行分类。分类原则如下所述。

①按故障性质分类

非关联故障。已经证实是未按规定的条件使用而引起的故障；或已证实仅属某项将不采用的设计所引起的故障。否则为关联故障。

非责任故障。非关联故障或事先已规定不属某个特定组织提供的产品的关联故障。否则为责任故障。

②按故障后果严重程度分类

灾难故障。导致人员伤亡、系统毁坏、重大经济损失及严重环境污染的故障。

严重故障（原称致命性故障）。导致人员的严重伤害、较大经济损失、任务失败及严重环境污染的故障。

一般故障。导致人员轻度伤害、一定的经济损失、任务延误及中等程度的环境污染的故障。

轻度故障。不足以导致人员伤害、一定的经济损失、任务延误，但会导致非计划性维护和修理的故障。

③按故障规律分类

早期故障。产品在寿命的早期因设计、制造、装配的缺陷等原因发生的故障，其故障率随着寿命单位数的增加而降低。

偶然故障。因偶然因素引起的故障。

耗损故障。因疲劳、磨损、老化等原因引起的故障，其故障率随寿命单位数的增加而增加。

（2）故障报告的内容

故障报告应能完整、真实地反映故障发生时的情况，一般应包括以下内容：

1）产品发生故障的时间、地点及故障发生时机（如试验、生产、试用等）；

2）发生故障时产品所处的工作状态及环境条件；

3）故障产品的详细描述；

4）故障现象和后果的详细描述；

5）故障观测者及观测故障时的环境条件等。

(3) 对故障报告的要求

1) 产品研制单位应根据实际情况，制定统一的故障报告表格，以便对故障报告进行传递、统计处理和贮存；

2) 应按产品的不同层次（如总体、功能系统、设备、组件等）和故障后果的严重等级规定故障报告应递交到哪一层管理级别；

3) 应规定故障报告的递交时限，如灾难故障、严重故障应在 X 小时内报到最高管理级；

4) 配套产品在研制过程中出现的一般故障由各单位自行处理，但应与总体单位保持联系，通报故障及其处理情况。

3.6.3.2 故障核实

FRACAS 办事机构在接到故障报告（主要是灾难故障和严重故障报告）后，应责成有关部门对所报告的故障进行调查核实，以证实其准确性。故障核实一般包括以下工作：

1) 证实初次所观测故障的真实性，进一步取得故障数据；

2) 查找故障部位，确认故障件；

3) 用相同型号的合格品更换代替故障件后，重新进行测试和试验，观察是否已排除了原来报告的故障；

4) 对更换下来的故障件进行测试，以核实该可疑故障件是否确有故障，若有故障则进行故障定位；

5) 对不可重复试验的产品，可利用故障模式及其后果（如泄漏、断裂、损伤等）进行详细的分析；

6) 核实人员在故障报告表的“故障核实”栏目中填写核实情况并签字。

3.6.3.3 故障分析

(1) 故障分析的目的

故障分析是通过故障现象、后果去查明故障原因和故障机理的过程。通过分析应能追查到故障产生的根本原因，构造出反映故障因果逻辑关系的故障链，并确定造成产品故障的技术或管理的责任方，为制定有效的纠正措施提供依据。

（2）故障分析的方法

故障分析一般可以采用如下方法。

1）工程分析方法。根据产品的工作原理和工程经验，对故障产生的原因和机理进行分析，可以采用理论计算、故障模拟试验、对故障件进行分解等方法。应充分利用 FMECA 提供的信息和 FTA 来帮助查明故障因果逻辑关系。

2）故障机理分析方法。利用观察、测试、理化分析、解剖、X 光检查、扫描电镜观测等方法，研究产品结构、工艺加工、使用中产生的缺陷，分析导致这种缺陷的机理。该方法主要用于元器件、原材料、零部件等硬件产品。

3）统计分析法。通过对故障产品累计工作时间、发生故障次数、发生故障时的环境条件及工作应力、该故障模式在类似产品中出现的次数等进行系统的整理和统计分析，以估计该故障模式发生的规律及概率。

3.6.3.4　纠正措施

（1）纠正措施的类别

应根据故障原因确定相应的纠正措施。纠正措施可以分为技术方面和管理方面两大类。

（2）纠正措施的选择原则

1）针对性。应针对故障分析所查明的故障原因及故障定位的结果，采取针对性的纠正措施。

2）关键性。产生故障的原因可能有多种，但要抓住其关键因素进行改进而不要“面面俱到”，以免因考虑不周带来新的故障模式或其他不可靠因素。

3）可行性。所采取的纠正措施一定是工程上可行的，以利于贯彻实施。

4）有效性。为了有效提高产品的固有可靠性，所采用的纠正措施应尽量与设计、工艺、制造有关，而不仅是“修理”“更换”等。

3.6.4　FRACAS 管理

FRACAS 实施与监管、故障审查组织的职权及其办事机构职责等管理工作均应纳入 GB/T 19001—2016《质量管理体系》，在该质量管理体系框架下运行。

3.6.4.1　FRACAS 实施与跟踪监控流程

FRACAS 的实施与跟踪监控实质上是对已发生的故障进行闭环归零，即要在技术和管理两个层面上实现“双归零”。

技术问题归零的五条原则：定位准确、机理清楚、故障复现、措施有效、举一反三。

1）定位准确是前提。根据实际情况，对已发生的故障准确确定故障部位，它是处理问题的基本条件。

2）机理清楚是关键。故障一旦定位后，要通过试验、分析等多种手段，弄清故障发生的根本原因。只有这样才能对症下药，制定切实可行的纠正措施。

3）故障复现是手段。指在定位准确、机理清楚后，通过模拟试验、仿真试验或其他试验方法，复现故障现象，从而验证故障定位的准确性和机理分析的正确性。

4）措施有效是核心。在定位准确、机理清楚的基础上，制定有针对性的、工程上可行的纠正措施及其实施计划，措施应经过评审和验证。

5）举一反三是延伸。把发生故障的信息反馈给研制生产单位、本型号或其他单位、其他型号，从而防止同类故障的重复发生。

管理问题归零的五条原则：过程清楚、责任明确、措施落实、严肃处理、完善规章。

1）过程清楚是基础。查明故障发生、发展的全过程，从有关的每一个环节中分析故障产生的原因，查找管理上的薄弱环节或漏洞。要做到实事求是、过程事实准确。

2）责任明确是依据。在过程清楚的基础上，分清造成故障的责任单位和责任人，并从主观和客观、直接和间接等方面区别责任的主次。要做到责任明确、主次分明。

3）措施落实是基本内容。针对出现的管理问题迅速制定并落实相应有效的纠正和预防措施，堵塞漏洞，举一反三，杜绝类似问题重复发生。

4）严肃处理是手段。通过严肃处理，从中吸取教训，达到教育人和改进管理工作的目的，让广大员工形成严谨的工作作风，避免由于人为责任问题造成产品故障。

5）完善规章是最终目的。在上述工作的基础上，针对管理的薄弱环节和漏洞，健全和完善规章制度，并加以落实，从制度上杜绝故障的重复发生。

3.6.4.2 故障审查组织及其职责

（1）故障审查组织的组成

根据各单位的具体情况，可以成立专门的故障审查组织，或指定现有的某个机构负责故障审查工作。故障审查组织由承制方（转承制方）的设计、生产、可靠性、维修性、保障性、安全性、试验和质量保证等方面的代表组成，订购方派代表参加，订购方在故障审查组织中的权限应在合同中明确。该组织的日常办事机构可由质量保证部门或其他技术部门承担。

（2）故障审查组织的主要职责

1）对灾难性、严重性以及频繁出现的故障和质量问题及时召开专题会进行研究解决；

2）审查故障原因分析的正确性；

3）审查纠正措施的执行情况及其有效性；

4）批准故障处理结案。

3.7　可靠性增长管理

3.7.1　概述

由于产品的复杂性增加和新技术的应用，使产品设计有一个不断深化认识、逐步改进完善的过程。一个新产品的研制过程，通常要经历模样、初样、试样、定型及批生产等多个阶段，各个阶段的具体目标虽然不完全相同，但是都离不开最终的总目标，那就是在规定时间内达到规定的可靠性水平。研制或初始生产的产品，可能存在某些设计、工艺、原材料等方面的问题，从而导致在试验和初始使用中，故障和问题较多，需要通过有计划的纠正措施，根除故障产生的原因，从而提高产品的可靠性，逐步达到规定的可靠性要求。

可靠性增长就是一个逐步改正产品设计和制造中的缺陷，不断提高产品可靠性的过程，它贯穿于产品的寿命周期内，如图 3－1 所示。

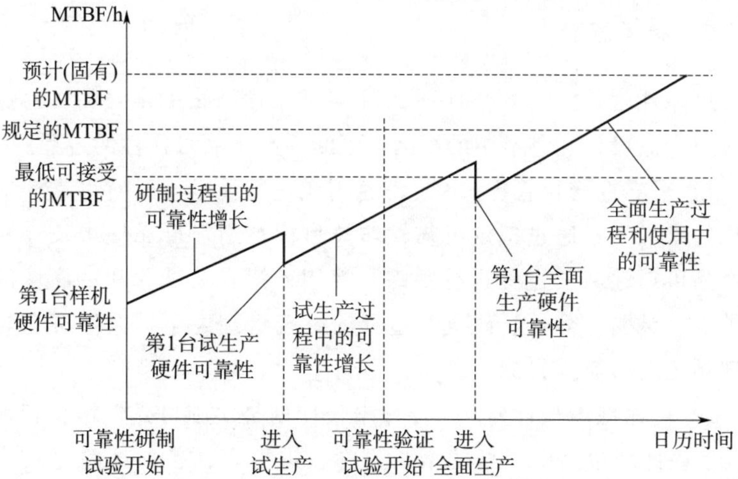

图 3－1　全寿命周期内的产品可靠性增长

可以采取多种方法进行可靠性增长，可靠性增长试验就是方法之一。可靠性增长试验是在产品研制阶段，产品性能基本达到规定要求之后所进行的暴露缺陷、分析和改进设计，以提高产品可靠性所做的试验，它是一个有计划地试验、分析及确定问题的过程。在这个过程中，产品处在实际环境、模拟环境或加速变化的环境下经受试验，以暴露设计中的缺陷。试验目的在于对暴露出的问题及早采取纠正措施，并证实这些措施的有效性，从而促进可靠性增长，但试验本身并不能提高产品的可靠性，只有采取了防止产品在工作期间重复出现故障的措施之后，才能提高可靠性。

从产品研制的模样阶段开始，各阶段都要经过各种试验，发现问题，暴露薄弱环节，在试验之后，分析失效模式，找出故障原因，提出措施，进行改进，然后再通过试验加以验证。反复进行这样的过程，从而使产品的可靠性不断增长。简单地说，这是一个“试验→改进→再试验→再改进”的过程。由此可见，所谓可靠性增长试验，不是针对某一次单一的可靠性试验而言，而是针对整个研制过程而言，是研制过程的可靠性管理。

3.7.2　有关概念

可靠性增长。GJB 451B—2021 对可靠性增长的定义为：通过逐步改正产品设计和制造中的缺陷，不断提高产品可靠性的过程。

1）可靠性增长管理。《装备通用质量特性术语》对可靠性增长管理的定义为：通过拟定可靠性增长目标，制定可靠性增长计划和对产品可靠性增长过程进行跟踪与控制，把有关试验和可靠性试验均纳入“试验、分析、改进”过程的综合管理之下，以经济有效地实现预定的可靠性目标。

2）可靠性增长计划。可靠性增长计划是实施可靠性增长管理的依据。该计划包括要规划的增长目标、进度表、各项试验量及信息的收集和经费的分配。绘制可靠性增长计划曲线是增长计划的主要内容，并要考虑增长模型、理想曲线及阶段划分。

3）可靠性增长模型。在可靠性增长过程中，产品的可靠性是在不断变动的，为了描述产品可靠性在变动中的增长规律，应用变动统计学的原理来建立产品的可靠性增长模型。最常用的增长模型是杜安（Duane）模型及AMSAA（Army Material Systems Analysis Activity）模型，在GJB/Z 77中还给出了其他16种模型。

4）故障分类。在可靠性增长过程中，对产生的故障可以分成如下三类。

第一类是关联故障与非关联故障。关联故障是指在解释试验结果以及计算可靠性特征量数值时必须计入的故障；非关联故障是指已经证实是未按规定的条件试验和使用引起的故障或已证实为保证试验进度而暂时使用某项将不采用的设计所引起的故障。

第二类是系统性故障与残余性故障。系统性故障是指由某一固定因素引起，以特定形式出现的故障，它只能通过修改产品设计、生产工艺等方法来消除，无改进措施的修复性维修通常不能消除故障原因；残余性故障是指在系统性故障之外，由某些偶然因素引起而随机出现的一般难以重复出现的故障。

第三类是A类故障和B类故障。A类故障是指不能经济地降低其故障率的那些故障，其既包含系统性故障也包含所有残余性故障，一般不进行纠正；B类故障是指能经济地降低其故障率的那些系统性故障，需要进行纠正。在增长管理中，某一系统性故障是归A类还是B类，应综合考虑以下因素：故障的危害度，对达到可靠性目标的作用，消除故障源的技术难度及费用。

5）纠正方式。在可靠性增长管理中，对每一试验段内发生故障进行纠正时，可以有以下三种不同的纠正方式，根据需要和可能选取纠正方式，一般常采用第三种纠正方式。

第一种是即时纠正。产品故障纠正的有效性也在本试验段内得到验证。该段内增长曲线如图3-2（a）所示。

第二种是延缓纠正。指产品故障的设计纠正措施在本试验段结束后实施。该段内增长曲线如图3-2（b）所示。

第三种是部分即时和延缓纠正。一部分采取即时纠正，一部分采取延缓纠正。该段内增长曲线如图 3－2（c）所示。

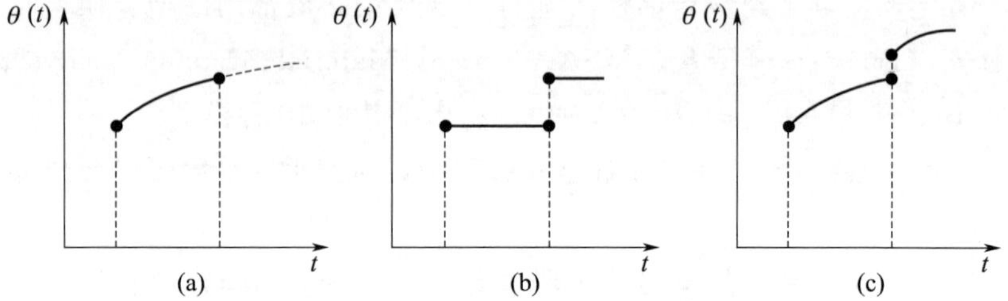

图 3－2　三类可靠性增长曲线

3.7.3　可靠性增长管理的基本内容

3.7.3.1　确定增长目标和阶段目标

产品的可靠性增长目标，应根据需要和可能，经过权衡来确定，通常可根据合同（或任务书）中的可靠性规定值来确定可靠性增长目标，但还要考虑国内外同类产品的可靠性水平、产品的增长潜力及初步预计的产品可靠性水平。

3.7.3.2　制定可靠性增长计划

应在方案阶段制定可靠性增长计划，具体内容是：

1）根据要求的可靠性并考虑同类产品的有关可靠性的资料及国内外产品可靠性情况确定增长目标与阶段目标；

2）可利用的人力、物力、资金及工作的进度表；

3）纳入可靠性增长管理的各项试验的有关信息收集和评估要求；

4）规定可靠性增长过程所选用的增长模型及说明；

5）绘制理想增长曲线，设定条件（增长率、产品初始可靠性水平），选择增长模型、绘制曲线，确定可接受的可靠性增长时间；

6）制定计划增长曲线，应与理想增长曲线目标值相对应，曲线应包含可靠性试验与非可靠性试验的可靠性增长，还要考虑试验段的选取、不同的纠正方式，详细可见 GJB/Z 77—95；

7）对增长过程跟踪的要求，尤其是试验段的跟踪和控制要求，当发现增长不足，应加大纠正力度，也可在目标不变的情况下，调整不同阶段计划增长曲线；

8）设置决策点、评审点要求。

3.7.3.3　对增长过程进行跟踪

跟踪的目的是为了发现问题，进行增长控制。在产品的可靠性增长过程中，应该依次对各个试验段的增长过程进行跟踪，跟踪的方法与内容因纠正方式的不同而不同。

（1）即时纠正试验段的跟踪

该跟踪方法分为试验段内的跟踪和试验结束时的评估两部分。试验段内的跟踪常用图形法，在双对数坐标纸上画出计划增长曲线与跟踪曲线，由于即时纠正，跟踪曲线斜率不断变化，据此来检验增长控制情况。试验结束时的评估可以用图估法，也可用统计分析法。

（2）延缓纠正试验段的跟踪

该跟踪方法应在试验段内做好故障记录。试验段内故障不做纠正，故可靠性维持在同一水平上，试验段结束时采取纠正措施后才会有可靠性增长。这种情况也可对产品的可靠性验证值 θ_D 及延缓纠正预测值 θ_{PD} 进行估计。

（3）含延缓纠正试验段的跟踪

该跟踪方法可以分两部分进行。在试验段内采用即时纠正方式，可按上述（1）方法跟踪和评估；对延缓纠正部分在试验结束时，增长后的可靠性值用延缓纠正预测值估计。上述估计方法详细可见 GJB/Z 77—95。

3.7.3.4　可靠性增长管理的控制

控制的基本方法有两种。

(1) 定量控制方法

定量控制是通过计划增长曲线与跟踪时所绘制的曲线进行对比分析和决策来实现。

控制的主要任务应能及时控制增长率，并对增长过程中发生的情况做出决策和处置。详细可见 GJB/Z 77—95。

(2) 对增长工作的监督

主要是评价增长工作执行情况，各项工作是否按计划开展，以及工作完成的质量和进度。对产品实施可靠性增长管理，尤其在研制早期是一种现实的方法。

1) 对可靠性增长有关工作进行检查，侧重在设计或再设计方面。如可靠性预计进展情况，发现的薄弱环节是否改进；故障模式影响分析进展情况，对发现设计、生产中的薄弱环节是否改进等；

2) 可靠性增长管理中的各项试验中所规定的要求是否执行；

3) 检查产品的各组装等级的试验或筛选的执行情况；

4) 评审各试验段起点产品的可靠性水平；

5) 检查 FRACAS 的运行情况，各环节能否及时完成。

3.7.4 实施可靠性增长管理的对象和各阶段的管理

(1) 实施可靠性增长管理的对象

通常仅对装备中关键产品或重要产品实施可靠性增长管理。

(2) 各阶段可靠性增长管理

1) 在方案阶段，要制定可靠性增长管理计划，包括目标的确定、经费、进度、收集哪些试验信息、绘制曲线等。

2) 在工程研制与定型阶段，要进行试验段试验信息收集，试验情况跟踪与评估，对增长进行控制；此外，进行增长工作的监督，到该阶段结束时，应给出结果是否达到阶段目标，并作为定型的依据。

3) 在生产阶段，可对生产中的故障信息和改进情况进行收集，对产品可靠性进行评估。

3.8　可靠性设计核查

3.8.1　概述

可靠性设计核查工作主要是识别可靠性设计分析存在的问题及其纠正措施的有效性，促使可靠性设计分析工作落实。在研制过程中，对可靠性关键产品开展可靠性设计核查。

可靠性设计核查包括设计分析资料审查、分析计算、建模仿真、物理检查以及必要的试验验证等工作。工程人员应制定可靠性设计核查大纲，核查结束后应形成可靠性设计核查报告。应将可靠性设计核查结果形成的证据，对可靠性要求实现的风险进行分析，尤其对可靠性设计核查发现的问题和设计缺陷，应制定和落实纠正措施。

3.8.2　可靠性设计核查的依据与原则

（1）核查依据

可靠性设计核查的依据包括但不限于以下文件中的规定：

1）研制总要求；

2）通用质量特性要求；

3）通用质量特性保证大纲；

4）《研制任务书》。

（2）核查原则

1）完整性。能够全面反映产品通用质量特性要求的符合情况，内容完整。

2）准确性。能够准确反映产品通用质量特性实际情况，数据真实、结论准确。

3）协调性。各个文件对于通用质量特性的要求、设计及结果描述协调一致，并可追溯。

4）规范性。各个文件均为签署完整的正式文件，通过文件号确保文件的唯一性。

3.8.3　可靠性设计核查时机

可靠性设计核查通常在以下时机开展。

1）工程研制阶段。在该阶段，研制单位和任务书提出单位可按照本标准开展自查或核查，检查通用质量设计是否满足核查依据中规定的通用质量特性要求，作为研制阶段转阶段的依据之一。

2）状态鉴定阶段。在该阶段，第三方承试单位可参考 GJB 450B 开展通用质量定性核查，作为产品状态鉴定的依据之一。

3.8.4　可靠性设计核查程序

可靠性设计核查程序如下所述。

1）工程研制阶段定性核查，由研制单位或任务书提出单位按照通用质量特性核查表开展自查或核查，形成产品通用质量特性定性核查报告并提供相关证据材料。

2）状态鉴定阶段，由第三方承试单位编制通用质量特性性能鉴定试验大纲，并通过由军方组织的大纲评审。第三方依据试验大纲开展核查，并编制通用质量特性性能鉴定试验报告，作为产品状态鉴定文件之一参加产品的状态鉴定审查。

3.8.5　可靠性设计核查对象

核查对象包括研制生产过程中形成的与通用质量特性相关的文件、设计分析报告、试验报告、质量记录、图纸和资料等，作为通用质量核查对象，核查对象主要包括研制阶段设计分析类文件、试验类文件和其他核查对象三类。

3.8.5.1　设计分析类文件

设计分析类文件包括但不限于以下文件：

1）研制计划；

2）研制任务书；

3）技术设计报告；

4）方案报告；

5）设计工艺特性分析报告；

6）故障模式、影响及危害性分析报告；

7）可靠性工程设计报告；

8）可靠性预计报告；

9）可靠性指标分配报告；

10）测试覆盖性与验证充分性分析报告；

11）计算报告；

12）产品规范；

13）技术说明书；

14）使用维护说明书；

15）装配图；

16）元器件选用报告；

17）技术状态。

3.8.5.2 试验类文件

试验类文件包括但不限于以下文件：

1）环境试验大纲；

2）可靠性试验大纲；

3）环境应力筛选大纲；

4）环境试验报告；

5）可靠性试验报告；

6）环境应力筛选报告；

7）试验安全性分析报告。

3.8.5.3 其他核查对象

其他核查对象还包括：

1）评审记录；

2）过程监督控制记录；

3）质量记录；

4）产品包装箱要求及照片；

5）产品实物；

6）其他依据性文件。

3.8.6 可靠性设计核查结果及结论

3.8.6.1 核查结果

逐条列出核查依据中对核查要点满足情况的描述，包括依据文件名称、依据文件章节号及该部分对核查要点满足情况的主要描述。定性要求或核查要点对部分特殊产品不适用，则核查结果中描述为不涉及。

3.8.6.2 核查结论

核查单位针对核查项目及要点给出评价，包括满足、基本满足、不满足和不涉及。

（1）满足

产品设计内容与依据文件中规定的定性要求及核查要点完全一致。

（2）基本满足

产品开展了该项定性要求核查工作，但若存在下列问题，该项定性要求核查结论为基本满足：

1）对于该项定性要求存在明显不满足相关国军标规定的情况；

2）对于该项定性要求的核查要点未能完全满足。

（3）不满足

若出现以下情况，该项定性要求核查结论为不满足：

1）未开展该项定性要求工作，且未在设计文件中说明；

2）开展该项定性要求工作，但未能满足核查要点中规定的具体指标的情况；

3）开展该项定性要求工作，但工作与核查要点规定的内容不相符；

4）开展该项定性要求工作，但同一阶段不同技术文件描述内容不一致或与实际产品不一致。

（4）不涉及

产品在研制阶段对依据文件规定的定性要求或核查要点进行分析后认为不适合本产品，提供分析材料，并经评审通过后，该项定性要求核查结论为不涉及。

参考文献

［1］ 汪修慈，刘国俊，胡雄锋，等．可靠性管理［M］．北京：电子工业出版社，2015.

［2］ ［美］ELSAYED A. ELSAYED. 可靠性工程［M］．杨舟，译．康锐，审校．2版．北京：电子工业出版社，2013.

［3］ GJB 9001C—2017. 质量管理体系要求［S］．2017.

［4］ GJB/Z77—1995. 可靠性增长管理手册［S］．1995.

第 4 章　可靠性设计与分析

4.1　概述

产品的可靠性是设计出来的、制造出来的、管理出来的，但首先是设计出来的。可靠性设计与分析的目的是将成熟的可靠性设计与分析技术应用到产品的研制过程，实施一组对产品设计有效的可靠性工作项目，通过设计分析尽早发现产品的薄弱环节及设计缺陷，采取有效的设计措施加以改进，以满足或提高产品的可靠性。可靠性设计与分析工作的根本指导思想就是把设计隐患消灭在图纸、技术文件上，以达到用较少的时间和费用来满足可靠性要求的目的。

产品可靠性设计与分析的方法有很多，GJB 450B—2021《装备可靠性工作通用要求》中规定的可靠性设计与分析工作有 17 项工作项目，即建立可靠性模型，可靠性分配，可靠性预计，故障模式、影响及危害性分析，故障树分析，潜在分析，电路容差分析，可靠性设计准则的制定和符合性检查，元器件、标准件和原材料选择与控制，确定可靠性关键产品，确定功能测试、包装、贮存、装卸、运输和维修对产品可靠性的影响，振动仿真分析，温度仿真分析，电应力仿真分析，耐久性分析，软件可靠性需求分析与设计，可靠性关键产品工艺分析与控制。

可靠性设计与分析的方法的选择取决于产品的可靠性定性定量要求、产品的使用环境和保障要求、安全考虑以及研制经费和进度约束等要求。每个产品都有其特定要求，可靠性设计与分析的这些通用方法只有紧密结合产品的具体特点，进行有针对性的应用才能有效的提高产品的可靠性。

4.2 可靠性设计分析流程

武器系统组成复杂，研制方普遍采用系统工程的思想和方法组织研制过程。为使可靠性工作合理融入产品研制过程当中，同样需要按照系统工程思想对可靠性工作进行梳理，形成规范有序的可靠性设计分析流程。

不同研制阶段的可靠性设计分析流程有所差异，但都是由一组彼此交互的可靠性设计分析任务所构成的。其中，最基本的任务可以分为三类：提出可靠性要求，包括通过分配提出不同层次产品的可靠性设计要求；可靠性设计与分析，通过可靠性设计与分析为产品研制过程提供输入，形成考虑可靠性的产品设计；验证可靠性设计的效果，验证是否满足产品的可靠性要求。以这三类任务及相应决策活动为基础，即可构成一个可靠性设计分析的流程，该流程具有自封闭性质（即由可靠性需求出发开展相关工作直至最终满足产品的可靠性需求），对产品研制的各个阶段都具有借鉴意义，主要区别在于不同的研制阶段应用的具体手段不同。在确定具体流程时，需要结合产品特点，系统地规划和恰当地应用各种可靠性设计与分析方法，以保证可靠性设计与分析流程和性能研制是协调匹配的，从而使研制出的产品具有较高的可靠性水平。

对于产品研制方来说，可靠性设计与分析工作主要集中在方案阶段和工程研制阶段。各个阶段开展的可靠性设计与分析工作项目有所不同，某些可靠性工作在多个研制阶段都需要开展，存在一定的继承性，但是使用的数据源及开展的深入程度不同。此外，不少可靠性工作项目之间存在依赖性。因此，要在产品研制工作中有效地组织开展可靠性设计分析工作，达到高效、全面提高系统的可靠性水平的目标，须对各研制阶段中可靠性设计分析工作的关系和流程有清楚的认识。典型的可靠性设计与分析流程如图 4－1 所示。

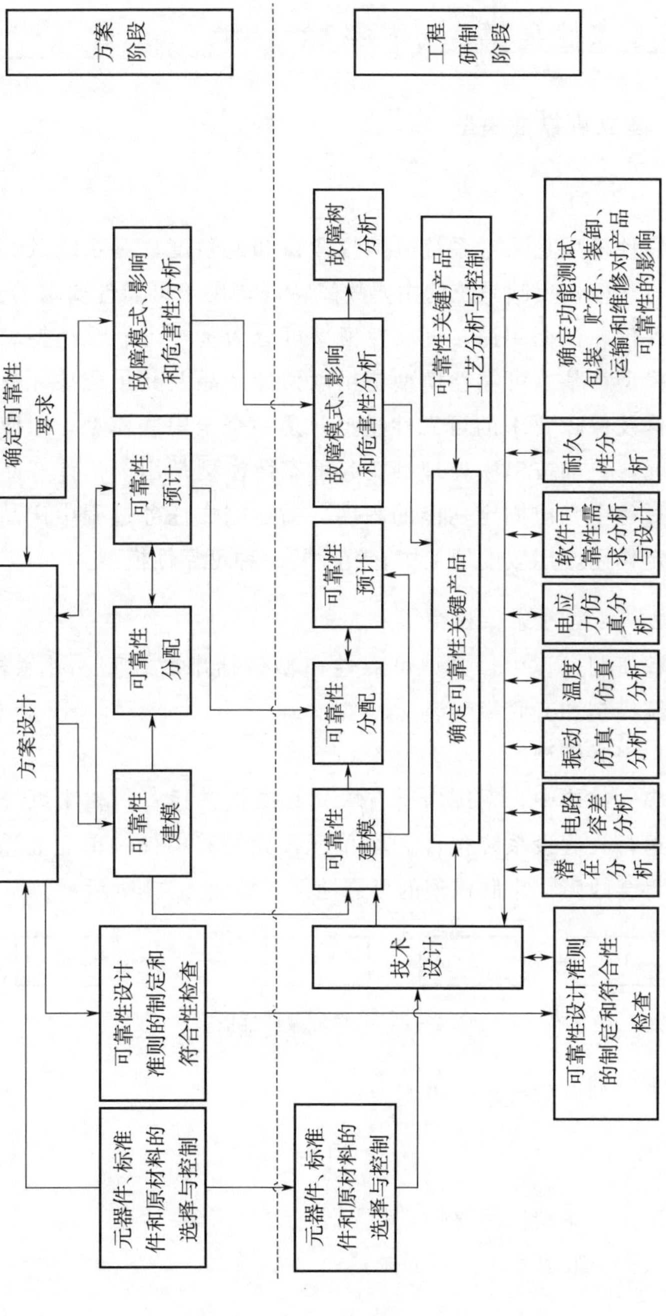

图 4－1　研制阶段典型的可靠性设计与分析流程

4.3 可靠性建模、分配及预计

4.3.1 建立可靠性模型

4.3.1.1 目的

可靠性模型是从对系统故障规律认知的角度，对系统及其组成部件进行建模，反映系统的主要故障特征，用于可靠性要求的分配、预计和评价。根据用途，可靠性模型可分为基本可靠性模型和任务可靠性模型。基本可靠性模型是用以估计产品及其组成单元故障引起的维修及保障要求的可靠性模型，是一个全串联模型，即使存在冗余单元，也都按串联处理。任务可靠性模型是用以估计产品在执行任务过程中完成固定功能的程度，描述完成任务过程中产品各单元的预定作用，用以度量工作有效性的一种可靠性模型。

4.3.1.2 典型可靠性模型

工程研制过程中，典型可靠性模型包括串联模型、并联模型、表决系统模型和旁联模型等。

(1) 串联模型

在串联结构中，系统内所有单元必须正常运行，整个系统才可以正常运行。假设系统包含 n 个单元，如果其中任一单元故障，那么系统将会故障。串联模型的可靠性框图如图 4-2 所示。

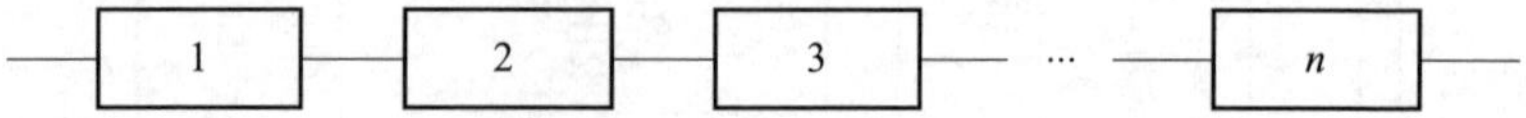

图 4-2　串联可靠性框图

则系统的可靠性数学模型为

$$R = \prod_{i=1}^{n} R_i \tag{4-1}$$

式中　R ——系统的可靠性；

n ——组成系统的单元个数；

R_i ——第 i 个单元的可靠度。

若串联模型中各单元独立且寿命服从指数分布，则可靠度为

$$R_i(t)=e^{-\lambda_i t} \tag{4-2}$$

整个产品也服从指数分布，其可靠度为

$$R_s(t)=e^{-\lambda_s t} \tag{4-3}$$

系统的故障率为

$$\lambda_s=\sum_{i=1}^{n}\lambda_i \tag{4-4}$$

式中　λ_s ——整个产品的故障率；

λ_i ——第 i 个单元的故障率。

系统的平均故障间隔时间（MTBF）为

$$T_{BF_s}=\frac{1}{\lambda_s}=\frac{1}{\sum_{i=1}^{n}\lambda_i} \tag{4-5}$$

可见，串联系统中各单元的寿命为指数分布时，系统的寿命也为指数分布。串联系统的可靠度是各单元可靠度的乘积，单元越多，系统越复杂，其可靠度越低。现代武器系统的任务越来越复杂，结构也越来越复杂，从设计方面考虑，为提高串联系统的可靠度，可从下列三方面入手：

1）尽可能减少串联单元数量，即简化设计；

2）提高单元的可靠度，降低其故障率；

3）缩短工作时间。

（2）并联模型

组成系统的所有单元都发生故障时，系统才发生故障的模型称为并联模型，也称冗余模型。并联模型的可靠性框图如图 4－3 所示。

并联可靠性数学模型为

$$R_s=1-\prod_{i=1}^{n}(1-R_i) \tag{4-6}$$

式中　R_s ——系统的可靠性；

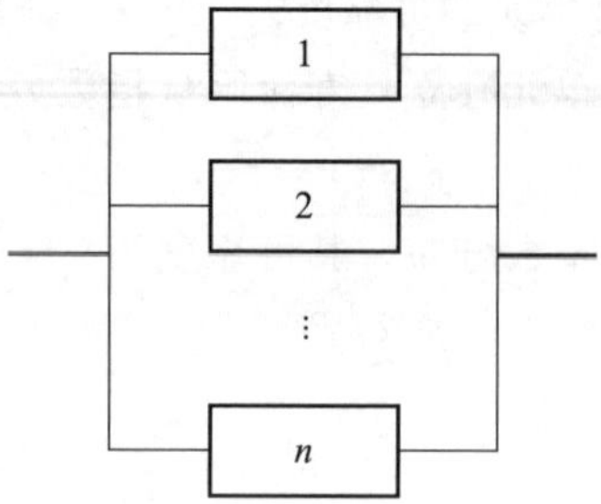

图 4-3　并联可靠性框图

n ——组成系统的单元个数；

R_i ——第 i 个单元的可靠度。

当各单元的寿命分布均为指数分布时，系统的可靠性为

$$R_s(t)=1-\prod_{i=1}^{n}[1-R_i(t)]=1-\prod_{i=1}^{n}[1-e^{-\lambda_i t}] \quad (4-7)$$

对于最常用的二单元并联系统，有

$$\begin{cases} R_s(t)=e^{-\lambda_1 t}+e^{-\lambda_2 t}-e^{-(\lambda_1+\lambda_2)t} \\ \lambda_s(t)=\dfrac{\lambda_1 e^{-\lambda_1 t}+\lambda_2 e^{-\lambda_2 t}-(\lambda_1+\lambda_2)e^{-(\lambda_1+\lambda_2)t}}{e^{-\lambda_1 t}+e^{-\lambda_2 t}-e^{-(\lambda_1+\lambda_2)t}} \\ T_{BcF_2}=\dfrac{1}{\lambda_1}+\dfrac{1}{\lambda_2}-\dfrac{1}{\lambda_1+\lambda_2} \end{cases} \quad (4-8)$$

可见，尽管 λ_1、λ_2 都是常数，但并联系统的故障率 $\lambda_s(t)$ 不再是常数。

对于 n 个相同单元的并联系统，

$$\begin{cases} R_s(t)=1-(1-e^{-\lambda t})^n \\ T_{BcF_s}=\displaystyle\int_0^{\infty}[1-(1-e^{-\lambda t})^n]\,dt \\ \qquad =\dfrac{1}{\lambda}+\dfrac{1}{2\lambda}+\cdots+\dfrac{1}{n\lambda} \end{cases} \quad (4-9)$$

(3) 表决系统模型

如果系统由 n 个单元组成，系统完成任务只需要其中 k 个单元正常工作即可，则称该系统为 $k/n(G)$ 表决系统，表决系统的可靠

性框图如图 4－4 所示。当 $k=1$ 时，n 个单元实际上是并联的，当 $k=n$ 时，n 个单元实际上是串联的。表决器完全可靠，在系统各组成单元可靠度相同的条件下，可靠性数学模型为

$$R=\sum_{i=k}^{n}C_n^iR_0^i(1-R_0)^{n-i} \tag{4-10}$$

式中　n ——系统工作单元个数；

k ——系统需要同时正常工作单元个数；

R_0 ——系统各工作单元的可靠度。

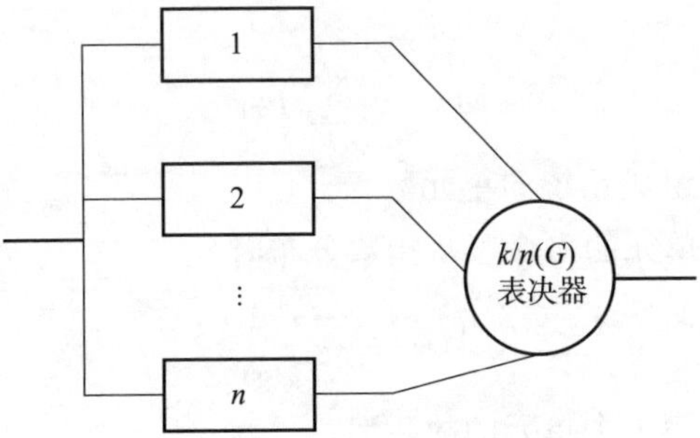

图 4－4　表决系统可靠性框图

当各单元寿命分布服从指数分布时，有

$$R_s(t)=\sum_{i=r}^{n}C_n^i\mathrm{e}^{-i\lambda_s}(1-\mathrm{e}^{-\lambda t})^{n-i} \tag{4-11}$$

系统的 MTBF 为

$$T_{BcF_s}=\int_0^{\infty}R_s(t)\mathrm{d}t=\sum_{i=r}^{n}\frac{1}{i\lambda} \tag{4-12}$$

（4）旁联模型

组成系统的 n 个单元中只有一个单元工作，当工作单元故障时，通过转换装置接到另一个单元继续工作，直到所有单元都故障时，系统才发生故障，称为非工作储备模型，又称旁联模型。旁联模型的可靠性框图如图 4－5 所示。

1）假设转换装置的可靠度为 1，则系统 MTBF 等于各单元 MTBF_i 之和，即

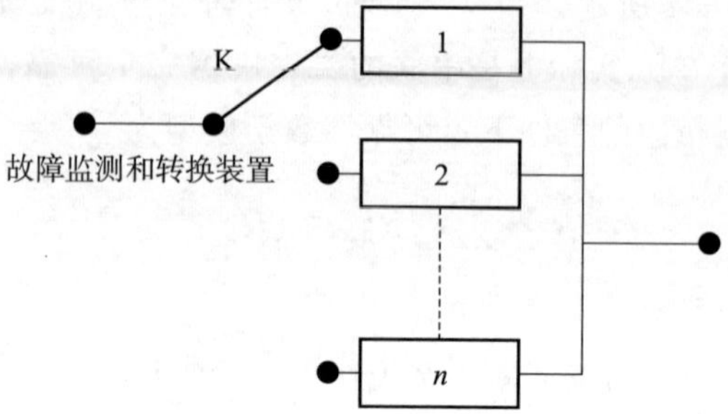

图 4-5 旁联模型可靠性框图

$$M_{BF_s} = \sum_{i=1}^{n} T_{BF_i} \tag{4-13}$$

式中 n ——组成系统的单元数。

当系统各单元的寿命服从指数分布时，有

$$M_{BF_s} = \sum_{i=1}^{n} \frac{1}{\lambda_i} \tag{4-14}$$

式中 λ_i ——第 i 个单元的故障率；

n ——组成系统的单元个数。

系统各单元故障率相同时，有

$$M_{BF_s} = \frac{n}{\lambda}$$

$$R_s(t) = \mathrm{e}^{-\lambda t}\left[1 + \lambda t + \left(\frac{\lambda t}{2!}\right)^2 + \mathrm{L} + \frac{(\lambda t)^{n-1}}{(n+1)!}\right] \tag{4-15}$$

对于两个不同单元组成的非工作贮备系统（$n=2$，$\lambda_1 \neq \lambda_2$），有

$$R_s(t) = \frac{\lambda_2}{\lambda_2 - \lambda_1}\mathrm{e}^{-\lambda_1 t} + \frac{\lambda_1}{\lambda_1 - \lambda_2}\mathrm{e}^{-\lambda_2 t}$$

$$T_{BcF_s} = \frac{1}{\lambda_1} + \frac{1}{\lambda_2} \tag{4-16}$$

2）假设转换装置的可靠度为常数 R_D ，两个相同单元且寿命服从失效率为 λ 的指数分布，则系统的可靠度为

$$R_s(t)=e^{-\lambda t}[1+R_D\lambda t]$$
$$T_{BcF_s}=\frac{1+R_D}{\lambda}\sqrt{2} \tag{4-17}$$

对于两个不相同的单元，其故障率分别为 λ_1、λ_2，则

$$R_s(t)=e^{-\lambda_1 t}+R_D\frac{\lambda_1}{\lambda_1-\lambda_2}(e^{-\lambda_2 t}-e^{-\lambda_1 t}) \tag{4-18}$$

$$T_{BcF_x}=\frac{1}{\lambda_1}+R_D\frac{1}{\lambda_2} \tag{4-19}$$

非工作储备的优点是能大大提高系统的可靠度，其缺点是：由于增加了故障监测与转换装置而加大了系统的复杂度；要求故障监测与转换装置的可靠度非常高，否则储备带来的好处会被严重削弱。

4.3.1.3　建立系统可靠性模型的程序

一般地，建立系统可靠性模型的程序如下：

1）开展需求分析，根据研制输入文件，对产品寿命剖面、任务剖面、可靠性指标要求进行分析和细化，确定产品的功能和任务需求；

2）根据产品的方案报告、设计报告确定产品的组成、工作原理及接口关系；

3）根据产品的组成建立基本可靠性框图；

4）分析产品在不同任务剖面下，对应不同任务需求的工作方式和工作原理，确定产品的故障判据；

5）根据产品的任务需求和工作原理建立产品的任务可靠性框图；

6）研究确定产品各组成的寿命分布；

7）可靠性框图的简化，将可靠性框图中失效率远低于其他组成部分的组成、在任务过程中认为不可能发生失效的组成进行简化处理；

8）确定产品的可靠性数学模型。

4.3.1.4 建立系统可靠性模型的注意事项

为正确地建立系统的任务可靠性模型，必须对系统的构成、原理、功能、接口等各方面有深入的理解。武器系统的可靠性模型应能反映武器系统在完成规定任务中各单元产品的预定用途，应随着系统研制进程中信息的增多、系统结构、性能、任务要求和使用条件更改而修改。当武器系统的任务经历几个工作阶段时（如搜索阶段、跟踪制导阶段），应针对每一个工作阶段建立单独的可靠性模型，然后再综合成一个总的系统任务可靠性模型。建立武器系统任务可靠性模型时，应考虑单元产品的占空系数或工作周期。如果元器件的失效率中已经包含了元器件在设备使用期间所经历的应力变化，那么可不必再考虑占空系数。

4.3.2 可靠性分配

4.3.2.1 目的

可靠性分配是将产品可靠性的定量要求自顶向底，由上到下，从整体到局部，逐步分解，分配到各系统、分系统、设备及部组件上。通过分配使单元的可靠性定量要求得到明确，使产品整体和单元的可靠性要求协调一致。使各级设计人员明确其可靠性设计要求，根据要求估计所需的人力、时间和资源，并研究实现这些要求的可能性及办法。可靠性分配主要在方案阶段及初样设计阶段进行，它与可靠性预计工作结合，是一个反复迭代的过程，且应尽可能早地实施。

4.3.2.2 可靠性分配的原理和准则

产品的可靠性分配就是求解如下的基本不等式：

$$R_s(R_1,R_2,\cdots R_i,\cdots,R_n) \geqslant R_s^* \tag{4-20}$$

$$g_s(R_1,R_2,\cdots R_i,\cdots,R_n) \leqslant g_s^+ \tag{4-21}$$

式中 R_s^+ ——产品的可靠性指标；

g_s^+ ——对产品设计的综合约束条件，包括费用、重量、体积、功耗等因素；

R_i ——第 i 个单元的可靠性指标。

对于简单串联系统而言，式（4－20）可以转换为

$$R_1(t)\cdot R_2(t)\cdots R_i(t)\cdots R_n(t)\geqslant R_s^*(t) \tag{4-22}$$

如果对分配没有任何约束条件，则式（4－20）、式（4－21）可以有无数个解。有约束条件时，也可能有多个解。因此，可靠性分配的关键在于要确定一个方法，通过它能得到合理的可靠性分配值的优化解。考虑到可靠性的特点，为提高分配结果的合理性和可行性，可以选择故障率、可靠度等参数进行可靠性分配。在进行可靠性分配时需要遵循以下几条准则。

1）应结合实际情况进行可靠性指标的分配。对处于较恶劣环境条件下的、复杂度高的、现有技术水平无法达到或代价太高的产品应分配相对较低的可靠性指标。

2）重要度高、不易维修的产品，应分配相对较高的可靠性指标。

3）对于技术上不成熟的产品，应分配较低的可靠性指标。

4）对于需要长期工作的产品，应分配较低的可靠性指标。

5）对于已有可靠性指标的货架产品或技术成熟的系统/成品，不再参与可靠性指标分配。同时，在进行可靠性分配时，要从总指标中剔除这些单元的可靠性指标值。

6）在选择分配方案和进行指标分配时，武器系统总体部门应根据分系统的实际情况和对武器系统的研制要求，保留一定的余量，以供必要时在调整分配值和实现指标有困难的情况下使用。

4.3.2.3　可靠性分配的输入信息

可靠性分配的输入信息包括：

1）研制总要求、研制任务书、技术说明；

2）可靠性建模报告；

3）下一级产品的方案报告或技术设计报告；

4）相似产品可靠性预计报告或评估报告。

4.3.2.4　可靠性分配的方法

可靠性分配的方法有很多种，不同的产品、不同的研制阶段应采用不同的可靠性分配方法。工程中，常用的分配方法有等分配法、评分分配法、比例组合分配法、考虑重要度和复杂度分配法（AGREE分配法）等。这些方法的区别在于可获得单元信息和分配精度不同。表4-1给出了不同分配方法的特点、应用条件和适用阶段。

表4-1　可靠性分配方法的特点、应用条件和适用阶段

方法名称	特点	应用条件	适用阶段
等分配法	方法简单	产品无继承性、产品定义不十分清晰、产品复杂程度相似	方案阶段
评分分配法	主观因素较多；方法成熟；应用广泛	需要有经验的技术人员和专家参与	方案阶段、初步阶段
比例组合分配法	方法简单；需要老系统的可靠性信息	新、老系统具有相似性，且老系统可靠性数据充分	初步设计阶段、详细设计阶段
AGREE分配法	应用较多；计算量较小	各单元复杂程度、重要程度、工作时间可知	方案阶段、初步设计阶段、详细设计阶段

（1）等分配法

等分配法适用于产品各组成单元的复杂程度及故障率均相似的系统，也可在缺乏可靠性信息时，用作初步分配。

串联系统可按下式进行分配。

$$R_i = R_0^{1/n} \tag{4-23}$$

式中　R_i ——分配给第i个单元的可靠性指标；

R_0 ——系统可靠性指标；

n ——单元的串联个数。

并联系统可按下式进行分配。

$$R_i = 1 - (1 - R_0)^{1/n} \tag{4-24}$$

等分配法的优点是计算简单，应用方便，但并不合理。因为实际产品中，一般不可能存在各单元可靠性水平均等的情况，但对一个新产品，在方案阶段，进行初步分配是可取的。

(2) 评分分配法

评分分配法是一种经验分配法，通过有经验的工程技术人员或专家对影响可靠性的几种因素进行评分，并对评分进行综合分析以获得产品各组成单元之间的可靠性相对比值，根据相对比值给每个单元分配可靠性指标。在应用这种方法时，时间一般应以产品工作时间为基准。

①评分因素

评分分配法通常考虑的因素有：复杂程度、技术水平、工作时间和环境条件等。在工程实际中，可以根据产品的特点增加或减少评分因素。

②评分原则

下面以产品故障率为分配参数说明评分原则。各种因素评分值范围为 1～10 分，评分越高，说明会对产品的可靠性产生越恶劣的影响。

1) 复杂程度——它是根据产品组成单元的数量以及它们组装的难易程度来评定的。最复杂的评 10 分，最简单的评 1 分。

2) 技术水平——根据产品单元目前的技术水平和成熟程度来评定。水平最低的评 10 分，水平最高的评 1 分。

3) 工作时间——根据产品单元的工作时间来评定。单元工作时间最长的评 10 分，最短的评 1 分。如果产品中所有单元的故障率是以产品工作时间为基准，即所有单元故障率统计是以产品工作时间为统计时间计算的，则各单元的工作时间不相同，而统计时间均相等（实际工作中，现场统计很多是以产品工作时间统计的）。如果产品中所有单元的故障率是以单元自身工作时间为基准，即所有单元故障率统计是以单元自身工作时间为统计时间计算的，则单元的工作时间各不相同，故障率统计时间也不同，可以不考虑此因素。

4）环境条件——根据产品单元所处的环境来评定。在单元工作过程中会经受极其恶劣而严酷的环境条件的评 10 分，环境条件最好的评 1 分。

③评分法可靠性分配

设产品的可靠性指标为 λ_s^*，分配给每个单元的故障率 λ_i^* 为

$$\lambda_i^* = C_i \cdot \lambda_s^* \tag{4-25}$$

式中 i ——单元数，$i=1, 2, \cdots, n$；

C_i ——第 i 个单元的评分系数。

$$C_i = \frac{\omega_i}{\omega} \tag{4-26}$$

式中 ω_i ——第 i 个单元的评分数；

ω ——产品的评分数。

$$\omega_i = \prod_{j=1}^{n} r_{ij} \tag{4-27}$$

式中 r_{ij} 为第 i 个单元，第 j 个因素的评分数；

$j=1$ 为复杂程度；$j=2$ 为技术水平；$j=3$ 为工作时间；$j=4$ 为环境条件。

$$\omega = \sum_{i=1}^{n} \omega_i \tag{4-28}$$

式中 i——单元数，$i=1, 2, \cdots, n$。

(3) 比例组合分配法

如果一个新设计的系统与老的系统在系统结构组成、材料、工艺、使用环境等相似，只是根据新的任务需求，对新系统提出了新的可靠性要求，那么就可以根据比例组合法（也称相似产品法），根据老系统中各单元的故障率，按新系统可靠性的要求，给新系统的各单元分配故障率，其数学表达式为

$$\lambda_{i新}^* = \lambda_{s新}^* \frac{\lambda_{i老}}{\lambda_{s老}} \tag{4-29}$$

式中 $\lambda_{i新}^*$ ——新系统的故障率；

$\lambda_{i新}^*$ ——分配给新系统中第 i 个单元的故障率；

$\lambda_{s老}$ ——老系统的故障率；

$\lambda_{i老}$ ——老系统中第 i 个单元的故障率。

如果有老系统各单元故障数占系统故障数百分比 K_i 的统计资料，那么可以按式（4-30）进行分配。

$$\lambda_{i新}^{*}=\lambda_{s新}^{*}\cdot K_i \tag{4-30}$$

式中　K_i ——第 i 个单元故障数占系统故障数的百分比。

（4）AGREE 分配法

这种方法是美国电子设备可靠性顾问委员会提出的方法，它既考虑每一单元的复杂性，也考虑其重要性。其数学表达式为

$$\theta_{i(j)}=\frac{N\omega_{i(j)}t_{i(j)}}{n_i(-\ln R_s^{*})} \tag{4-31}$$

$$N=\sum_{i=1}^{n}n_i \tag{4-32}$$

式中　n_i ——第 i 个单元的组件、模块数量；

N ——整个系统的组件、模块数量；

n ——系统单元数；

$\omega_{i(j)}$ ——第 i 个单元（第 j 个组件/模块）的重要度；

$t_{i(j)}$ ——第 i 个系统（第 j 个组件/模块）工作时间；

$\theta_{i(j)}$ ——分配给第 i 个系统（第 j 个组件/模块）的平均故障间隔时间；

R_s^{*} ——系统规定的可靠度指标。

重要度表示各单元的故障对系统故障的影响，其数学表达式为

$$\omega_{i(j)}=\frac{N_i}{r_{i(j)}},\quad 0.0\leqslant\omega_{i(j)}\leqslant 1.0 \tag{4-33}$$

式中　$r_{i(j)}$ ——第 i 个单元（第 j 个组件/模块）的故障次数；

N_i ——有第 i 个单元故障引起的系统故障次数。

注意当单元没有冗余设计时，下标 $i(j)$ 就是指第 i 个单元。单元有冗余时，下标 $i(j)$ 指的是第 i 个单元中第 j 个组件/模块。重要度就是第 i 个单元（第 j 个组件/模块）的故障引起系统故障的概率，其数值可根据实际经验（或统计数据）来确定。表 4-2 列出了系统

分配因子。

表 4-2　系统分配因子

分系统 (i)	组装件数 (n_i)	重要性因子 (ω_i)	任务时间 (t_i)
1	20	1	4
2	30	1	4
3	200	1	4
4	50	1	4
	$N=300$		

(5) 可靠度再分配法

对于串联系统，当通过预计得到各个单元的可靠度 R_1，R_2，…，R_n 时，则系统的可靠度为

$$R_s=\prod_{i=1}^{n}R_i \tag{4-34}$$

式中　i——系统组成单元数量，$i=1, 2, \cdots, n$。

如果 $R_s<R_s^*$（规定的可靠度指标），即所设计的产品不能满足规定的可靠度指标要求，则需要进一步改进原设计以提高其可靠度，即要对各个单元的可靠度指标进行再分配。

可靠度再分配法的基本思想是：认为可靠性越低的系统，改进起来越容易，反之则越困难。把原来可靠度较低的系统的可靠度提高到某个值，而对原来较高的系统的可靠度仍保持不变。可靠度再分配法的步骤如下所述。

1）将各单元的可靠度预计值由低到高排序为

$$R_1<R_2<\cdots<R_{k_0}<R_{k_0+1}<\cdots<R_n \tag{4-35}$$

2）把可靠度较低的 R_1，R_2，…，R_{k0}，都提高到某个值 R_0，而原可靠度较高的 R_{k_0+1}，…，R_n 保持不变，则系统的可靠度为

$$R_s=R_0^{k_0}\prod_{i=k_0+1}^{n}R_i \tag{4-36}$$

使 R_s 满足规定的可靠度指标要求，即

$$R_s = R_s^* = R_0^{k_0} \prod_{i=k_0+1}^{n} R_i \tag{4-37}$$

3）通过下式确定 k_0 及 R_0：

$$r_j = \left[R_s^* / \prod_{i=j+1}^{n+1} R_i\right]^{1/j} > R_j \tag{4-38}$$

令 $R_{n+1} = 1.0$，则 k_0 就是满足此不等式的 j 的最大值，则

$$R_0 = \left[R_s^* / \prod_{i=k_0+1}^{n+1} R_i\right]^{1/k_0} \tag{4-39}$$

例：设一系统由三个分系统 A、B 和 C 组成，它们可靠性串联。系统要求的可靠度为 $R^* = 0.7$，各个分系统可靠性预计值为：$R_a = 0.90$；$R_b = 0.80$；$R_c = 0.85$，且三个分系统的工作量函数相同，求可靠性分配值。

按以下步骤求出最小工作量的分配指标。

a）按递增顺序排列分系统可靠性预计值：

$$R_1 = R_b = 0.80; R_2 = R_c = 0.85; R_3 = R_a = 0.90$$

b）按下式求出 j 的最大值 k_0：

$$R_j < \left[\frac{R^*}{\prod_{i=j+1}^{n+1} R_i}\right]^{\frac{1}{j}} = r_j \tag{4-40}$$

c）当 $j = 1$ 时

$$R_1 = 0.80 < r_1 = \frac{0.70}{R_2 R_3 (1.0)} = \frac{0.70}{(0.85)\times(0.90)\times(1.0)}$$

$$= \frac{0.70}{0.765} = 0.915$$

d）当 $j = 2$ 时

$$R_2 = 0.85 < r_2 = \left(\frac{0.70}{0.9\times 1.0}\right)^{\frac{1}{2}} = \left(\frac{7}{9}\right)^{\frac{1}{2}} = \frac{\sqrt{7}}{3} = 0.882$$

e）当 $j = 3$ 时

$$R_3 = 0.90 > r_3 = \left(\frac{0.70}{1.0}\right)^{\frac{1}{3}} = 0.888$$

f）由于 $R_1 < r_1$，$R_2 < r_2$，但是，$R_3 > r_3$，则 $k_0 = 2$，因为 2 是最大的下标 j，即 $R_j < r_j$。

$$R_0^* = \left(\frac{0.70}{0.90}\right)^{\frac{1}{2}} = 0.882$$

这就是说，工作量分配要使分系统 B 的可靠性由 0.80 提高到 0.882；使分系统 C 的可靠性由 0.85 提高到 0.882，而分系统 A 的可靠性保持不变，仍为 0.90。整个系统的可靠性按规定为 0.70＝0.882×0.882×0.90。

4.3.3　可靠性预计

4.3.3.1　目的

可靠性预计是为了估计产品在给定的工作条件下的可靠性而进行的工作。它根据组成系统的元件、部件和分系统的可靠性来推算系统的可靠性，是一个由局部到整体、由下到上的综合过程。可靠性预计的目的和用途主要是：

1）评价系统是否能够达到要求的可靠性指标；

2）在方案论证阶段，通过可靠性预计，比较不同方案的可靠性水平，选择最优方案；

3）在设计阶段，通过可靠性预计，发现设计中的薄弱环节，进行设计改进；

4）为可靠性增长试验、可靠性验证试验等方面的工作提供依据；

5）为系统可靠性分配奠定基础。

可靠性预计的主要价值在于，它可以作为设计手段，为设计决策提供依据。因此，要求预计工作具有及时性，即在决策点之前做出预计，提供有用的信息，否则这项工作就会失去其意义。为了达到预计的及时性，在设计的不同阶段及系统的不同层次上可采用不同的预计方法，由粗到细，随着研制工作的深入而不断细化。

4.3.3.2　可靠性预计的输入信息

可靠性预计的输入信息包括：

1）研制总要求、研制任务书、技术要求；

2）方案报告、技术设计报告；

3）下一级产品的可靠性预计报告或失效率数据；

4）相似产品的可靠性预计报告。

4.3.3.3　可靠性预计方法

可靠性预计包括基本可靠性预计和任务可靠性预计。基本可靠性预计是用串联可靠性模型估计产品的可靠性指标，它反映了产品所有部件对维修和综合保障的需要。任务可靠性预计是根据系统各组成单元的任务功能及可靠性框图，利用概率统计原理，建立武器系统级可靠性数学模型。一般基本可靠性预计和任务可靠性预计结合使用，使设计方案更加合理。并且，在设计和信息发生变化时应及时修改可靠性预计结果。

可靠性预计的方法有很多种，不同的产品、不同的研制阶段应使用不同的可靠性预计方法。工程中常用的可靠性预计方法有相似产品法、评分预计法、元件计数法、应力分析法和可靠性框图法等。不同研制阶段可靠性预计方法的选取如表4-3所示。

表4-3　不同研制阶段可靠性预计方法的选取

预计方法	应用条件	适用阶段			适用范围		适用产品
		方案阶段	初步(初样)设计阶段	详细(试样)设计阶段	基本可靠性预计	任务可靠性预计	
相似产品法	具有相似产品的可靠性数据	√	√		√	√	所有产品
评分预计法	需要有经验的技术人员和专家参与可靠性设计工作		√	√	√	√	所有产品

续表

预计方法	应用条件	适用阶段			适用范围		适用产品
		方案阶段	初步(初样)设计阶段	详细(试样)设计阶段	基本可靠性预计	任务可靠性预计	
元件计数法	元器件种类、数量、质量等级、工作环境已基本确定,能找到相关数据		√		√		电子产品
应力分析法	元器件种类、数量、质量等级、工作环境已基本确定,能找到相关数据手册,可提供经验公式和数据		√	√	√	√	
可靠性框图法	系统、单元的可靠性预计,系统、单元的构成、原理、功能、接口等各方面有深入的理解	√	√	√	√	√	所有产品

可靠性预计应随研制工作的进展而深化，一般分为三个阶段。

1）可行性预计。用于方案阶段。在这个阶段，信息的详细程度只限于系统的总体情况、功能要求和结构设想。一般采用相似产品法或元件计数法，以工程经验来预计系统的可靠性，为方案决策提供依据。

2）初步预计。用于初步设计阶段。该阶段已有工程图或草图，系统的组成已确定，可采用元件计数法或评分预计法预计系统的可靠性，发现设计中的薄弱环节并加以改进。

3）详细预计。用于详细设计阶段。这个阶段的特点是系统的各个组成单元都具有了工作环境和使用应力信息，可采用应力分析法来比较准确的预计系统的可靠性，为进一步改进设计提供依据。

4.3.3.3.1　相似产品法

相似产品法是利用与该产品相似的已有成熟产品的可靠性数据来估计该产品的基本可靠性，成熟产品的可靠性数据主要来源于现场统计和实验室的试验结果。

相似产品法考虑的相似因素一般包括：

1）产品结构、性能的相似性；

2）设计的相似性；

3）材料和制造工艺的相似性；

4）任务剖面（保障、使用和环境条件）的相似性。

相似产品法比较一般按表 4－4 项目进行。

表 4－4　相似产品

相似要点	比较项目
产品	·产品的作用和功能 ·构成的复杂性 ·尺寸和重量 ·功能 ·可靠性特征值数据
设计	·合同条件 ·工作环境条件 ·部件、回路等使用标准件的情况 ·半导体及 IC 的使用情况 ·模块化的范围 ·系统、设备等连接关系 ·干扰和杂音问题的处理 ·宇宙真空环境或抗辐射线措施的特殊要求 ·是否有协作设计者 ·规范、标准现状 ·合同条件
制造	·一般的制造方法 ·特殊加工要求 ·制造年代 ·更新设计和制造的年代 ·原来对质量和可靠性的强调程度 ·现在对质量和可靠性的强调程度 ·特殊的质量要求 ·特殊检查及鉴定

续表

相似要点	比较项目
管理	·合格证明的要求 ·用户提供的有关维修的设想 ·制造类似产品的经验 ·质量和可靠性的投资、预算等是否妥当 ·部件供应情况 ·企业领导对可靠性的理解和想法

相似产品法的预计程序：

(1) 确定相似产品

考虑前述的相似因素，选择确定与新产品最为相似，且有可靠性数据的产品。

(2) 分析相似因素对可靠性的影响

分析所考虑的各种因素对产品可靠性影响程度，分析新产品与老产品的设计差异及这些差异对可靠性的影响。

(3) 新产品可靠性预计

根据 (2) 中的分析，确定新产品与老产品的可靠度值的比值（当然，这些比值应由有经验的专家评定）。最终，根据比值预计出新产品的可靠度。

$$\lambda_{im}=\frac{N_m}{N_0}\lambda_{i0} \tag{4-41}$$

式中 λ_{im} ——现有产品的故障率预计值；

λ_{i0} ——相似产品的故障率；

N_m ——现有产品的直接影响可靠性的某性能参数；

N_0 ——相似产品的直接影响可靠性的某性能参数。

这种方法简单、快捷，适用于系统研制的各个阶段，可应用于各类产品的可靠性预计，如电子、机械、机电等产品，其预计的准确性取决于产品的相似性。成熟产品的详细故障记录越全，数据越丰富，比较的基础越好，预计的准确度越高。

4.3.3.3.2　评分预计法

组成系统的各单元可靠性由于其复杂程度、技术水平、工作时间和环境条件等主要影响因素不同而有所差异。评分预计法是在可靠性数据非常缺乏的情况下（可以得到个别产品可靠性数据），通过有经验的设计人员或专家对影响可靠性的几种因素评分，对评分进行综合分析而获得各单元产品之间的可靠性相对比值，再以某一个已知可靠性数据的产品为基准，预计其他产品的可靠性。应用这种方法时，时间因素一般应以系统工作时间为基准，即预计出的各单元 MTBF，是以系统工作时间为其工作时间的。

（1）评分因素

评分预计法通常考虑的因素有复杂程度、技术水平、工作时间和环境条件。在工程实际中可以根据产品的特点而增加或减少评分因素。

（2）评分原则

以产品故障率为预计参数说明评分原则。各种因素评分值范围为 1～10，评分越高说明可靠性越差。

评分原则如下：

1）复杂程度，它是根据组成单元的元器件数量以及它们组装的难易程度来评定，最简单的评 1 分，最复杂的评 10 分。

2）技术水平，根据单元目前的技术水平的成熟与否来评定，水平最低的评 10 分，水平最高的评 1 分。

3）工作时间，根据单元工作的时间来评定，其前提是以系统的工作时间为时间基准。系统工作时，单元一直工作的评 10 分，工作时间最短的评 1 分。如果系统中所有单元的故障率是以系统工作时间为基准，即所有单元故障率统计是以系统工作时间为统计时间计算的，则各单元的工作时间不相同，而统计时间均相等（实际工作中，外场统计很多是以系统工作时间统计的），因此，必须考虑此因素。如果系统中所有单元的故障率是以单元自身工作时间为基准，即所有单元故障率统计是以单元自工作时间为统计时间计算的，则单元的工作时间各不相同，故障率统计时间也不同，不考虑此因素。

4）环境条件，根据单元所处的环境来评定，单元工作过程中会经受极其恶劣和严酷的环境条件的评 10 分，环境条件最好的评 1 分。

（3）可靠性预计

已知某单元的故障率为 λ^* ，则其他单元故障率为

$$\lambda_i = \lambda^* C_i \tag{4-42}$$

式中 i——单元数，$i=1, 2, \cdots, n$ ；

C_i ——第 i 个单元的评分系数。

$$C_i = \omega_i / \omega^* \tag{4-43}$$

式中 ω_i ——第 i 个单元评分数；

ω^* ——故障率为 λ^* 的单元的评分数。

$$\omega_i = \prod_{j=1}^{4} r_{ij} \tag{4-44}$$

式中 r_{ij} ——第 i 个单元、第 j 个因素的评分数，其中 $j=1$ 为复杂度，$j=2$ 为技术水平，$j=3$ 为工作时间，$j=4$ 为环境条件。

评分预计法主要适用于产品的初样设计与正样设计阶段，可用于各类产品的可靠性预计。这种方法是在产品可靠性数据十分缺乏的情况下进行可靠性预计的有效手段，但其预计的结果受人为影响较大。因此，在应用时，尽可能多请几位专家评分，以保证评分的客观性，提高预计的准确性。

4.3.3.3.3 应力分析法

应力分析法用于产品详细设计阶段的电子元器件故障率预计，其方法也是基于概率统计，在实验室的标准应力与环境条件下，对某种电子元器件开展大量的试验，统计其试验结果而得出该种元器件故障率，称为基本故障。在预计电子元器件工作故障率时，应用元器件的质量等级、应力水平、环境条件等因素对基本故障率进行修正。电子元器件的应力分析法已有成熟的预计标准和手册。最新的国家军用标准为 GJB/Z 299C—2006《电子设备可靠性预计手册》，

除了提供国产元器件的可靠性预计方法，同时也给出了进口元器件的可靠性预计方法。其计算较为烦琐，不同类别的元器件有不同的工作故障率计算模型，如普通二极管的故障率计算模型为

$$\lambda_P = \lambda_b (\pi_E \pi_Q \pi_r \pi_A \pi_{S_2} \pi_c) \tag{4-45}$$

式中　λ_P ——元器件工作故障率，h^{-1}；

λ_b ——元器件基本故障率，h^{-1}；

π_E ——环境系数；

π_Q ——质量系数；

π_A ——应用系数；

π_r ——电流额定值系数；

π_{S_2} ——电压应力系数；

π_c ——结构系数。

各系数 π 是根据影响元器件可靠性的应用环境类别及其参数来实现对基本故障率的修正，这些系数均可查阅 GJB/Z 299C—2006。

4.3.3.3.4　元器件计数法

元器件计数法适用于电子设备方案阶段和初步设计阶段，元器件的种类和数量大致已确定，但具体的工作应力和环境等尚未明确时，对系统基本可靠性进行预计。其基本原理也是对元器件“通用故障率”的修正。

其计算步骤是：先计算系统中各种型号和各种类型的元器件数目，然后再乘以相应型号或相应类型元器件的通用故障率，最后把各乘积累加起来，即可得到部件、系统的故障率。这种方法的优点是只使用现有的工程信息，不需要详尽地了解每个元器件的应力及环境条件就可以迅速地估算出该系统的故障率，其通用公式为

$$\lambda_S = \sum_{i=1}^{n} N_i (\lambda_G \cdot \pi_Q)_i \tag{4-46}$$

式中　λ_s ——系统总的故障率；

λ_G ——第 i 种元器件的通用故障率；

π_Q ——第 i 种元器件的通用质量系数；

N ——第 i 种元器件的数量；

n ——系统所用元器件的种类数目。

式（4-45）适用于应用在同一环境类别的设备。如果设计所包含的 n 个单元是在不同环境中工作（如机载设备有的单元应用于座舱，有的单元应用于无人舱），则式（4-46）应该分别按不同环境考虑，然后将这些“环境-单元”故障率相加即为系统的总故障率。元器件通用故障率 λ_G 及质量等级 π_Q 可以查 GJB/Z 299C—2006。

对于有质量等信息的元器件（如微电子器件、分立半导体器件、有可靠性要求的电阻器和电容器），可分别采用不同的质量因子。对于其他零部件（如非电子器件），如果它们是按相应规范生产的，则 $\pi_Q=1$。

4.3.3.3.5　任务可靠性预计

任务可靠性预计即对系统完成某项规定任务成功概率的估计。在任务期间，系统可分为不可修系统和可修系统。因此，任务可靠性预计分为不可修系统任务可靠性预计和可修系统任务可靠性预计（也称为可信度）。同时，对于不同任务剖面，系统工作状态、工作时间及工作环境条件有所不同，其可靠性模型也不同。所以，任务可靠性预计是针对某一任务剖面进行的。

此外，任务可靠性预计时，单元的可靠性数据应当是影响系统安全和任务完成的故障统计而得出的数据，如产品的任务故障率，平均严重故障间隔时间（Mean Time between Critical Failure, MTBCF）等。但当缺乏单元任务可靠性数据时，也可用基本可靠性的预计值代替，但系统预计结果偏保守。

（1）可靠性框图法

可靠性框图法是以系统组成单元的预计值为基础，依据建立的可靠性框图及数学模型计算得出系统任务可靠度实施步骤。

1）根据任务剖面建立系统任务可靠性框图。

2）应用 4.3.3.2 节中的方法预计单元的故障率或 MTBCF。

3）确定单元的工作时间。

4）根据可靠性框图计算系统任务可靠度。

（2）多任务剖面任务可靠度综合计算

对武器装备的可靠性指标要求中，一个重要的指标是完成任务成功概率（Mission Completion Success Probability，MCSP），即整机总的任务可靠度。它是多种任务剖面的综合任务可靠度指标。如前所述，在任务可靠性预计时，必须根据不同的任务剖面，预计其各自的任务可靠度。我们需要将各任务剖面的任务可靠度综合，预计出装备总的任务可靠度。

1）整机各任务剖面的任务可靠度。

$$R_i = \prod_{j=1}^{k} R_{ij} \quad i = 1, 2, \cdots, m \tag{4-47}$$

式中　i ——任务剖面的编号；

m ——任务剖面数；

k ——与该任务有关的系统数；

R_{ij} ——第 i 个任务剖面的第 j 个系统的任务可靠度。

这里假设完成第 i 个任务剖面 j 个系统均为串联，即每个系统对完成第 i 个任务是不可或缺的。

2）装备完成任务成功概率（MCSP）。

$$\text{MCSP} = \frac{\text{完成任务的次数}}{\text{任务总数次}} \tag{4-48}$$

R_i 与任务时间有关，且各任务的执行时间也不同，计算式为

$$\text{MCSP} = \sum_{i=1}^{n} R_i \cdot \alpha_i \tag{4-49}$$

式中　R_i ——整机各任务剖面的可靠度；

α_i ——第 i 个任务剖面的加权系数。

（3）加权系数 α_i 的计算。

$$n_i = \frac{T \cdot C_i}{t_i} \quad i = 1, 2, \cdots, m \tag{4-50}$$

式中　n_i ——第 i 个任务剖面在寿命期间的相对任务次数；

T ——装备在寿命期间的总任务时间；

C_i ——在寿命期间，第 i 个任务剖面的任务时间占装备总任务时间的比例；

t_i ——第 i 个任务剖面的任务时间。

$$\alpha_i=\frac{n_i}{n}=\frac{n_i}{\sum_{i=1}^{m}n_i}=\frac{(TC_i/t_i)}{\sum_{i=1}^{m}(TC_i/t_i)}=\frac{(C_i/t_i)}{\sum_{i=1}^{m}(C_i/t_i)} \tag{4-51}$$

4.3.4　可靠性分配和预计程序

4.3.4.1　定义有关产品

这些定义包括产品用途、性能、限制及构成。

（1）目的、预定用途或任务

武器系统是为特定的军事目的而使用的，不管其类型多么繁多，都必须明确装载对象及打击目标，这是确定武器系统战术指标的前提和出发点，也是进行可靠性论证分配和预计的基本依据。

（2）性能参数和允许的界限

这一步应该建立和规定整个武器系统及各个分系统的性能参数及其允许极限。应编制一个清单或图表，参数清单应该是全面的，且要规定上、下限。以导弹为例，性能参数有很多，如飞行高度、飞行速度、射程、精度、威力、制导方式等。对于武器上的每个分系统（如控制系统、安全自毁系统、发动机系统）又有很多性能参数要求。

（3）结构和功能界限

整个武器系统及其分系统所包含的各个组成部分及其功能必须十分清楚。

结构界限：1）最大尺寸；2）最大重量；3）安全规定；4）人的因素限制；5）材料等。

功能界限，只要产品包括或依赖另一产品，产品的相互关系在兼容性方面就必须协调一致。这些关系有：人-机关系，与中心控制机构、功率源、数据要求的关系。

4.3.4.2　规定任务条件和维修条件

任务条件包括产品任务剖面及在各任务期间的主要环境条件。应根据产品所经过的任务时间或任务阶段及在每一阶段的任务持续时间来规定任务剖面。在任务期间应当由试验、国家军用标准和参考资料来确定环境条件。此外，还应当确定预期会对产品可靠性产生影响的维修条件。

4.3.4.3　绘制可靠性方框图

可靠性方框图是一种逻辑图，它表现产品使用时所有单元（分系统、设备等）或功能组之间的相互依赖关系，采用各种串-并联方框组合。

1）方框图标题：每个可靠性方框图应该有一个标题，该标题包括产品的标志、任务说明。

2）条件规定：每个可靠性方框图应该包括所有限制条件的规定（这些限制条件影响方框图表示形式的选择），用于分析的可靠性参数或可靠性变量，以及拟定方框图时所用的假设和简化形式。

3）完成任务：应该以特定的用语规定完成任务的概念，它应确切地说明：在条件规定中给出的标准下，计算出来的可靠性对方框图所示的产品及其性能来说意味着什么。

4）方框的顺序：图中的方框按一个逻辑顺序排列，这个顺序表示对产品描述过程中事件发生的次序。

5）方框代表：可靠性方框图中的每一个框只代表产品中所包含的一个功能单元。

6）方框的标志：可靠性方框图中的每一个方框都应加以标志。

4.3.4.4　建立数学模型

数学模型就是把产品可靠性与在可靠性方框图中产品各单元的可靠性联系起来的数学表达式。

当方框都是串联时，可靠度为

$$R_c = R_1 \cdot R_2 \cdot \cdots \cdot R_n \tag{4-52}$$

式中 R_C ——产品可靠度；

R_1，R_2，…，R_n ——方框 1，2，…，n 的可靠度。

如果故障率不随时间变化（指数型），则公式为

$$R = \pi_{i=1}^{n} e^{-\lambda_i t_i} \tag{4-53}$$

式中 λ_i ——第 i 个方框的故障率；

t_i ——当系统工作时间为 t 时第 i 个方框的工作时间。

4.3.4.5 编制元器件目录

应按某种合适的顺序，列出可靠性方框图中每一个方框所含的各种元器件的目录。

元器件目录可以作为确定应力及元器件失效率或可靠度估计的基本工作单元。因此，元器件目录应当包括元器件说明及有关的额定值。它们还应当包括供填写工作电压、电流、应力及失效率或正常工作概率的空白栏。

4.3.4.6 进行可靠性分配

根据可靠性指标、系统的组成、类似产品的可靠性数据、所积累的经验进行可靠性分配，一般来说自上往下地分配，由系统的可靠性指标分配给分系统，然后由分系统分配给设备（也称整机）。采用什么分配方法，可根据所积累的经验及所了解的可靠性数据来确定。推荐的详细的分配方法如 4.3.2 节所述。

4.3.4.7 进行可靠性预计

利用数学模型和相应的失效率数据来预计产品的可靠性。随着产品研制阶段的发展，可靠性预计也不断深化，开始是方案阶段的可靠性预计，是快速预计法，首先采用相似产品法，若相似产品法不能使用，则采用相似电路法。进入早期设计阶段，则采用元器件计数法。进入详细设计阶段，则采用应力分析法。

4.3.4.8 进行可靠性的再分配

经过可靠性预计后，看各分系统或设备的可靠性分配指标能否

达到，若难以达到，则要重新进行可靠性设计，采用相应措施，提高可靠性。若经过修改设计，分配的可靠性指标仍然达不到，则要重新进行可靠性分配，当然这要受到时间和资金的限制。

4.3.4.9 可靠性分配和预计的注意事项

应尽早地进行可靠性预计，以便当任何层次上的可靠性预计值未达到可靠性分配值时，能及早地在技术上和管理上予以注意，采取必要的措施。

在产品研制的各个阶段，可靠性预计应反复迭代进行。在方案论证和初步设计阶段，由于缺乏较准确的信息，所做的可靠性预计只能提供大致的估计值，尽管如此，仍能为设计者和管理人员提供关于达到可靠性要求的有效反馈信息。随着设计工作的进行，产品定义进一步确定和可靠性模型的细化，可靠性预计工作亦应反复进行。

可靠性预计结果的相对意义比绝对值更为重要。一般地，预计值与实际值的误差在一两倍之内可认为是正常的。通过可靠性预计可以找到系统易出故障的薄弱环节，加以改进；在对不同的设计方案进行优选时，可靠性预计结果是方案优选、调整的重要依据。可靠性预计值应大于成熟期的规定值。

若无其他规定，应按最坏工作情况和非工作最坏情况与环境条件进行预计，系统的不同组成单元可以用不同的预计方法，在可靠性预计时应考虑非工作时间的影响。

4.4 故障模式、影响及危害性分析

4.4.1 目的

故障模式、影响及危害性分析（FMECA）的目的是通过系统地分析，确定元器件、零部件、设备在设计和制造过程中所有可能的故障模式，以及每一故障模式的原因及影响，以便找出潜在的薄弱

环节，并提出改进措施，从而提高产品的可靠性，其工作关系如图4-6所示。FMECA由两部分工作组成，即故障模式及影响分析（FMEA）和危害性分析（Criticality Analysis，CA）。FMEA是FMECA的前提和基础，CA是在FMEA的基础上开展的。

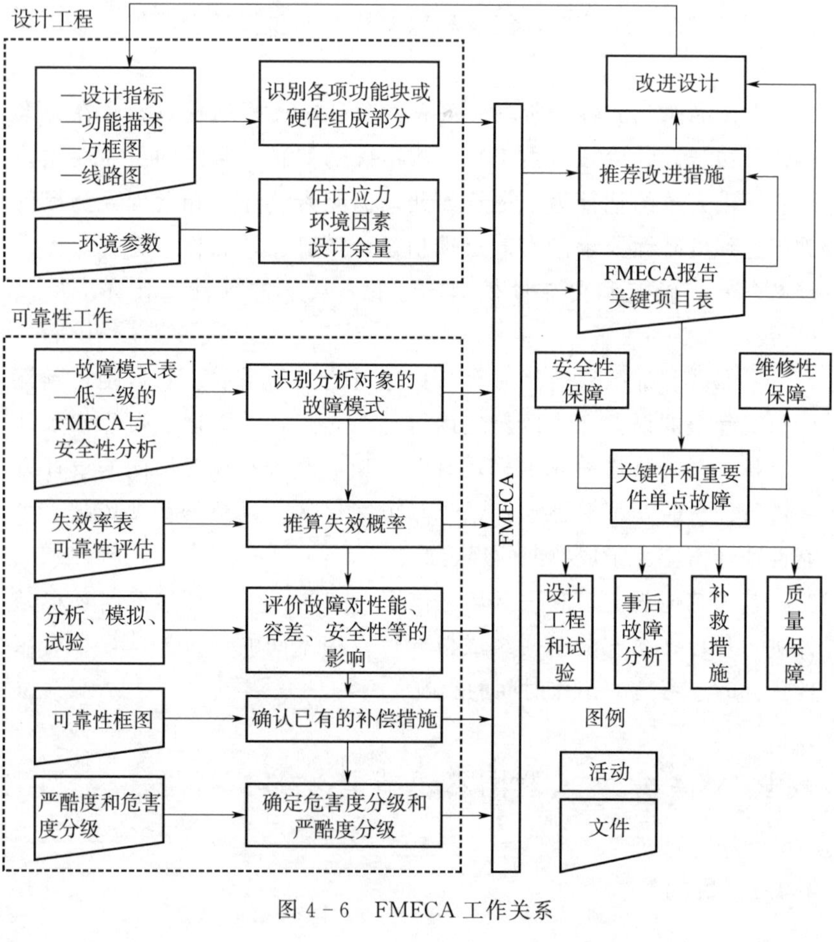

图4-6　FMECA工作关系

4.4.2　FMECA 的输入

进行 FMECA 需要输入一些信息，主要有以下内容。

(1) 设计任务书（或技术规范）

设计任务书包括设计产品的技术指标要求，产品的任务功能，产品的任务剖面，寿命剖面以及环境条件，试验（包括可靠性试验）要求，使用要求，故障准则，其他约束条件等等。

(2) 设计方案论证报告

设计方案论证报告通常说明了对各种设计方案的比较及与之相应的工作限制，它们有助于确定可能的故障模式及其原因。

(3) 被分析的对象在所处的系统内的作用与要求的信息

包括所处系统诸组成单元的功能、性能的要求及容许限，诸组成单元间的接口关系及要求，被分析对象在所处系统内的作用、地位（例如，它是可靠性关键件或它是冗余中的冷贮备件的地位、作用就不相同）。

(4) 有关的设计图样

包括在研制初期的工作原理图和功能方框图（包括某些功能是按顺序执行的，则应有详细的时间——功能方框图），据此可以进行功能法的 FMECA，其后的详细设计图样则为进行硬件法的 FMECA 提供基础。

这里的图样包括被分析对象的图样，所在分系统、系统的必要图样，特别是直接有接口联系的单元的图样。

(5) 被分析对象及所处系统、分系统在启动、运行、操作、维修中的功能、性能、可靠性信息

包括不同任务的任务时间（如果任务还划分为若干任务阶段，则应列出各任务阶段的时间）；测试、监控的时间周期；预防维修的规定，修复性维修的资源（设备、人员、维修时间、备件等）；对可能出现危害度高的等级的后果，特别是属于安全性事故时，能采取应急补救措施（包括及时逃逸）的时间；完成不同任务在不同任务

阶段的正确操作序列，应有防止错误操作的措施等等。

（6）可靠性数据及故障案例

可靠性数据应采用标准数据或通过试验及现场使用的统计数据，并经过一定级别的批准手续。以前型号的故障案例，对 FMECA 工作是非常有用的，因此应当积累，建立故障模式库，以供分析时使用。随着型号研制的深入展开，上述信息也在发展、修改，因此 FMECA 也要随之进行深化、修改。

4.4.3 FMECA 的方法

FMECA 包括 FMEA 和 CA 两部分。其中 FMEA 方法主要有功能 FMEA 和硬件 FMEA。在寿命周期各阶段，FMEA 工作应与产品设计紧密结合，应根据研制进度及所掌握的设计技术信息确定所采用的分析方法。

（1）FMEA 方法

①功能 FMEA

功能 FMEA 是以产品功能为基础，分析每一个功能的所有潜在故障模式及其对初始约定层次产品的使用、功能或状态的影响。在研制的初期，实现诸功能块的硬件、软件的设计图样、装配图等尚未完成，硬件不能确切确定时，可采用功能 FMEA。它适合于从上面层次向下面层次进行分析，但也可以从任一层次向上或向下进行。应用功能 FMEA，分析人员一般需要掌握：产品工作原理、任务剖面、功能框图、可靠性框图、故障的定义、约定层次以及假设的条件等。

②硬件 FMEA

硬件 FMEA 是以独立的产品单元为基础，分析所有产品单元的每一个潜在故障模式及其对初始约定层次产品的使用、功能或状态的影响。在应用中，分析人员一般需要掌握：产品工作原理、功能框图、可靠性框图、原理图、材料明细表、各层次产品清单、各层次产品的故障模式和约定层次定义等。硬件 FMEA 一般采用从下而上的方式进行，分析从最低约定层次开始，逐级向上，向产品的更高级别约定层次进行。硬件 FMEA 分析法一般在具备原理图、装配图及产品明细表后进行，原则上应和设计同步开展。随着设计工作的深入，硬件 FMEA 应深入到关键产品的元器件或零件级，以识别设备或部件的全部可能的故障模式、原因和影响。对于冗余的设备或部件，应通过 FMEA 识别可能影响冗余措施的各种故障模式。

（2）CA 方法

CA 是在 FMEA 基础上，对确定的故障模式按严酷度类别及发生可能性（概率）进行综合排序和分类，以便全面评价各种故障模式的影响。CA 的对象一般是严酷度Ⅰ类、Ⅱ类的故障模式，CA 方法包括定性危害性分析方法和定量危害性分析方法。当不能获得产品故障数据时，应选择定性法，当可以获得较为准确的故障数据时，应选择定量法。

①定性危害性分析方法

定性危害性分析是按故障模式发生的概率来评价 FMEA 中确定的故障模式影响的方法。此时，须将各种故障模式发生概率按规定分成不同的等级。GJB/Z 1391《故障模式、影响及危害性分析指南》把故障模式的发生概率等级分为五级，如表 4－5 所示，结合工程实际，可以对其等级及概率进行修正，故障模式概率等级评定之后，应用危害性矩阵图对每个故障模式进行危害性分析。

表 4－5　故障模式发生概率的等级划分

等级	定义	故障模式发生概率的特征	故障模式发生概率(在产品使用时间内)
A	经常发生	高概率	在产品工作期间内，某一故障模式的发生概率大于或等于产品在该期间内总的故障概率的 20%
B	有时发生	中等概率	在产品工作期间内，某一故障模式的发生概率大干或等于产品在该期间内总的故障概率的 10%，但小于 20%

续表

等级	定义	故障模式发生概率的特征	故障模式发生概率(在产品使用时间内)
C	偶然发生	不常发生	在产品工作期间内,某一故障模式的发生概率大于或等于产品在该期间内总的故障概率的 1%,但小于 10%
D	很少发生	不大可能发生	在产品工作期间内,某一故障模式的发生概率大于或等于产品在工作期间内总的故障概率的 0.1%,但小于 1%
E	极少发生	近乎为零	在产品工作期间内,某一故障模式的发生概率小于产品在工作期内总的故障概率的 0.1%

通常用危害性矩阵图来确定并比较每一故障模式的危害程度，进而确定改进措施的先后顺序。危害性矩阵如图 4-7 所示，它以严酷度类别为横坐标，相应的各故障模式的发生概率等级为纵坐标，把某一故障模式的发生概率等级及严酷度表于图内，从而判断其危害性。例如，图 4-7 中第①、③种故障模式的发生概率等级为 A 级，严酷度为Ⅱ类，而第②种故障模式的发生概率为 B 级，严酷度为Ⅲ类。由图可比较这三种故障模式的危害性。

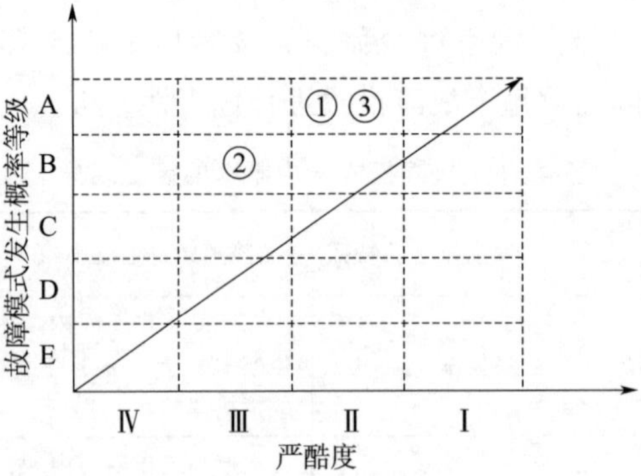

图 4-7 危害性矩阵

②定量危害性分析方法

定量危害性分析方法主要是分别计算每个故障模式危害度 C_{mj} 和产品危害度 C_r ，并对求得的不同的 C_{mj} 和 C_r 值分别进行排序，或应用危害性矩阵图对每个故障模式的 C_{mj} 、产品的 C_r 进行危害性分析。

1）故障模式危害度 C_{mj}。

产品在工作时间 t 内，其第 i 个故障模式，对应于指定的严酷度等级，其危害性可定义为

$$C_{mj}=\alpha_j\beta_j\lambda_p t$$

式中　j——故障横或数，$j=1, 2, \cdots, N$，N 为产品的故障模式总数；

α_j——故障模式频数比，为第 j 产品中故障模式发生的次数与产品所有可能的故障模式数的比率，一般通过统计、试验、预测等方法获得；

λ_p——被分析产品在该任务阶段的故障率，单位为 h^{-1}，可通过故障预计获得；

β_j——故障模式影响概率，第 j 个故障模式发生的条件下，其最终影响导致“初始约定层次”出现某严酷度等级的条件概率。其值的确定是代表分析人员对产品故障模式、原因及影响等的掌握程度。GJB 1391 推荐的 β 值如表 4－6 所示。

t——产品任务阶段的工作时间，单位为 h。

表 4－6　故障影响概率 β 的推荐值

特征	数值
实际丧失	1
很可能丧失	0.1～1
有可能丧失	0～0.1
无影响	0

2）产品危害度 C_r。

产品危害度 C_r 是该产品在给定的严酷度类别和任务阶段下的各种故障模式危害度之和，即

$$C_r = \sum_{j=1}^{N} C_{mj} = \sum_{j=1}^{N} \alpha_j \beta_j \lambda_p t \qquad (4-54)$$

定量危害性分析同样可用危害性矩阵图来确定并比较每一故障模式的危害程度。此时，危害性的纵坐标为 C_r。

4.4.4 FMECA 实施步骤

FMECA 是由 FMEA 和 CA 组成。其实施步骤如图 4-8 所示。

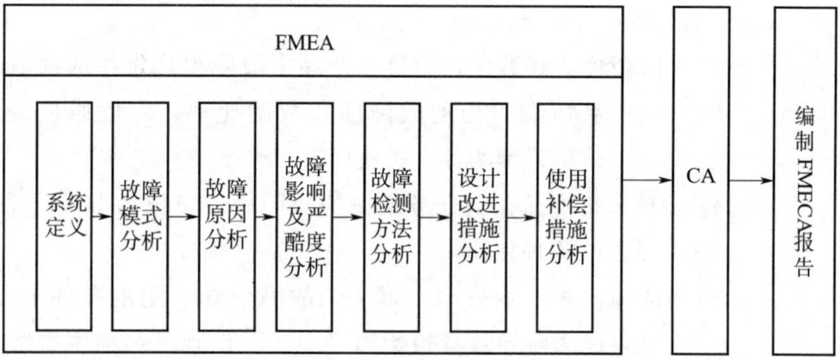

图 4-8　FMECA 实施步骤

4.4.4.1　功能及硬件 FMEA 的实施步骤

（1）系统定义

进行 FMEA 的第一步是对被分析的系统下定义，它包括对产品的每项任务、每个任务阶段，以及各种工作方式对应的主要与次要的功能、故障判据、环境条件等约束条件等。系统定义主要有以下几方面。

①定义产品的功能要求

定义产品及组成部分（到需要分析的层次）的功能要求。当某一种功能可以用不止一种方法来完成时，应列出可以完成功能的主

要及替代的方法。功能要求应以功能——输出清单形式表达，并给出正确输出的容许限。

②定义环境剖面

应规定每一任务和任务阶段所预期的环境条件。如果产品不只在一种环境条件下工作，应对每种不同的环境剖面加以规定。例如，运载火箭完成一次任务有发射准备、发射、轨道飞行、再入等不同任务阶段，应规定相应阶段的环境剖面。

③确定任务时间

为了确定任务时间，应对产品的功能——时间要求作定量说明。对在任务的不同阶段中以不同工作方式工作的产品，以及只有在要求时才执行功能的产品要详细说明功能——时间关系。

④建立方框图

方框图用来描述产品各功能单元的工作情况、相互影响及相互依赖的关系，以便可以逐层分析故障模式产生的影响。这些方框图应标明产品的所有输入及输出。每一方框应有统一的标号，以反映系统功能的分级顺序。对于替换的工作方式，一般需要一个以上的方框图表示。方框图包括功能方框图及可靠性方框图。

⑤确定产品进行 FMEA 的约定层次

根据分析的需要，按产品的相对复杂程度或功能关系进行产品层次的划分，即明确约定层次的定义，包括初始约定层次、约定层次、最低约定层次。一般情况下，一个复杂产品的 FMEA 不一定要做到元器件、零件级的最低层次。最低约定层次应由合同规定。如无其他规定，可按下述原则规定最低层次。

1）能导致灾难的（Ⅰ类）或致命的（Ⅱ类）故障影响的产品所在的产品层次。

2）规定或预期需要维修的最低产品层次，虽然这些产品的故障可能只导致临界的（Ⅲ类）或轻度（Ⅳ类）的影响。

3）为保证分析有完整输入，在分析表中应规定最低的分析层次。

(2) 故障模式分析

故障模式分析的目的是找出产品所有可能出现的故障模式。当选用功能 FMEA 时，根据系统定义中的功能描述、故障判据的要求，确定其所有可能的功能故障模式，进而对每个功能故障模式进行分析。当选用硬件 FMEA 时，根据被分析产品的硬件特征，确定其所有可能的硬件故障模式（如器件的开路、短路和参数漂移等），进而对每个硬件故障模式进行分析。一般可以通过统计、试验、分析、预测等方法获取产品的故障模式。对采用现有的产品的场景，可以该产品在过去的使用中所发生的故障模式为基础，再根据该产品使用环境的异同进行分析修正得到，也可从表 4-7 中选取故障模式或在表 4-7 中给出的故障模式基础上进行细化。

表 4-7　常见故障模式

序号	故障模式	序号	故障模式	序号	故障模式	序号	故障模式
1	结构故障(破损)	12	超出允差(下限)	23	滞后运行	34	折断
2	框架或卡死	13	意外运行	24	输入过大	35	动作不到位
3	共振	14	间歇性工作	25	输入过小	36	动作过位
4	不能保持正常位置	15	漂移性工作	26	输出过大	37	不匹配
5	打不开	16	错误指示	27	输出过小	38	晃动
6	关不上	17	流动不畅	28	无输入	39	松动
7	误开	18	错误动作	29	无输出	40	脱落
8	误关	19	不能关机	30	短路	41	弯曲变形
9	内部泄漏	20	不能开机	31	开路	42	扭转变形
10	外部泄漏	21	不能切换	32	参数漂移	43	拉伸变形
11	超出允差(上限)	22	提前运行	33	裂纹	44	压缩变形

在故障模式分析过程中，应区分功能故障和潜在故障的差异。功能故障是指产品或产品的一部分不能完成预定功能的时间或状

态。潜在故障是指产品或产品的一部分将不能完成预定功能的事件或状态，它是指示功能故障将要发生的一种可鉴别（人工观察或仪器检测）的状态。例如，轮胎磨损到一定程度（可鉴别的状态，属潜在故障）将发生爆胎故障（属功能故障）。若产品具有多种功能，应找出每个功能的全部可能的故障模式。对于具有多种任务功能的产品，应找出该产品在每一个任务剖面下每一个任务阶段可能的故障模式。

（3）故障原因分析

故障原因分析的目的是找出每个故障模式发生的原因，进而采取针对性的有效改进措施，防止或减少故障模式发生的可能性。故障原因分析的方法：一是从导致产品发生功能故障模式或潜在故障模式的物理、化学或生物变化过程等方面找故障模式发生的直接原因；二是从外部因素（如其他产品的故障、使用、环境或人为因素等方面）找产品发生故障模式的间接原因。

故障模式一般是可观察到的故障表现形式，而故障模式直接原因或间接原因是设计缺陷、制造缺陷或外部因素。一般，下一约定层次的故障模式往往是上一约定层次的故障原因，如图 4 - 9 所示。

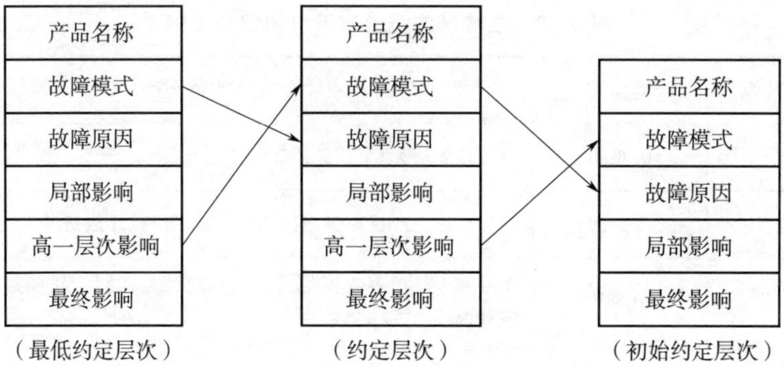

图 4 - 9　不同约定层次产品间故障模式和原因的关系

(4) 故障模式影响及严酷度分析

故障模式影响及严酷度分析是找出产品的每个可能的故障模式所产生的影响，并对其严重程度进行分析。每个故障模式的影响一般分为三级：局部影响、高一层次影响和最终影响，其定义如表 4-8 所示。

表 4-8　按约定层次划分故障模式影响的分级表

名称	定义
局部影响	某产品的故障模式对该产品自身及所在约定层次产品的使用、功能或状态的影响
高一层次影响	某产品的故障模式对该产品所在约定层次的紧邻上一层次产品的使用、功能或状态的影响
最终影响	某产品的故障模式对初始约定层次产品的使用、功能或状态的影响

按每一种故障模式最终影响的严重程度确定故障模式影响的严酷度，严酷度等级的评分准则如表 4-9 所示。

表 4-9　故障影响严酷度等级的评分准则

等级	严酷度等级	故障影响的严重程度
Ⅰ	灾难的	导致人员死亡、装备彻底报废
Ⅱ	致命的	导致人员严重伤害、装备需要返厂维修、作战任务失败
Ⅲ	中等的	导致人员中等程度伤害、装备丧失部分功能、任务延误或降级
Ⅳ	轻度的	不影响作战任务的完成，但会导致非计划性维护或修理

(5) 故障检测方法分析

确定发生某种故障模式时，是否具备检测手段并明确检测方法，一般包括目视检查、原位检测、离位检测等。例如，目视观察什么症状？自动监视设备、仪器显示什么信息？用什么样的检测设备去测试？哪些参数会超越容许限？如果没有故障模式的检测方法，可能要采取补救措施，如改进测试性设计等。

故障检测方法要考虑：有时产品几个组成部分的不同故障模式可能会出现相同的表现形式，此时应如何检测才能分辨出现了哪一种故障模式，这对故障诊断及隔离是很重要的。为此，有时要增加若干必要的检测点。

冗余系统的一个组成部分出故障不影响冗余系统工作，因而冗余系统全局并不显示出故障的征兆，但是，冗余系统的任务可靠性则大大下降。例如，一个两路冗余系统的一路出了故障，则冗余系统成为单点故障单元，其风险大大增加了。从可靠性出发，有时必须及时对冗余系统的组成部分分别进行故障检测和及时维修，以维持冗余系统的可靠性。

（6）设计改进措施

针对每个故障模式的影响，明确在设计上拟采取的改进措施，以消除或减轻故障影响，进而提高产品的可靠性。措施包括：

1）在发生故障情况下能继续安全工作的冗余系统；

2）安全或保险装置，如能有效工作或控制系统不致发生损坏的监控及报警装备；

3）替换工作方式，如备用或辅助设备；

4）可以消除或减轻故障影响的设计改进，如优选元器件、热设计、降额设计等。

（7）使用补偿措施分析

为了尽量避免或预防故障的发生，在使用和维护规程中规定的使用维护措施，一旦出现某故障后，操作人员应采取的最恰当的补救措施等。必须指出，某些补救措施是要由人来介入的。因此，如何补救出现的故障模式应事先仔细研究，并列入操作规范。

(8) 填写 FMEA 表

FMEA 工作通过填写 FMEA 表格的形式开展，如表 4-10 所示。武器系统组成复杂，一般需要由下至上逐级开展 FMEA，直至系统级 FMEA。

4.4.4.2 CA 的实施步骤

CA 的实施与 FMEA 的实施一样，均采用填写表格的方式进行。常用的危害性分析表如表 4-11 所示。

表 4-11 中，第 (1) ～ (7) 栏的内容与 FMEA 表中的内容相同，第 (8) 栏记录分析产品的故障数据来源，当采用定性分析方法时，此栏只记录故障模式概率等级，并取消 (9) ～ (14) 栏。第 (9) ～ (14) 栏分别记录危害度计算的相关数据及计算结果。

4.4.4.3 编制 FMECA 报告

功能及硬件故障模式、影响及危害性分析报告编写包括以下内容。

1) 产品概述：包含产品、所处的研制阶段等。

2) 产品定义：组成、主要功能（含功能框图）、工作环境、寿命剖面、任务剖面、可靠性框图、故障判据。

3) FMECA 说明：采用的方法、故障模式影响严酷度、发生概率的定义、故障率数据来源、约定层次的规定等。

4) FMECA：FMEA 表、CA 表。

5) 分析结果：严酷度为Ⅲ类危害度的产品清单、Ⅲ类危害度的单点故障模式清单、可靠性关键件重要件清单。当 FMECA 结果表明不可检测的故障模式会引起Ⅰ、Ⅱ类严酷度时，应列出不可检测的故障模式清单，清单格式如表 4-12～表 4-14 所示。

6) 结论与建议。

表 4-10　功能/硬件 FMEA 表

初始约定层次产品：　　任务：　　审核：　　第　页，共　页

约定层次产品：　　分析人员：　　批准：　　填表日期

代码	产品或功能标志	功能	故障模式	故障原因	任务阶段与工作方式	故障影响			严酷度类别	故障检测方法	设计改进措施	使用补偿措施	备注
						局部影响	高一层次影响	最终影响					
对每个产品采用一种编码体系进行标识	记录被分析产品或功能的名称与标志	简要描述产品所具有的主要功能	根据故障模式分析的结果，依次填写每个产品的所有故障模式	根据故障原因分析的结果，依次填写每个故障模式的所有故障原因	根据任务剖面，依次填写发生故障时的任务阶段与该阶段内产品的工作方式	根据故障影响分析的结果，依次填写每一故障模式的局部影响	根据故障影响分析的结果，依次填写每一故障模式的高一层次影响	根据故障影响分析的结果，依次填写每一故障模式的最终影响	根据最终影响分析的结果，按每个故障模式确定其严酷度类别	根据产品故障模式原因、影响等分析结果，依次填写故障检测方法	根据故障影响、故障检测等分析结果，依次填写设计改进与使用补偿措施		

表 4－11　危害性分析（CA）表

初始约定层次产品：　　　　任务：　　　　审核：　　　　第　　页，共　　页

约定层次产品：　　　　分析人员：　　　　批准：　　填表日期

代码	产品或功能标志	功能	故障模式	故障原因	任务阶段与工作方式	严酷度类别	故障概率等级或故障源数据	故障率 λ_p	故障模式频数比 α	故障影响概率 β	工作时间 t	故障模式危害度 $C_m(j)$	产品危害度 $C_r(j)$	备注
(1)	(2)	(3)	(4)	(5)	(6)	(7)	(8)	(9)	(10)	(11)	(12)	(13)	(14)	(15)

表 4-12　严酷度为Ⅰ、Ⅱ类单点故障模式清单

序号	产品名称	故障模式	最终故障影响	严酷度等级	设计改进措施	使用补偿措施	故障模式未被消除原因	备注

表 4-13　可靠性关键重要产品清单

序号	产品名称	关键故障模式	最终故障影响	严酷度等级	设计改进措施	使用补偿措施	备注

表 4-14　不可检测的故障模式清单

代码	产品名称	关键故障模式	最终故障影响	严酷度等级	设计改进措施	使用补偿措施	不可检测的原因	备注

4.5　可靠性设计准则的制定和符合性检查

4.5.1　目的

可靠性设计分析方法可分为可靠性定性设计分析方法和可靠性定量设计分析方法。工程实践表明，可靠性定量设计分析方法的应用需要有大量的基础数据作为支撑，而准确的可靠性基础数据的获取是比较费时、困难的，因此，可靠性定性设计分析方法就非常重要。可靠性定性设计分析方法是在产品设计和开发中制定和实施产品可靠性设计准则，这是提高设计开发产品可靠性最为有效的方法。

可靠性设计准则是把已有的、相似产品的工程经验总结起来，使其条理化、系统化、科学化，成为设计人员进行可靠性设计所遵循的细则和应满足的要求。制定并贯彻可靠性设计准则是设计人员开展可靠性设计的途径，普遍适用于电子、机电、机械等各类产品和装备、系统、分系统、设备等各产品层次。

通过制定并贯彻可靠性设计准则，把有助于保证、提高可靠性的一系列设计要求设计到产品中去。可靠性设计准则的主要作用与特点如下所述。

1）可靠性设计准则是进行可靠性定性设计的重要依据。为了满足规定的可靠性设计要求，必须采取一系列的可靠性设计技术，制定和贯彻可靠性设计准则是其中一项重要内容。可靠性设计准则作为研制规范，在设计中必须逐条予以实施。

2）贯彻可靠性设计准则可以提高产品的固有可靠性。产品的固有可靠性是设计和制造所赋予产品的内在可靠性，是产品的固有属性。设计人员在设计中遵循可靠性设计准则，可避免一些不该发生的故障，从而提高产品的固有可靠性。

3）贯彻可靠性设计准则是实现与产品性能设计同步的有效方法。设计人员只要在设计中贯彻可靠性设计准则就可以把可靠性设计到产品中去，使产品的性能设计和可靠性设计相互有机地结合。

4）可靠性设计准则是研制经验的总结与升华，用于指导设计人员进行可靠性设计，保证实现产品合同规定的可靠性要求。制定并实施可靠性设计准则不仅有益于企业积累经验和知识的传承，还能为年轻设计人员的成长提供帮助。

5）可靠性设计准则对企业的适用性和针对性较强。通用标准、手册提供的可靠性设计准则往往不能直接用于型号，因此需要根据型号的具体需要和特征，一方面要尽量吸收通用标准和手册中可靠性设计准则的精华，另一方面也要进行合理的裁减，去掉该产品不适用的内容。此外，还要充分运用研制单位的工程设计经验，将可靠性设计准则中的条款予以细化，提高准则的适用性和可操作性。

需要注意的是，可靠性设计准则在方案阶段就应着手制定，并在初步设计和详细设计阶段认真贯彻实施。

4.5.2 可靠性设计准则制定

4.5.2.1 可靠性设计准则制定的要点

可靠性设计准则制定过程应注意以下几点。

1）可靠性设计准则由可靠性设计师和产品设计师共同完成，并需要经过同行业专家的审查认可，确保可靠性设计准则的指导性和可实施性。各级产品均应制定可靠性设计准则，产品的设计准则在上一级设计准则的基础上，进行补充、剪裁和细化。

2）可靠性设计准则应为成熟的、经实际使用验证的设计技术。对于经工程验证，不能在产品设计中应用的技术，应在设计准则中明确。

3）产品可靠性设计准则应在总结工程经验的基础上不断完善。不同类型的产品应根据产品的特点制定可靠性设计准则。

4）在产品方案阶段、技术设计阶段设计更改进行评审时应提交可靠性准则符合性报告，作为设计评审和转阶段评审的依据性文件之一。

5）产品保证部门组织产品设计师学习并贯彻可靠性设计准则，提高产品的可靠性设计水平。

4.5.2.2　制定可靠性设计准则的依据

新产品可靠性设计准则的制定依据包括：

1）产品的立项论证报告、研制总要求及研制合同中规定的可靠性设计要求；

2）国内外有关规范、标准和手册中提出的可靠性设计准则；

3）相似产品中制定的可靠性设计准则；

4）研制单位所积累的可靠性设计经验和失败的教训。

4.5.2.3　可靠性设计准则的制定程序

可靠性设计准则的制定程序如图 4－10 所示，具体过程如下所述。

1）明确产品可靠性设计准则的适用范围。明确产品可靠性设计准则贯彻实施的对象产品类型（电子、机电、机械等或者各种组合），以及产品层次范围（装备、系统、分系统、设备、元器件等）。据此可以确定出产品可靠性设计准则的适用条款以及裁减原则。

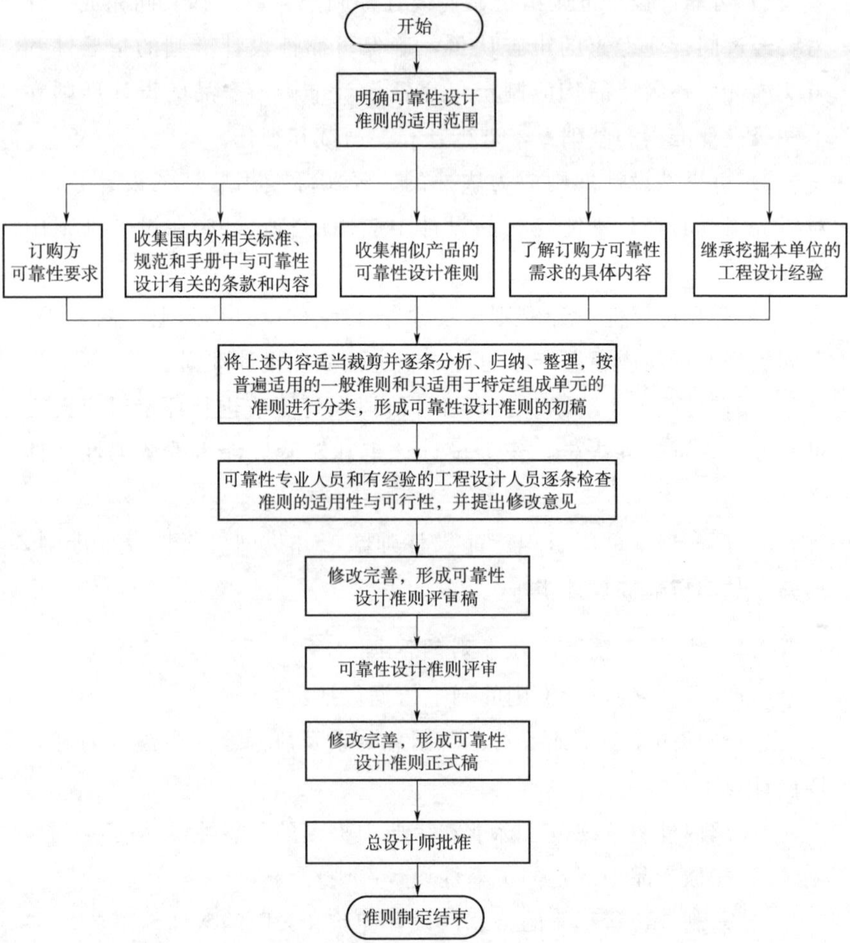

图 4-10　可靠性设计准则的制定程序

2）制定产品可靠性设计准则初稿。通过对订购方提出的产品可靠性设计要求、相似产品的可靠性设计准则、研制单位的可靠性设计经验等分析和对收集到的备用准则条款进行归纳整理，编写产品可靠性设计准则的初稿。

3）形成产品可靠性设计准则评审稿。由可靠性专业人员和有经验的工程设计人员对产品可靠性设计准则初稿进行逐条审查，评审其适用性与可行性。根据提出的修改意见完成产品可靠性设计准则的评审稿。

4）形成产品可靠性设计准则正式稿。邀请专家对产品可靠性设计准则评审稿进行评审。根据评审意见进行修改完善，形成产品可靠性设计准则的正式稿，经总设计师或研制单位的最高技术负责人批准。

产品可靠性设计准则的制定是一个不断积累总结和补充完善的过程。对研制与使用过程中出现的故障要认真分析其原因，采取相应的措施，并将获得的经验与教训加以提炼，充实到产品可靠性设计准则中，从而构成制定—实施—补充修改—再实施的良性循环，修订过程如图 4-11 所示。

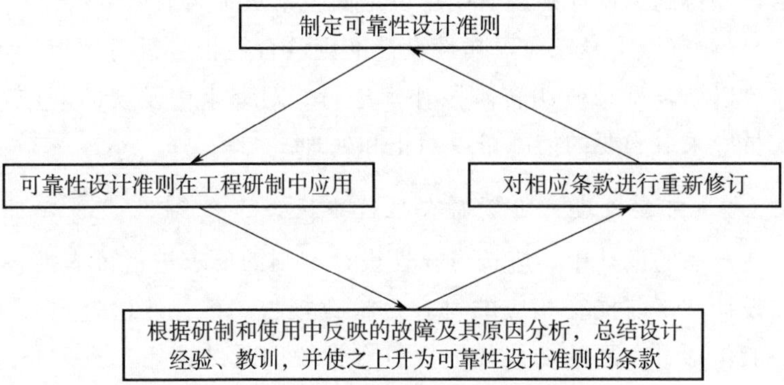

图 4-11　产品可靠性设计准则的修订

4.5.3　可靠性设计准则的贯彻程序及符合性检查报告

产品可靠性设计准则是产品技术规范的重要组成部分，必须予以认真贯彻。

4.5.3.1　可靠性设计准则的贯彻程序

可靠性设计准则的贯彻实施流程具体过程如下所述。

1）可靠性设计准则颁发实施。研制总体单位以技术规范的形式，将可靠性设计准则分发给配套研制单位，各配套研制单位在认真贯彻执行可靠性设计准则的同时，针对所承担研制的产品的特点，制定该研制产品的可靠性设计准则，同样作为技术规范下发到设计部门。

2）根据可靠性设计准则进行设计。设计人员根据可靠性设计准则，确定相应的设计技术措施，逐条予以落实，保证可靠性设计准则落实在产品设计中。

3）编写可靠性设计准则的符合性报告。在完成初步设计和详细设计之后，设计人员应分阶段将贯彻可靠性设计准则各项技术措施汇总，编写可靠性设计准则的符合性报告，并经过总师系统的批准。若对可靠性设计准则中的个别条款没有采取技术措施，应充分说明理由，并得到总设计师或研制单位最高技术负责人的认可。

4）评审。由专家对可靠性设计准则符合性报告进行评审。评审工作可以结合型号研制转阶段评审进行。对评审中发现的问题，设计人员应采取必要的措施予以纠正和处理。

4.5.3.2 可靠性设计准则符合性检查报告

在产品的设计中，应按可靠性设计准则的要求进行可靠性设计，并在设计评审前提交相应的符合性检查报告。符合性检查报告的内容一般包括：产品的功能描述、符合性说明及结论等，具体格式要求可以参考 GJB/Z 23。其中，符合性说明采用表格的形式，如表 4－15 所示。

表 4－15 符合性说明表

准则条款内容	符合	采取的设计措施	不符合	原因、意见	影响	备注

对于每一条设计准则，如果在设计中采用，则在表 4－15 中“符合”栏打“√”，并在“采取的设计措施”栏填写具体的设计措施。如果未被采用，则在“不符合”栏打“√”，在“原因、意见”栏填写准则条款未被采用的原因，以及准则条款调整的建议等，在

“影响”栏填写不符合该条准则造成的影响，以判断是否要进行设计更改。某型飞机燃油系统的可靠性设计准则符合性报告（部分）如表 4－16 所示。

表 4－16　某型飞机燃油系统可靠性设计准则符合性报告（部分）

序号	可靠性设计准则条款	符合	采取的设计措施	不符合
1	燃油系统应保证飞机在地面及各种可能的飞行高度、飞行状态和工作条件下，以足够的流量和压力连续不断地向发动机供油	√	经选泵论证和供油系统计算，选择了双叶轮电动离心泵，能以足够的流量和压力连续不断地向发动机供油	
2	燃油消耗所引起的飞机重心变化，不应超过飞机允许范围	√	燃油消耗顺序遵循先远后近的原则，最大重心变化不会超过 2%	
3	按需要采取防过热措施，通过可能的燃烧区的管道必须是耐热管道	√	对发动机引气口的导管及密封圈均采用耐热材料	
4	燃油系统的设计应能防止闪电、雷击和燃油中静电积聚放电而导致的失火和爆炸危险，系统管道及附件应与结构进行可靠的搭接	√	用加油搭铁线防止静电积聚；燃油加防静电添加剂；软油箱附件、油泵等均用搭铁线与结构搭接	
5	凡燃料能够漏进密封区的地方，均要安装通风排泄装置	√	油箱舱通大气，可以防止由于渗漏而造成的油气积聚	
6	加油系统应具有满油切换的自动控制能力，以保证油箱的规定加油量及燃油膨胀空间	√	机内油箱及副油箱压力加油时均有两套控制机构来控制加油油面，即正常、应急满油油面	

4.5.4　通用可靠性设计准则

根据产品的可靠性要求，其可靠性设计准则一般应包括简化设计、热设计、冗余设计、降额设计等。

4.5.4.1　简化设计

1）应对产品功能进行分析权衡，合并相同或相似功能，消除不必要的功能。

2）应在满足规定功能要求的条件下，使其设计简单，尽可能减少产品层次和组成单元的数量。

3）尽量减少执行冗余功能的零部件、元器件数量。

4）应优先选用标准化程度高的零部件、紧固件与连接件、管线、缆线等。

5）最大限度地采用通用的组件、零部件、元器件，并尽量减少其品种。

6）采用不同工厂生产的相同型号成品件必须能安装互换和功能互换。

7）产品的修改，不应改变其安装和连接方式以及有关部位的尺寸，使新旧产品可以互换安装。

4.5.4.2　热设计

1）传导散热设计。例如，选用导热系数大的材料；加大与导热零件的接触面积；尽量缩短热传导的路径，横截面尽量大；在传导路径中不应有绝热或隔热件等。

2）对流散热设计。例如，加大温差，即降低周围对流介质的温度；加大流体与固体间的接触面积；加大周围介质的流动速度，使它带走更多的热量等。

3）辐射散热设计。例如，在发热体表面涂上散热的涂层以增加黑度系数；加大辐射体的表面面积等。

4）耐热设计。例如，接近高温区的所有组件、电线、线束和其他附件均应采取防护措施并用耐高温材料制成；导线间应有足够的间隙，在特定高温源附近的导线要使用耐高温绝缘材料。

5）尽量利用金属机箱和底盘散热。

6）力求所使用的接触面都能传热，必要时，加一层导热硅胶提高传热性能。提高接触表面的加工精度、加大接触压力或垫入可展性导热材料。

7）将热敏部件安装在热源下面，或将其隔离，或加上光滑的热屏蔽涂层。

8）玻璃环氧树脂线路板是不良散热器，不能全靠自然冷却。若它不能充分散发所产生的热量，则应考虑加设散热网络和金属印制电路板。

9）选用导热系数大的材料制造热传导零件，如银、紫铜、铜、氧化铍陶瓷及铝等。如采用铜、铝制成传热通道和安装座。对于应用自然对流较困难的场合，可利用绝缘导热化合物（如导热硅胶）来填充热通道上的所有空隙；对于多层印制电路板，可以利用电镀通孔来减小通过线路板的传导热阻。

10）大功率半导体器件应加散热器。

11）确保热源具有高辐射系数。如果处于嵌埋状态，须用金属传热器通至冷却装置。

12）在条件许可时，设计应考虑机柜内局部密封冷却，以提高散热性能、降低噪声，改善环境。

13）发热元器件的位置安排应尽可能分散。例如，发热元器件应沿冷壁均匀散开，不要使热敏感元器件靠近热点；不要使热敏感和高发热元器件相互靠近。对于采用自然冷却的设备，不要将热敏感元器件放在高发热元器件的正上方，而应在水平面内交错放置。

14）为尽量提高产品的可靠性，应使热敏感元器件处于温度最低区域。例如，对于采用强迫对流的设备，应使热敏感元器件置于靠近冷却剂入口的一方；对于采用自然对流的设备，应使热敏感元器件置于下方；对于冷板冷却的电路插件，应使热敏感元器件靠近插件的边沿。

15）对于产品不同结构部分（尤其是相连部分）的材料选择，要考虑其热膨胀特性，尽量选取热膨胀系数相差不大的材料。

16）对于工作在较大变化幅值温度循环条件下的产品，应考虑在其结构相连部位增加缓冲或过渡设计。

17）温升为 40 ℃时，各种冷却方法的热流密度和体积功率密度值如图 4－12 所示。

18）冷却方法可以根据热流密度与温升要求，按图 4－13 所示关系进行选择，这种方法适用于温升要求不同的各类设备的冷却。

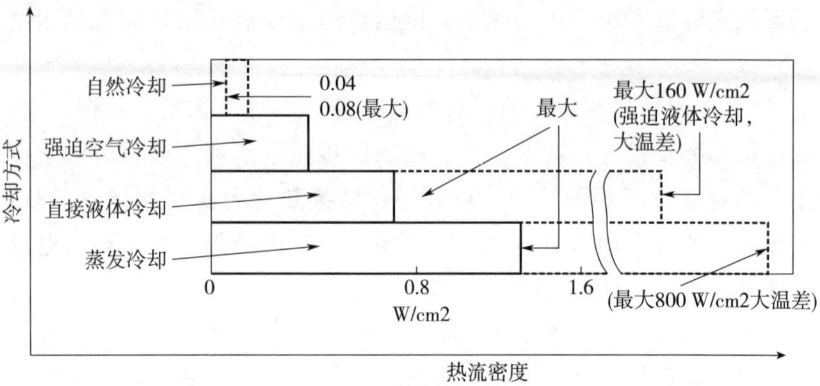

(a) 温升为40 ℃

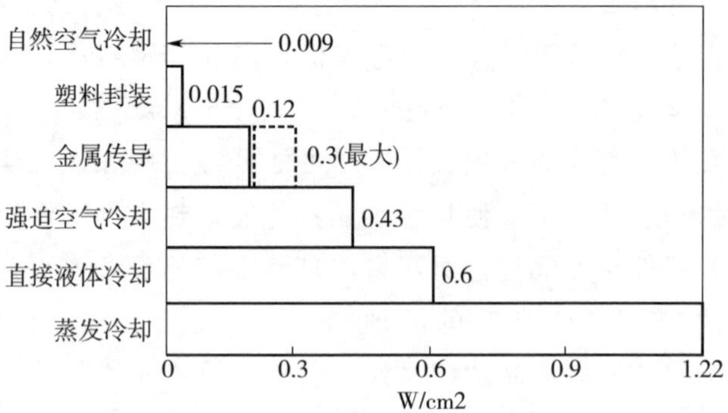

(b) 适用于密封单元内部的冷却

图 4－12　各种冷却方法的比较

4.5.4.3　冗余设计

1）冗余设计应当以基本可靠性和任务可靠性的权衡分析为依据。

2）当采用高可靠的元器件、零（部）件和其他可靠性设计技术（如简化、降额）后仍不能满足产品的任务可靠性要求时应考虑采用冗余设计。

3）采用新材料、新工艺或用于未知环境条件下，因而其任务可靠性难以准确估计、验证时。

4）影响任务成败的可靠性关键项目和薄弱环节。

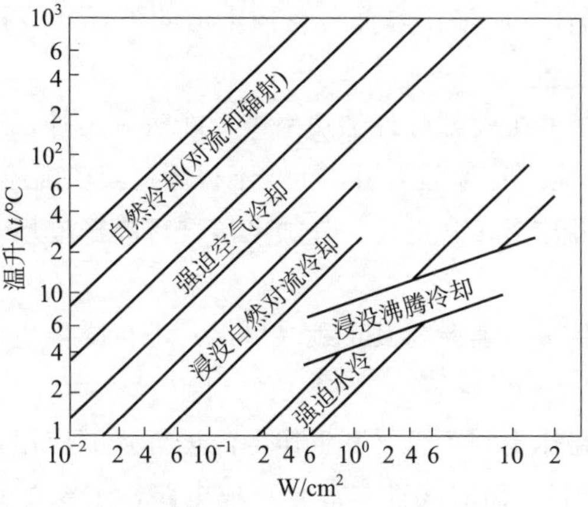

图 4－13　冷却方法的选择

5）其故障可能造成人员伤亡、设备损坏等严重后果的安全性关键项目。

6）在满足任务可靠性要求的前提下，针对使系统不可靠的主要环节。

7）硬件冗余设计一般在较低层次（设备、部件）使用，功能冗余应在较高层次（分系统、系统）进行。

8）由冗余所获得的任务可靠性增长不能被构成冗余所需的器件（包括转换器件、检测器等）失效率所抵消，即作为冗余的器件发生失效时，应保证其余冗余设计仍满足任务可靠性的要求。

4.5.4.4　降额设计

1）应考虑产品实际环境可能达到的瞬态应力极值，并参照厂家手册进行降额设计。各类元器件详细降额准则及应用指南按照 GJB/Z 34—1993 的规定执行。

2）对电缆、导线应同时采用电流、电压、温度降额设计。

3）对机械零件应采取提高平均强度、降低平均应力、减小应力散布和强度散布的方法降额，并选取适当的安全系数。

4）装备选用的电子元器件、液压元件、气动元件、电机、轴承、各种结构件，应采用降低负荷额定值的设计，以提供更大的安全裕度。

5）电阻器和电位器除外加功率进行降额应用外，对其工作电压或工作电流也应进行降额应用，至少不得超过其极限应用值。

6）电容器应对工作电流、外加电压进行降额应用，同时要注意工作频率。

7）数字集成电路除对其负载（扇出）进行降额应用外，对其应用频率也应降额。

8）集成稳压电路不仅对其工作电流进行降额应用，对其工作功率也要加以限制。而对线性与混合集成电路，主要对其工作电流进行降额应用。

9）晶体管除对其工作电流进行降额应用外，对其工作电压也应降额应用。普通二极管的工作频率、开关二极管工作的峰值反向电压、可控硅整流器的工作浪涌电流及工作正向电流、变容二极管击穿电压等也都应降额应用。

10）电子管应对其板耗功率、平均功率进行降额应用。

11）继电器对其接点电流按负载不同做出不同降额要求，如灯负载、电感性负载及电阻性负载。

12）线圈、扼流圈、电感器、变压器除对其工作电流进行降额外，对其工作电压也要进行降额，而变压器对其温升按绝缘等级做出限制规定。

13）接插件除了对其工作电流降额应用外，对其工作电压也要进行降额。根据触点间隙大小及直流与交流要求不同进行降额。

14）开关器件除对开关功率进行降额应用外，对接点电流应进行降额。

15）电缆、导线除了对电流进行降额应用外，对电缆电压也要降额应用。

16）在降额的同时，应分析瞬态过程，不允许出现瞬时过载。对技术条件允许的瞬时过载的元器件，其瞬时值也要按同一降额系数使用。

4.5.5 非电子产品可靠性设计准则

非电子产品种类繁多，其可靠性设计尚处于初期研究阶段，本节在总结以往工程实践和应用研究的基础上，提出了非电子产品的可靠性设计准则，供工程研制阶段参考使用。本节的非电子产品主要类别包括：机械结构类、战斗部火工品类、地面设备类、光学设备类等。

4.5.5.1 机械结构类

本节所指机械结构类包括弹上设备、地面设备、光学设备、电子设备中的机械结构部分。在进行设计时，应遵循下列可靠性设计准则。

1）重要的机械结构应进行应力-强度裕度设计，根据具体情况采用提高平均强度、降低平均应力、减少应力变化、减少强度变化等基本方法，提高产品可靠性。

2）承受动载的重要结构，例如，导弹、高发射精度要求的发射装置和高平顺性要求的导弹运载车辆等应进行动力响应设计、计算、试验，以满足强度和平顺性要求。

3）结构设计除满足强度、刚度、重量及重心、体积要求外，其结构尺寸应满足规范设计要求，并应有良好的公差配合和表面光洁度，防止卡死或出现不应有的松动。

4）进行环境防护设计，包括对气候环境、力学环境、电磁环境的防护设计。

5）在振动冲击严重情况下应采用减振器、缓冲垫等附加结构，使其具有良好的环境适应性。

6）注意选择金属镀层及化学处理方法，注重选择表面涂层，如三防漆、防腐剂等。

7）包装、运输和贮存防护设计应满足不同地区、不同气候、不同运输工具的使用要求。

4.5.5.2 战斗部和火工品类

战斗部和火工品都属一次性使用的成败型产品。根据其本身及其应用的特点，设计时应遵循以下要求和准则。

1）各类药柱、药剂应具有良好的物理安全性和化学安全性。应力求避免使用剧毒性物质，必须采用时，应有明显的剧毒标志，使用时应有可靠的防护措施。

2）药剂、药柱与壳体、容器、包装材料以及其他材料之间应具有良好的相容性。以保证在其贮存寿命期的各种历程下长期共存而不产生化学反应和物理变化，从而保证其安全性和可靠性。

3）战斗部和火工品与导弹舱段或部位的连接固定应牢靠简单、便于拆装。

4）战斗部和火工品在性能测试、检修或排除故障时，应按设计文件和使用资料的规定采用安全保障设施和设备，并符合安全保障要求。

5）战斗部和火工品应进行严密的环境防护设计，具有良好的环境适应性。

6）药剂、药柱、电爆管和点火器等及其配套器件应采用密封防潮措施，必要时可采用双重或多重密封；药剂和药柱的温度敏感性应最小。

7）战斗部和火工品所选用的材料及其制作工艺必须考虑防腐蚀、防腐菌能力，并具有及时发现的检查办法和手段。

8）起防护作用的火工品金属壳、金属环、垫帽、塞等密封件，在其贮存寿命期内，不应出现氧化、锈蚀等现象。

9）火工品在采用螺纹或其他形式连接安装时，结合部位使用的密封剂和包装物等在其使用寿命期内不应产生变质和失效。

10）带有战斗部和火工品的产品在存放和使用时，应有防雷电、防辐射、防静电、防高压电场等技术防护措施，确保安全。

11）战斗部和火工品的设计应满足不同地区、不同气候条件下的贮存、运输和使用要求。在其装卸、搬运、堆放等操作中应能经受规定条件内的跌落、撞击和滚动。

12）在战斗部的设计中应根据不同的战斗部装药，设计出与其相匹配的、感受与威力恰到好处的传爆系统。在重量和体积允许的前提下，必要时可采用冗余设计技术。

13）点火电路所采用的绝缘材料在设计规定的环境条件下，应具有最佳的电绝缘性能。

14）点火电路的连接环节应最少。

15）不用具有临界制造公差的装置，以免发生意外点火。

16）包装材料的结构强度应能在正常的装卸、搬运、堆放和贮存中确保战斗部和火工品不变形、不损伤；包装材料应具有良好的相容性，在使用和贮存中不挥发、分解，以免影响战斗部和火工品的质量。

17）战斗部和火工品的包装应标准化、系列化、通用化。同一种火工品应采用相同的包装形式，包装箱的标志应明显醒目。

18）对战斗部和火工品应进行风险分析，以评定可能存在的各种风险。根据分析结果修改设计。所有风险应通过实验或经验加以评价，受风险影响的人员配置应减至最少。

19）处于保险状态的引信开锁机构中任何一个火帽和传爆管的起爆不允许引起传爆系统的进一步起爆。

4.5.5.3　地面设备类

地面设备中的非电子产品包括目标搜索跟踪、作战指挥、导弹发射制导等主战装备和保障装备中的车辆、装填、供电、空调、液压、随动和控制等机电相结合的设备，可靠性设计要求和准则分别按发射装置、运载车辆、气压液压系统和电气系统分类如下。

（1）发射装置

1）发射筒内一般应灌注干燥氮气或类似的惰性气体。当筒内潮湿度超过规定的指标时，应有湿度指示片显示或有类似的报警手段，以便及时更换干燥气体。

2）发射筒前盖抛出机构的动作应确实可靠，要正确设计筒盖抛出的运动轨迹和初速，确保在最恶劣的风向条件下不会与发射后的导弹碰撞。

3）发射转塔齿圈与减速箱驱动齿轮的齿间啮合间隙应允许调整，保持啮合间隙均匀，并保持一定的接触面积以增大运输时的平稳性和增加寿命。

4）减速箱铸件的内表面应清理干净，一般不应涂油漆，以免与润滑油相互作用污染润滑液。

5）依靠压力润滑的传动部件，在润滑油液面降至安全液面以下或油液乳化或污染时应有报警信号。

（2）运载车辆

1）载车的底盘及载车在保证整体性能的条件下，应选择定型或标准产品；不得已需要新设计或改装时，至少应保留其主体部分和发动机以及前后桥等关键部件。

2）厢式车辆应尽量采用方舱式，以便增加内部高度。底盘维修时不应影响设备使用，从而提高其可用性。

3）车辆必须具有低温启动措施。

4）为增加工作可靠性，对方舱或车厢内的精密仪器设备应创造适宜的微环境条件，如空调、隔振、隔音等措施。

5）方舱或车厢内的加热器要注意安装位置和吹风方向，避免墙壁、地板因过热而损坏。

6）对载重车辆磨合期内的最高车速和载荷应做出限额规定，必要时可设计限速器。对改装车辆，在上装装配前，空车应作适当里程的跑车磨合。

7）新设计的车辆或拖车必须采用双管路制动，以增加牵引列车刹车的同步性和安全性。

8）连接车辆的取力器与被驱动设备之间的传动轴以万向轴连接时，倾斜角一般不应大于 8°，只有当输出功率不大且工作时间不长的情况下，才允许略有超过。

9）改装底盘的气液管路系统不宜平行、相互靠近，以免行驶时相互撞击损坏，造成事故。

10）正确选用润滑油是保证传动部件可靠工作和提高工作寿命的重要保证条件，在高温和低温不同情况下应特别注意选用不同牌号的润滑油。

（3）气压液压系统

1）液压装置应尽量采用泵、阀、油箱一体化设计，以减少管路的根数。

2）液压系统应尽量采用容积式设计，以提高效率，减少发热。

3）气、液管系统、高压和低压管路应分别涂不同的颜色以示区别，便于维修和应急时迅速识别，采取相应措施。

4）气压、液压系统所选用的密封材料应具有良好的耐磨、耐压、耐油、耐高低温和抗老化的性能。

（4）电气系统

1）三相电应有防止相电断路或缺少一相电的防护设计，以免烧毁电机等大功率器件。

2）暴露在外部的电连接器与电缆的连接部位应采用密封式结构，或用硅橡胶灌封，防止灰尘和潮气渗入。

3）设备的输入输出板有多个相同的电连接器时，应有防差错设计，包括不同的导槽角度或不同的色点标志等措施。

4）外部电缆力求减轻重量，尽量避免中间接头连接。

5）尽量减少设备间连接电缆的根数。

6）方舱或车厢所携带的电缆应有电缆盘，并尽可能在厢壁上开窗口，便于电缆的展开与撤收，有利于延长使用寿命。

7）暴露在外部的电缆要特别注意耐环境要求，如耐高温和低温、耐油、抗振、抗压、抗电磁辐射等。

8）蓄电池盒及其安装部位应有防止电解液腐蚀的措施。

9）开关、按键的配置以及接通与断开的方向应考虑人的因素，以免发生错误操作。

10）电解电容尽量选用两端引线，元器件引线应尽可能短；质量大的元器件如变压器等应采用特殊的支撑件安装在机壳上。

11）大电流、高电压或小信号的传输线要采用屏蔽线；地线、电源线要尽量粗短，焊接组装要可靠。

4.5.5.4 光学设备类

光学设备包括跟踪、制导、引信等方面的各类光学设备。由于其使用环境严酷，为保证其使用可靠性，应采取耐冲击、耐振动、防霉菌、防盐雾、防锈蚀等相应措施，遵循如下要求和设计准则。

1）各单元体应设计成组件装配形式，并力求减少组件种类，提高组件的独立性、互换性、通用性和标准化程度。

2）尽量采用重量轻、刚度强的材料（如钛合金材料）制作镜片框、光学机架、密封筒等结构件。

3）采用簿铸件或簿壳形材时，应采用加强筋以增强壳体强度。

4）光学镜片可采用压圈、隔圈方式固定，特别是通光孔径大于60 mm的光学设备，不允许采用滚边固定。

5）镜片的厚度孔径应根据力学使用环境适当加大，红外设备可由1∶10加大到1∶6。

6）各镜框间的定位紧固钉，不得少于3只，并要打沉钉孔以免滑脱。

7）设备与基座的连接形式应采用轴孔插接，并应设置快速锁紧和保险装置。

8）在保证成像质量的前提下，优先采用通用光学零件。

9）光学设备的密封设计应优先采用整体密封结构。

10）光学冷加工零件表面镀氟化镁增透膜后，应再加镀一层防霉菌、防盐雾、防潮湿的三防膜。根据内层膜的特性（硅、氟性），要选用不同的三防膜。直接与外界接触的光学件（如窗口玻璃等）还应加镀增水膜。

11）对于易长霉结雾且不易消除的滤光片（色玻璃、磷酸盐玻璃）要先镀MgF2，再镀FS－46膜。

12）光电器件表面涂膜的要求是：热固性、热塑性好，吸湿率低，受潮后膨胀变形小。

13）光学零件的胶合材料推荐采用光学零件有机硅凝胶（其优点是在 200 ℃和 650 ℃中能保持数小时无胶液流淌，抗霉菌防雾性能好，抗冲击振动以及光透性能均佳）和冷胶。

14）合理选用防锈润滑油脂，凡用于光学通路内的油脂应不易挥发，且不扩散。推荐采用 7107 光学仪器润滑脂。

15）光学设备采用的真空密封脂应具有防霉菌、防盐雾、抗光辐射的性能。推荐采用 SF605 轻型笨醚撑硅腻子，其优点是能在－50～＋70 ℃范围内不干、无霉、抗红外紫外辐射。

16）光学设备均应采用防腐、防锈材料或经防锈、防雾处理的材料，不用棉、麻、纸、丝绸、木材、橡胶、皮革等易长霉材料。

17）金属件应采取电镀、氧化涂复以及热处理等防锈蚀措施。

18）非金属件可采用浸泡法（即放在防霉剂中浸泡一定时间的办法）达到防霉的目的。

19）将防霉防潮剂的纸包放在光学零件或光学设备包装的内层，外层用多层蜡纸或塑料袋封装。

20）包装箱内层应喷涂防霉药液，然后再刷上防潮清漆，大型的木质包装箱内应放置用透气性好的材料包装的硝基苯甲醛和硝基氯苯混合粉剂（两者比例 10∶1）。

4.6　元器件、标准件和原材料的选择与控制

4.6.1　目的

现代武器系统电子设备日趋复杂。有的大型电子设备使用了成千上万个电子元器件，元器件损坏有可能影响设备的正常工作。因此，为了保证电子设备的可靠性，必须对装机的元器件进行优选。选用的元器件应符合设备的工作环境、负荷方式，如温度、湿度、振动、冲击、电压、电流等。同时要求设计师对元器件的失效机理、应用特性、失效率都比较清楚。这样才能充分发挥元器件应有的功

能，提高元器件的使用可靠性，使设备的维修费用减少、寿命延长。

4.6.2 元器件选用

4.6.2.1 元器件选用的基本要求

元器件的选用要遵循型号元器件保证大纲的规定，基本要求如下所述。

1）基于国产元器件开展产品技术设计，严控进口元器件选用，对必须选用的进口元器件应严格审查，并给出国产化替代方案。

2）贯彻元器件统型设计的思想，新型号、新项目应在元器件选用目录可选等级（含）以上范围内选用元器件，确需选用目录外元器件时，应按相关规定履行目录准入审批手续。

3）在型号研制各阶段选用元器件时，都应充分考虑到定型、批产阶段同质量等级相同元器件的可获得性。

4）对于首次选用的国产工业级（含车规级）元器件，须通过首次选用评价与验证，经元器件选用评审通过后，符合元器件供方管控要求条件下，纳入型号产品研制选用范围。

5）元器件的性能指标要满足整机的要求。

这里的性能指标主要指：

a）电性能，包括稳态的和瞬态的；

b）机械性能，包括机械强度、重量、外形尺寸和安装尺寸；

c）可靠性和寿命要求；

d）元器件的环境条件要满足武器系统的要求。

元器件的环境条件要在武器系统规定的极限环境条件下正常工作。这里的环境条件，主要指温度、湿度、盐雾、振动、冲击、电磁环境（即元器件承受电磁干扰的能力）等。

4.6.2.2 元器件的质量等级

大气层外飞行器、战略型号弹上产品和地（舰）面关键件、重要件原则上选用国军标等级的元器件，当无法获得国军标等级元器件时，可选用“七专”或行业军标产品，按照 GJB 299C 的规定，质量等级原则上不低于 A 级。战略型号地（舰）面其他产品用国产元器件按照 GJB 299C 的规定，原则上质量等级应不低于 B1 级。根据产品设计需要，若目前尚无可选用的国产军用级元器件，可选用国产工业级（含车规级）元器件，但需通过由顾客代表、总体单位、供应链管理部门、质量管理部门、可靠性专家、元器件专家、供应链专家等人员参加的专项审查，并经型号两总批准后方可选用，同步寻源国产军用元器件，及时替代。战术型号产品中的可靠性关键产品、影响飞行试验成败的产品原则上应选用国产军用级元器件，若目前尚无可选用的国产军用级元器件，可选用国产工业级（含车规级）元器件，但需通过由顾客代表、总体单位、院项目管理部门、供应链管理部门、质量管理部门、可靠性专家、元器件专家、供应链专家等人员参加的专项审查，并经型号两总批准后方可选用，同步寻源国产军用元器件，及时替代。其他产品应优先选用国产军用级元器件，根据设计需要或国产化要求，也可选用国产工业级（含车规级）元器件。

4.6.2.3　敏感类元器件的选择

（1）静电敏感元器件的选择

应尽可能选用 GJB 1649—1993 规定的Ⅲ级元器件，如选用Ⅰ级、Ⅱ级静电敏感元器件，应采取必要的防护措施。

（2）辐射敏感元器件的选择

对于工作在辐射环境中的空间、弹上用辐射敏感元器件，均应根据实际使用环境的辐射强度及辐射总剂量选择其辐射强度保证（Radiation Intensity Assurance，RHA）等级。

1）抗电离总剂量要求：

a）长期工作在辐射环境中的所有半导体器件，均需考虑抗电离总剂量要求；

b）对于无抗电离总剂量要求的半导体器件，原则上应通过电离辐照试验予以测定。

2）抗位移损伤效应要求：

a）电荷耦合元件及光耦等光电器件原则上需考虑抗位移损伤效应要求，其他器件不考虑；

b）电荷耦合元件及光耦等光电器件原则上需具有明确的抗位移损伤能力。

3）抗单粒子效应要求：

a）超大规模集成电路（如 CPU、DSP、SRAM、FPGA 等）应考虑抗单粒子翻转要求（Single Event Upset，SEU）和抗单粒子锁定（Single Event Lock，SEL）要求；

b）考虑抗 SEL 的 LET 阈值要求；

c）考虑抗 SEU 的 LET 阈值要求；

对于功率 MOS 器件，应考虑抗单粒子烧毁（Single Event Burnout，SEB）、单粒子栅穿（Single Event Gate Rapture，SEGR）的要求。

4.6.2.4　元器件极限参数及使用环境的选择

电子线路设计人员必须了解所选元器件的特性，特别是元器件极限参数或最大额定值及元器件允许的使用环境。设计人员必须按 GJB/Z 34—1993 规定的降额要求选用元器件。当选用功率元器件时，电子线路及有关结构必须根据 GJB/Z 27—1992 进行热设计。设计人员必须了解选用的元器件参数允许的漂移是否有足够余量，按 GJB/Z 89—1997 进行分析。

4.6.3　标准件和原材料的选用

在通常的产品设计过程中，通过贯彻标准件的选择和使用等准则、采取标准化和规范化等设计措施对机械零部件的选择和控制已给予了足够的重视和较为充分的考虑。与此同时，在标准件的选择和使用准则中，通常包括了相应原材料的选用标准。本节主要对原材料的选择和控制加以阐述和说明。

原材料的选用要遵循型号原材料保证大纲的规定，基本要求如下所述。

1）由整机及以上产品承制单位主管部门组织按型号材料保证通用大纲要求编制本型号的材料保证大纲（以下简称“大纲”），经材料专家组评审后发布；一般整机及以上产品应编制实施细则。

2）型号产品的设计单位，在型号的各研制、生产阶段，应按产品单元编制关键材料清单，明确其关键材料，在研制各阶段逐步完善，定型时形成完整的清单。

3）型号产品的设计单位一般应在技术设计评审之前，按研制程序对“关键材料清单”进行评审，也可结合技术设计评审一并进行，初样以后各阶段根据补充、完善的情况，由设计单位组织进行评审。评审时应有相关材料专业专家参加。

4）设计部门应在其产品材料关键性、风险性分析的基础上，在工艺部门的配合下，逐项编制产品关键材料评价，确认（鉴定）大纲。

5）当型号产品生产单位遇到因选用不当而造成产品无法满足产品功能、安全性、寿命等技术要求时，应向设计部门提出偏离审理，由设计部门组织进行审理。

6）型号产品的设计、生产单位应对材料生产单位的资质进行评估、认定，并在合同或协议中明确材料保证要求。

7）型号产品的设计单位应对外协单位提出材料保证要求，并对其产品保证活动进行监督和控制。外协单位应按任务提出方提出的要求制定材料保证技术（措施），该技术（措施）应能满足供方对材料保证的要求。

8）在型号产品的全寿命周期内，所选用的材料应以规定的或足够的安全系数满足飞行功能的制约，且材料还应能满足地面环境（制造、试验、贮存、保管、运输、总装等）制约，又能满足飞行环境（发射、轨道）制约。

9）在航天产品全寿命周期内，对具有危险特性的材料应按航天产品安全性保证要求 QJ 2236A 或设计文件的要求及有关标准的规定进行标识，并纳入型号产品保证计划中采取措施进行严格管理。

10）材料选用控制的目的是在设计源头增加选择的把关控制，以达到：

a）克服选用的随意性，达到既满足使用要求，又便于生产的科学、合理的目的；

b）鉴别关键材料，实施重点控制；

c）从成熟性、品种、规格的种类和数量，供货的持久性等方面为生产提供条件。

11）型号产品所选用的材料应能满足型号的性能要求，包括使用、加工、试验及储存状态下的力学性能、化学特性和物理特性，如高、低温和高温强度、耐冲击性能、低温冲击性能、耐烧蚀性能、耐腐蚀性能、电化学相容性、液体相容性、耐生物污染性能、耐辐射性能等。

12）对于人造卫星、宇宙飞船等航天器在选择材料时，还应考虑真空、辐射、原子氧、温差、微流星环境等要求；对于载人飞行器还应考虑真空放气、气体污染、易燃性等要求。

13）武器系统应尽可能地选用经过飞行试验考验，地（舰）面设备应尽可能选择经过发射和储存试验考验，并成功应用于同类型号产品的材料。

14）型号产品所选用的材料一般应在规定的选用范围中选取，并优先选用有使用经验，已纳入国标、国军标、航天行业标准，且能保证质量稳定和持续供货的成熟材料。超出选用范围的材料应办理审批手续。

15）型号产品所选用的材料，在满足型号设计、制造和使用要求、不降低可靠性和寿命的前提下，应优先选用加工工艺性好、成本低廉的材料。

16）型号产品所选用的材料应立足于国内研制与生产。选用国外材料的应有论证报告，并经材料专家评审，主管领导审批。选用关键材料时，应进行充分论证，并由质量管理部门组织材料专家组进行评审。

17）型号产品所选用的材料，其牌号、品种、规格和供应厂家应控制到最少。其关键材料项目应控制到最低限度。

18）沿用成熟型号的产品，其材料应按成熟型号所用的材料选取。使用性能、结构类同成熟型号的产品，其材料应参照成熟型号所使用的材料选取。

4.7　故障树分析（FTA）技术

4.7.1　目的

FTA 分析的目的是运用演绎法逐级分析，寻找导致某种故障事件（顶事件）的各种可能原因，直到最基本的原因，并通过逻辑关系的分析确定潜在的硬件、软件的设计缺陷，以便采取改进措施。故障树除了用于改进设计，还可用于查找故障线索、开展事故分析等。故障树分析是以系统故障为导向对系统自上而下的诠释，属于多因素分析。它对两状态（正常和故障）和无时序的系统的分析十分方便。

故障树是一种特殊的倒立树状逻辑因果关系图，构图的元素是事件和逻辑门。逻辑门的输入事件是输出事件的“因”，逻辑门的输出事件是输入事件的“果”。事件用来描述系统和单元故障状态，逻辑门把事件联系起来，表示事件之间的逻辑关系。FTA 适用于系统、分系统、整机、组合等各级产品，主要用于产品研制、生产、使用阶段。

4.7.2　FTA 的输入

FTA 输入信息包括：

1）技术设计报告；

2）FMECA 报告。

4.7.3 基本原理

FTA以故障事件（即顶事件）作为分析目标，通过自上而下地按层次的故障因果逻辑分析，采用演绎推理的方法，逐层找出故障事件的必要而充分的直接原因，最终找出导致顶事件发生的所有原因和原因组合，然后通过设计改进和实施有效的故障检测、维修等措施，设法减少其发生的可能，给出产品的改进建议。在FTA定量分析中，还需计算各原因或原因组合发生的概率。

FTA常用事件及符号如表4－17所示，GJB/Z 768A—1998《故障树分析指南》中推荐的常用逻辑门及符号如表4－18所示。

表4－17　FTA常用事件及符号

功能	符号	说明
顶事件	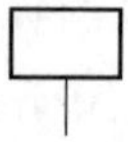	FTA中的最后结果事件，是逻辑门的输出事件而不是输入事件
中间事件	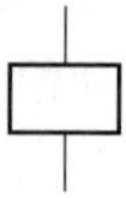	FTA中除顶事件和底事件之外的所有事件，它既是某个逻辑门的输出事件，又是其他逻辑门的输入事件
底事件		元器件在设计的运行条件下所发生的随机故障事件，一般来说，它的故障分布是已知的，只能作为逻辑门的输入事件而不能作为输出事件
开关事件（房形事件）	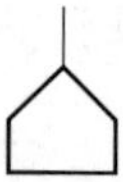	已经发生或将要发生的特殊事件，是在正常工作条件下必然发生或必然不发生的特殊事件
条件事件	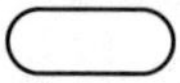	逻辑门起作用的具体限制的特殊事件
转入符号		表示树的A部分分支在另外地方

续表

功能	符号	说明
转出符号		表示树的 A 部分分支是在另外地方绘制的故障树的子树

表 4-18　FTA 常用逻辑门及符号

逻辑门	符号	说明
与门		全部输入事件发生时输出事件才发生
或门		至少一个输入事件发生时输出事件就发生
异或门		当且仅当一个输入事件发生时输出事件才发生
非门		输出事件是输入事件的逆事件
禁门	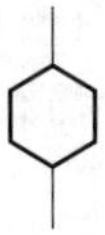	仅当禁门打开条件事件发生时，输入事件的发生方导致输出事件发生
表决门	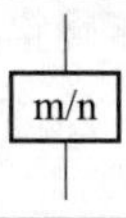	n 个输入事件中至少有 m 个发生时，输出事件才发生

“割集”是故障树中一些底事件的集合，当这些底事件同时发生时，顶事件必然发生。“最小割集”是底事件的数目不能再减少的割集，即在该最小割集中任意去掉一个底事件后，剩下的底事件集合就不是割集。一个最小割集代表系统的一种故障模式，寻找故障树的全部最小割集是故障树定性分析的任务。

4.7.4 实施步骤

武器系统的 FTA 一般参照 GJB/Z 768A—1998《故障树分析指南》进行，采用人工演绎法，由上而下逐级进行。FTA 一般实施步骤如图 4-14 所示。

（1）准备工作

熟悉产品技术设计，透彻掌握产品设计意图、结构、功能、边界和环境情况。辨明人的因素和软件对产品的影响；根据产品功能和性能要求确定故障判据。

（2）确定顶事件

武器系统一般选择 FMECA 分析中的Ⅰ、Ⅱ类故障模式作为顶事件，不同的顶事件应分别建立故障树分析。若发生重大故障，可将该故障作为顶事件进行 FTA，通过分析为故障归零提供依据。

（3）建造故障树

通过建树透彻了解系统的故障逻辑关系，找出导致顶事件的所有基本故障原因事件或基本故障原因事件组合，从而辨识出系统在可靠性设计上的薄弱环节以便改善设计。

采用人工演绎法建造故障树应遵循以下基本原则。

1）明确建树边界条件，确定简化系统图，从简化系统图出发进行建树；

2）故障事件应严格定义，准确描述；

3）首先寻找的是直接原因事件而不是基本原因事件，从直接原因事件逐步演绎为基本原因事件；

4）应从上向下逐级建树；

5）建树时不允许逻辑门与逻辑门直接相连；

6）妥善处理共因事件。若某个故障事件是共因事件，则在故障树的不同分支中出现的该事件必须使用同一事件标号；若该共因事件不是底事件，必须使用相同转移符号简化表示。

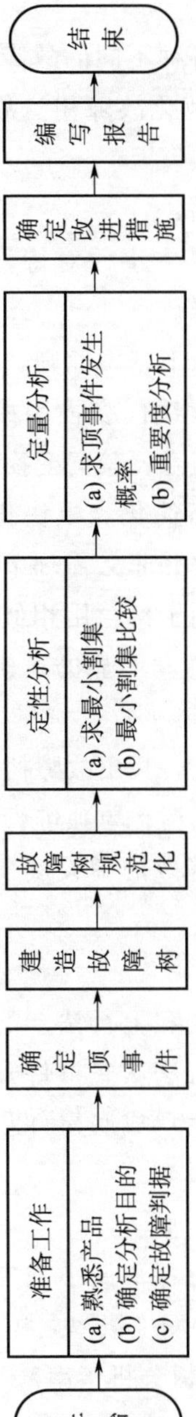

图 4－14　FTA 实施步骤

（4）故障树规范化

为了能用标准的程序对各种不同的故障树作统一的描述和分析，必须将建好的故障树变为规范化故障树。故障树规范化包括特殊事件的处理和特殊门的等效变换。

特殊事件的处理原则包括：

重要的未探明事件当作基本事件对待，不重要的未探明事件删掉；开关事件当作基本事件对待。

特殊门的等效变换遵循以下基本原则：

顺序与门变换为与门；表决门变换为或门和与门的组合；异或门变换为或门、与门和非门组合；禁门变换为与门。

应尽可能地对故障树进行简化和模块化，以便减少分析的工作量。故障树的简化和模块分解并非必需环节。简化一般有两种方法：一是用相同转移符号表示相同子树，用相似转移符号表示相似子树；二是去掉明显的逻辑多余事件和明显的逻辑多余门。模块分解按照以下步骤进行：

按模块和最大模块的定义，找出故障树中尽可能大的模块；

每个模块构成一个模块子树，单独进行定性分析和定量分析；

对每个模块子树用一个等效的虚设底事件来代替，减小故障树规模。

（5）定性分析

定性分析方法包括下行法和上行法。下行法从顶事件开始，逐级向下寻查，找出割集。上行法从底事件开始，自下而上逐步地进行事件集合运算，将顶事件表示成底事件积之和的最简式，提取出最小割集。

（6）定量分析

故障树顶事件发生概率为各个最小割集发生概率的和，最小割集发生的概率为割集中各事件发生概率之积。详细 FTA 方法具体参见 GJB/Z 768A—1998《故障树分析指南》。

(7) 确定改进措施

根据定性分析和定量分析结果，确定哪些底事件或最小割集为产品薄弱环节，并针对这些薄弱环节提出相应的改进措施。

(8) 编写报告

报告内容一般应包括以下几项：

①产品概述

1) 系统原理、结构、功能、边界、接口以及使用环境等；

2) 影响系统主要性能、可靠性和安全性的主要故障；

3) 系统故障和单元故障的关系；

4) 人为因素和软件对系统的影响。

②故障定义和顶事件

对各级故障进行严格定义，描述确定顶事件的选择原因。

③边界条件

确定所分析的系统和其他部分的边界，给出故障树分析的假设条件。

④故障树建造

1) 分析顶事件；

2) 由上而下建立故障树；

3) 故障树规范化和简化；

4) 符号说明。

⑤定性分析

1) 求最小割集；

2) 确定产品薄弱环节。

⑥结论与建议

1) 对顶事件进行评价；

2) 薄弱环节清单；

3) 改进建议。

4.8 电路可靠性设计分析

可靠的电路设计是保证设备固有可靠性的有效手段，电路的可靠性设计分析方法很多，本节重点介绍降额设计、电路容差分析和电应力仿真分析。

4.8.1 降额设计

4.8.1.1 降额设计的目的

电子产品的可靠性对其电应力和温度应力比较敏感。降额设计就是使元器件或设备所承受的电应力和温度应力适当地低于其额定值，从而达到降低基本故障率，提高使用可靠性的目的。

4.8.1.2 降额设计的主要步骤

电子产品降额设计的主要步骤如下：

1）确定降额准则。降额准则是降额设计的依据。对于国产电子元器件一般采用 GJB/Z 34—1993 进行降额设计。由于国内元器件质量与国外元器件有一定的差距，因此国外元器件的降额建议采用国外推荐的降额指南进行。

2）确定降额等级。降额等级表示元器件的降额程度。通常元器件有一个最佳的降额范围，在此范围内，元器件工作应力的降额对其故障率的下降有显著的改善，易于实现且不会增加太多成本。

3）确定降额参数。降额参数是指对降低元器件故障率有关的元器件参数（电压、电流、功率等）和环境应力（温度）参数。降额参数是由元器件的工作故障率模型确定的，各种元器件的降额参数并不都一样，通常为 3～7 项。一般要求元器件的降额应满足某降额等级下各项降额参数的降额量值的要求，在不能同时满足时，应尽量保证对故障率下降起关键影响的元器件参数的降额量值。

4）确定降额因子。降额因子是指元器件工作应力与额定应力之比。降额因子一般小于 1，如等于 1 则没有降额。降额因子的选取有一个最佳范围，一般应力比为 0.5～0.9。在这个范围内，基本故障率下降很多，一旦超出这个范围，元器件故障率的下降很小。表 4 - 19 给出了部分国产元器件针对三类降额等级的降额因子。

表 4 - 19　降额等级的划分

情况	降额等级		
	Ⅰ级	Ⅱ级	Ⅲ级
降额程度	最大	中等	最小
使用可靠性改善	最大	适中	较小
适用情况	设备故障导致人员伤亡或装备与保障设备的严重破坏	设备故障引起装备与保障设备损坏	设备故障不会造成人员伤亡和设备的破坏
	对设备有高可靠性要求	对设备有较高可靠性要求	
	采用新技术、新工艺设计	采用某些专门设计	采用成熟的标准设计
	故障设备无法或不宜维修	故障设备的维修费用较高	故障设备可迅速、经济的进行修复
	设备内部结构紧凑，散热差		
降额设计的实现	较难	一般	容易

5）进行降额分析与计算。进行降额分析与计算的步骤如下：

a）根据设备应用的范围确定所选用元器件的降额等级，参考表 4 - 20、表 4 - 21；

b）按照型号规定的降额等级，明确元器件的降额参数和降额量值；

c）利用电/热应力分析计算或测试来获得温度值和电应力值；

d）按有关军用规范或元器件手册的数据，获得元器件的额定值，再考虑降额系数，获得元器件降额后的容许值；

e）将上述 c）、d）项两值进行比较，就可知每项元器件是否达到降额要求。

如未达到元器件降额要求的应更改设计，采用额定值更大的元器件或设法降低元器件的使用应力值。因受条件限制，降额后仍未达到降额要求的个别元器件，经分析研究和履行有关审批手续后，方可允许暂时保留使用。

表 4－20　降额等级

应用对象	降额等级	
	最高	最低
导弹	Ⅰ	Ⅱ
地（舰）面设备	Ⅰ	Ⅲ
保障设备	Ⅱ	Ⅲ

Ⅰ级降额是最大的降额，对元器件使用可靠性的改善最大，它适用于：

1）设备的故障将会危及安全、导致任务失败和造成严重经济损失；

2）对设备有高可靠性要求，且采用新技术、新工艺的设计；

3）由于费用和技术原因，设备失效后无法或不宜维修；

4）系统对设备的尺寸、重量有严苛的限制。

Ⅱ级降额是中等降额，对元器件使用可靠性有明显改善。它适用于：

1）设备的故障将可能引起装备与保障设施的损坏；

2）有高可靠性要求且采用了某些专门的设计；

3）需支付较高的维修费用；

4）对元器件使用可靠性改善的相对效益最大。

Ⅲ级降额是最小的降额，但可靠性改善的绝对效果不如Ⅰ级和Ⅱ级降额。Ⅲ级降额在设计上最易实现。Ⅲ级降额适用于：

1）设备的故障不会造成人员和设施的伤亡和破坏，设备采用成熟的标准设计；

2）故障设备可迅速、经济地加以修复；

3）对设备的尺寸、重量无大的限制。

表 4－21　部分元器件降额参数及降额因子

元器件种类			降额参数	降额等级		
				Ⅰ	Ⅱ	Ⅲ
集成电路	模拟电路	放大器	电源电压/V	0.70	0.80	0.80
			输入电压/V	0.60	0.70	0.70
			输出电流/A	0.70	0.80	0.80
			功率/W	0.70	0.75	0.80
			最高结温/℃	80	98	105
		比较器	电源电压/V	0.70	0.80	0.80
			输入电压/V	0.70	0.80	0.80
			输出电流/A	0.70	0.80	0.80
			功率/W	0.70	0.75	0.80
			最高结温/℃	80	95	105
		电压调整器	电源电压/V	0.70	0.80	0.85
			输入电压/V	0.70	0.85	0.90
			输入输出电压差/V	0.70	0.80	0.85
			输出电流/A	0.70	0.80	0.80
			功率/W	0.70	0.75	0.80
			最高结温/℃	80	95	105
		模拟开关	电源电压/V	0.70	0.80	0.85
			输入电压/V	0.80	0.85	0.90
			输出电流/A	0.75	0.80	0.85
			功率/W	0.70	0.75	0.80
			最高结温/℃	80	95	105

续表

元器件种类			降额参数		降额等级 I	II	III
集成电路	数字电路	双极型电路	频率		0.80	0.90	0.90
			输出电流/A		0.80	0.90	0.90
			最高结温/℃		80	100	115
		MOS 型电路	电源电压/V		0.70	0.80	0085
			输出电流/A		0.80	0.90	0.90
			频率		0.80	0.80	0.90
			最高结温/℃		85	100	115
	混合集成电路		厚膜功率密度/(W/cm^2)		7.5		
			薄膜功率密度/(W/cm^2)		6.0		
			最高结温/℃		85	100	115
	大规模集成电路		最高结温/℃		改进散热方式以降低结温		
分立半导体器件	晶体管		反向电压	一般晶体管	0.90	0.70	0.80
				功率 MOSFET 的栅源电压	0.50	0.60	0.70
			电流/A		0.60	0.70	0.80
			功率/W		0.50	0.65	0.75
			功率管安全工作区	集电极—发电极电压	0.70	0.80	0.90
				集电极最大允许电流	0.60	0.70	0.80
			最高结温 T_{jm} /℃	200	115	140	160
				175	100	125	145
				≤150	$T_{jm}-65$	$T_{jm}-40$	$T_{jm}-20$
	微波晶体管		最高结温		同晶体管		
	二极管(基准管除外)		电压(不适用于稳压管)		0.60	0.70	0.080
			电流/A		0.50	0.65	0.80
			功率/W		0.50	0.65	0.80
			最高结温 T_{jm} /℃	200	115	140	160
				175	100	125	145
				≤150	$T_{jm}-60$	$T_{jm}-40$	$T_{jm}-20$

续表

元器件种类		降额参数		降额等级 Ⅰ	Ⅱ	Ⅲ
分立半导体器件	微波二极管	最高结温		同二极管		
	基准二极管	最高结温		同二极管		
	可控硅	电压/V		0.60	0.70	0.80
		电流/A		0.50	0.65	0.80
		最高结温 T_{jm} /℃	200	115	140	160
			175	100	125	145
			≤150	$T_{jm}-60$	$T_{jm}-40$	$T_{jm}-20$
	半导体光电器件	电压/V		0.60	0.70	0.80
		电流/A		0.50	0.65	0.80
		最高结温 T_{jm} /℃	200	115	140	160
			175	100	125	145
			≤150	$T_{jm}-60$	$T_{jm}-40$	$T_{jm}-20$
固定电阻器	合成型电阻器	电压/V		0.75	0.75	0.75
		功率/W		0.50	0.60	0.70
		环境温度		按元件负荷特性曲线降额		
	薄膜型电阻器	电压/V		0.75	0.75	0.75
		功率/W		0.50	0.60	0.70
		环境温度		按元件负荷特性曲线降额		
	电阻网络	电压/V		0.75	0.75	0.75
		功率/W		0.50	0.60	0.70
		环境温度		按元件负荷特性曲线降额		
	线绕电阻	电压/V		0.75	0.75	0.75
		功率	精密型	0.25	0.45	0.60
			功率型	0.50	0.60	0.70
		环境温度		按元件负荷特性曲线降额		

续表

元器件种类		降额参数		降额等级		
				Ⅰ	Ⅱ	Ⅲ
电位器	非线绕电位器	电压/V		0.75	0.75	0.75
		功率	合成、薄膜微调	0.35	0.45	0.60
			精密塑料型	不采用	0.50	0.70
		环境温度		按元件负荷特性曲线降额		

4.8.2 电路容差分析

4.8.2.1 电路容差分析的目的

电子电路的主要故障模式包括电路性能不稳定、性能参数漂移和性能退化，引起电路故障的主要原因包括组成系统的元器件参数实际存在着公差、环境条件引起的电子元器件参数发生漂移和时间积累效应引起的电子元器件参数退化。因此电路设计过程中要考虑上述影响，采取有效措施确保电路稳定可靠。容差分析是预测电路性能参数稳定性的一种分析技术，研究电子元器件和电路在规定的使用条件范围内，电路组成部分参数的容差对电路性能容差的影响。进行容差分析的目的就是为了保证电子产品在未来使用环境条件下，电路各组成部分的参数变化对性能稳定性的影响控制在允许范围内，能够满足设计要求，避免电路参数的变化导致产品不能正常工作，并据此对电路组成部分参数容差进行修正。

进行容差分析的待分析电路要根据任务的重要性、经费与进度的限制条件以及 FMEA 或其他分析结果来确定，各研制阶段需要进行容差分析的关键电路主要有以下几种。

1）严重影响产品安全性的电路。

2）严重影响任务完成的电路。

3）昂贵的电路。

4）采购或制作困难的电路。

5）需要特殊保护的电路。

复杂电路的容差分析计算量非常大，难以用手工计算的方法完成，一般应通过计算机进行。目前很多电子设计自动化（Electronic Design Automatic，EDA）软件都具有仿真计算和容差分析功能，如 MENTOR、SABER、CADENCE 等。MEN - TOR、CADENCE 适用于电路仿真，SABER 可用于对电、机械、液压及其他工程系统组成的混合信号系统进行综合仿真。

4.8.2.2　*容差分析方法*

目前，常用的容差分析方法有试验法、阶矩法、最坏情况分析法、蒙特卡罗分析法等。

4.8.2.2.1　试验法

试验法是在实际电路板上改变电路的元器件参数和输入量，测量实际的输出性能。试验前应制定试验方案，规定试验条件，可通过改变下列（选择有关的）试验条件进行试验。

1）改变试验温度（最低工作温度、最高工作温度）。

2）改变电源参数（电压及频率的上下限）。

3）改变关键元器件参数（容差上下限）。

4）改变输入信号参数（电压、幅频特性、阻抗的上下限）。

5）改变负载阻抗（阻抗的上下限）。

试验时在电路板元器件的连接节点及电路输入输出节点上检测有关电参数，观察容差和寄生参数对电路输出特性的影响。为了合理地组合试验条件，减少试验次数和试验费用，可利用正交试验方法，进行有代表性的 N 次组合试验，通过检测得到的 N 次数据来评估试验的结果。

试验法只用在不太复杂、进度和经费较充裕、性能可靠性要求很高的关键电路，也可与其他容差分析方法结合进行，对其他分析方法的结果进行验证。

4.8.2.2.2 阶矩法

阶矩法是一种解析计算方法。该方法基于电路的数学模型，根据电路组成部分参数的均值和方差，求出电路性能参数的均值和方差。该方法计算简单快速，适用于可建立数学模型的小型电路。对于较为复杂且非线性较强的电路，可能会带来较大的误差。

(1) 计算模型

该方法需要建立电路组成部分参数和电路性能参数之间的数学模型，根据数学模型推导出电路组成部分参数均值与方差和电路性能参数均值与方差之间关系式，并据此进行偏差计算。

电路性能参数（特征量）Y 可以表示为电路组成部分参数（X_1，…，X_n）的函数：

$$Y = f(X_1, \cdots, X_n) \tag{4-55}$$

假设参数 $X_i(1 \leqslant i \leqslant n)$ 的取值具有统计特性，存在着均值 μ_i 和方差 σ_i^2。同样，电路性能参数 Y 也具有统计特性，存在着均值 μ_y 和方差 σ_y^2。根据泰勒级数公式，以标称值为中心将上式展开，去掉高阶项后得到如下的性能参数均值近似计算公式：

$$\mu_y = f(\mu_1, \cdots, \mu_n) \tag{4-56}$$

式中 μ_y——电路性能参数 Y 的均值；

μ_1，…，μ_n——电路组成部分参数 X_1，…，X_n 的均值。

同理，可以得到性能参数方差的近似计算公式：

$$\sigma_y^2 = \sum_{i=1}^{n} \left(\frac{\partial Y}{\partial X_i} \bigg|_{\mu_1, \cdots, \mu_n} \right)^2 \sigma_i^2 \tag{4-57}$$

式中 σ_y^2——电路性能参数 Y 的方差；

σ_i^2——电路组成部分参数 X_i 的方差。

根据上面两个式子可以算出电路性能参数的均值 μ_y 和方差 σ_y^2。此外，还可以进一步计算出电路性能参数在偏差容许范围内的出现概率。令容许偏差为 ΔY，则在正态分布假设下，电路性能参数在偏差容许范围内出现概率的计算公式如下：

$$P_r\{\mu_y - \Delta Y < Y < \mu_y + \Delta Y\} = \Phi(\Delta Y / \sigma_y) - \Phi(-\Delta Y / \sigma_y) \tag{4-58}$$

式中 P_r ——电路性能参数在偏差容许范围内的出现概率；

$\Phi(\Delta Y/\sigma_y)$、$\Phi(-\Delta Y/\sigma_y)$ ——标准正态分布函数。

(2) 实施步骤

采用阶矩法进行电路容差分析的实施步骤如下。

1) 确定电路组成部分参数的均值和方差。

2) 推导出电路性能参数均值和方差的近似计算公式。

3) 根据近似计算公式计算出电路性能参数的均值和方差。

4) 根据容许偏差要求和正态分布假设计算出电路性能参数在偏差容许范围内的出现概率，或者根据方差估计性能参数的偏差范围。

4.8.2.2.3 最坏情况分析法

最坏情况分析法是分析在电路组成部分参数最坏组合情况下的电路性能参数偏差的一种非概率统计方法。它利用已知元器件参数的变化极限来预计电路性能参数变化是否超过了允许范围。在预计电路性能参数变化范围时，元器件参数的变化取它们的上、下极限值。如果预计的电路性能参数在规定的范围内，就可以确信该电路有较高的稳定性。如果预计值超出了规定的允许变化范围，就可能发生漂移故障。最坏情况分析法可以预测某个电路是否发生漂移故障，并提供改进的方向，但不能确定发生这种故障的概率。该法简便、直观，但分析的结果偏于保守。

最坏情况分析法可以基于数学模型开展，也可以基于仿真模型开展。本书仅介绍基于数学模型的最坏情况分析法。基于仿真模型的最坏情况分析法与蒙特卡罗分析法类似，本书不做介绍。

(1) 计算模型

应用最坏情况分析法的基础是建立数学模型，就是把电路性能参数 Y 表示为设计参数 X_1，X_2，…，X_n 的函数，即：

$$Y = f(X_1, X_2, \cdots, X_n) \tag{4-59}$$

为了便于分析，最坏情况分析法采用灵敏度 S 来度量设计参数偏差对电路性能参数的影响。设计参数 X_i 的灵敏度 S_i 计算公式如下：

$$S_i = \left.\frac{\partial Y}{\partial X_i}\right|_0 \tag{4-60}$$

式中 $\partial Y/\partial X_i$ ——性能特征量 Y 对设计参数 X_i 的偏导数；

下标“0”——标称值。

灵敏度还可以近似表达为：

$$S'_i = \left.\frac{\partial \ln Y}{\partial \ln X_i}\right|_0 \approx \frac{\Delta Y/Y_0}{\Delta X_i/X_{i0}} \tag{4-61}$$

式中 Y_0 ——电路性能参数的标称值；

X_{i0} ——设计参数 X_i 的标称值；

ΔX_i ——设计参数 X_i 的偏差；

ΔY ——电路性能参数 Y_i 的偏差。

在确定灵敏度的基础上，计算性能参数最大偏差的方法有线性展开法和直接代入法两种。

线性展开法电路性能参数的偏差可以采用下式进行估算：

$$\begin{aligned} \Delta Y &= \sum_{i=1}^{n} S_i \Delta X_i \\ \frac{\Delta Y}{Y_0} &= \sum_{i=1}^{n} S'_i \frac{\Delta X_i}{X_{i0}} \end{aligned} \tag{4-62}$$

偏差 ΔX_i 的确定方法如下：在求电路性能参数偏差的正极限值时，若 $S_i > 0(S'_i > 0)$，则 $\Delta X_i = X_{i最大} - X_{i0}$；若 $S_i < 0(S'_i < 0)$，则 $\Delta X_i = X_{i最小} - X_{i0}$；在求偏差的负极限值时，若 $S_i > 0(S'_i > 0)$，则 $\Delta X_i = X_{i最小} - X_{i0}$；若 $S_i < 0(S'_i < 0)$，$\Delta X_i = X_{i最大} - X_{i0}$。

直接代入法是将设计参数的极限值按最坏情况组合直接代入电路的函数表达式（4-59）中，求出电路性能参数的上限值和下限值。

在求电路性能参数的上限值时，若 $S_i > 0(S'_i > 0)$，则参数 X_i 取 $X_{i最大}$，若 $S_i < 0(S'_i < 0)$，则参数 X_i 取 $X_{i最小}$。在求电路性能参数的下限值时，若 $S_i > 0(S'_i > 0)$，则参数 X_i 取 $X_{i最小}$，若 $S_i < 0(S'_i < 0)$，则参数 X_i 取 $X_{i最大}$。

（2）实施步骤

采用最坏情况分析法进行电路容差分析的实施步骤如下。

1）确定电路设计参数的标称值和偏差（或者参数变化范围）。

2）推导出电路性能参数与设计参数之间的函数关系。

3）计算各个设计参数的灵敏度。

4）在容差分析精度要求不高时，采用线性展开法计算出电路性能参数的偏差；在容差分析精度要求较高时，采用直接代入法计算出电路性能参数的偏差。

4.8.2.2.4　蒙特卡罗分析法

（1）方法概述

蒙特卡罗分析法是一种仿真分析方法，在电路仿真模型的基础上，分析电路组成部分的随机变化对分析电路性能的影响。

蒙特卡罗分析是当电路组成部分的参数服从任意分布（正态分布、随机分布等）时，由电路组成部分参数抽样值分析电路性能参数偏差的一种统计分析方法。假定所有输入参数相互独立，服从某已知的概率分布，按电路组成部分参数 x 的分布，对 x 进行 N 次随机抽样，将 N 组抽样值代入电路性能参数 y 的计算进行仿真计算，得到 y 的 N 个值。经统计分析，得到电路性能参数的分布参数值。

该方法计算精度高，可用于计算复杂电路，但是非常耗时。

（2）实施步骤

目前很多 EDA 软件都具有仿真计算和容差分析功能。这里以 Cadence PSpice 为例，对其提供的容差分析方法进行说明。

当选择进行蒙特卡罗分析时，需要按以下步骤执行操作。

1）设置电路组成部分（元器件）的参数偏差对容差分析需要考虑的所有元器件都设置适当的参数偏差，包括每个参数偏差的分布类型，以及分布类型对应的具体均方差。

2）设置蒙特卡罗仿真的抽样次数和伪随机数种子 Pspice 根据用户设定的抽样次数和伪随机数种子自动进行伪随机数抽样，并进行变换得到电路元器件参数值的抽样结果。

3）执行蒙特卡罗仿真 Pspice 在参数偏差范围内，根据偏差的分布类型随机改变所有设置了偏差的器件模型参数，从而改变元器件参数值（即随机抽样值）。根据改变后的元器件参数值，蒙特卡罗分析重新对电路进行计算，求出电路的所有性能参数值，并作为独立的一组。如此反复计算，得到指定仿真次数的电路性能参数随机抽样模拟数据。

4）直方图分析利用蒙特卡罗仿真得到的随机抽样模拟数据，可以对电路性能参数进行统计分析，并自动画出直方图。

5）得到性能参数的统计数据根据直方图，可以得到电路性能参数的样本均值、样本均方差，以及在不同偏差范围内的出现概率。最后，蒙特卡罗分析完毕后，还需要将得到的电路性能参数数据与要求范围进行比较，确定是否满足要求。

（3）算例

某带通滤波器电路是构成某信号处理系统的重要组成部分，其电路原理图如图 4-15 所示，在工作温度为 30 ℃的条件下，要求带通滤波器的带通中心频率范围在 400～500 Hz 之内。根据工程经验，影响到带通中心频率漂移的主要设计参数及其偏差范围如表 4-22 所示。

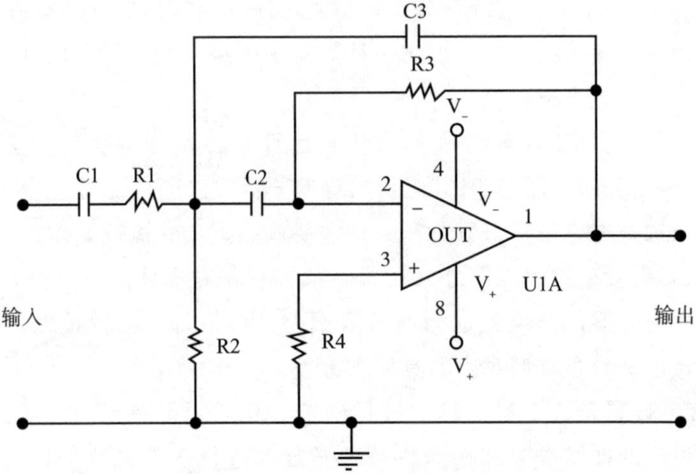

图 4-15　带通滤波电路原理图

表 4-22　带通滤波电路主要器件及参数

序号	参数名称	参数标识	标称值	偏差范围/%
1	电阻 1	R1	1 kΩ	±5
2	电阻 2	R2	2 kΩ	±5
3	电阻 3	R3	1 kΩ	±5
4	电阻 4	R4	1 kΩ	±5
5	电容 1	C1	0.47 μF	±5
6	电容 2	C2	0.47 μF	±5
7	电容 3	C3	0.47 μF	±5

其中标称值是以工作温度 30 ℃为基准的，偏差分布符合正态分布。在 Pspice 中建立电路仿真模型，采用交流分析方法确定电路的中心频率标称值为 449.55 Hz，见图 4-16。

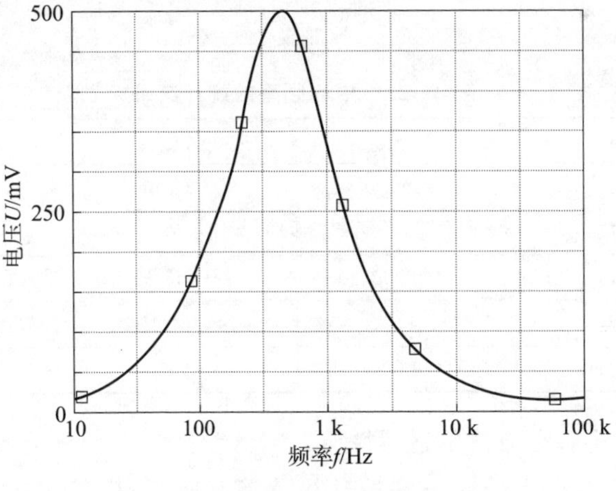

图 4-16　带通电路标称下频率响应曲线

在元器件的参数模型中设置元器件参数的偏差，所有参数的偏差设置为正态分布，均方差设置为 1.7%；设置抽样次数为 300 次，种子数取软件默认值；执行蒙特卡罗仿真，得到仿真结果如图 4-17 所示。

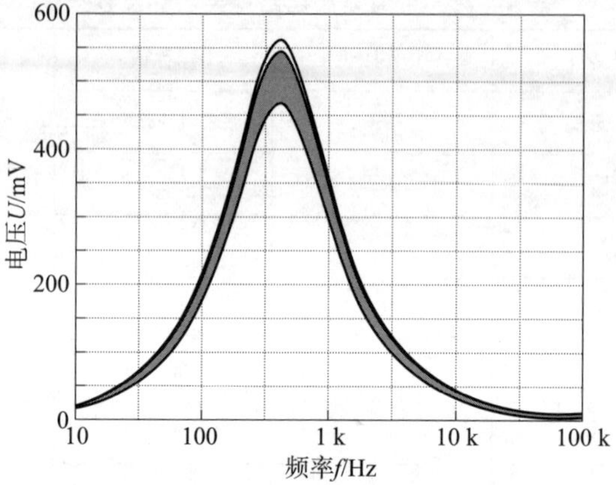

图 4－17　带通电路蒙特卡罗仿真结果

执行统计分析，对 300 个中心频率样本值进行统计分析，划分为 10 个区间，统计每个区间的频次比例，根据统计结果，中心频率变化范围在 428.624～471.599 Hz 之间，设计满足要求，如表 4－23 所示。

表 4－23　中心频率的统计结果

名称	数值	名称	数值
抽样次数	300	10%位值	438.83
区间数	10	中值	449.281
均值	449.552	90%位值	459.942
均方差	8.164 73	最大值/Hz	471.599
最小值/Hz	428.624		

4.8.2.2.5　各种方法的适用性

以上几种容差分析方法的适用范围有所不同，其中试验法适用于所有电路，阶矩法只适用于线性等模拟电路，最坏情况分析法和蒙特卡罗分析法适用于所有模拟电路。由于试验法成本高，实现起来复杂，所以除非有特殊要求，一般不采用这种方法。而阶矩法只适用于可建立数学模型的线性简单电路。因此，在进行容差分析时，首先选择最坏情况分析法和蒙特卡罗法。各方法的对比见表 4－24。

表 4－24　各种容差分析方法的优缺点和适用范围

方法	优点	缺点	适用范围
试验法	反映真实使用条件	成本高，实现复杂	所有电路
阶矩法	计算原理简单	对非线性高的电路，精度较差	模拟电路
最坏情况分析法	方法简便直观，可得到灵敏度，能用 EDA 工具	结果偏于保守	模拟电路
蒙特卡罗分析法	最接近实际情况，能用 EDA 工具	计算较复杂，非常耗时	模拟电路

4.8.2.3　容差分析的流程

（1）数据及模型准备

在进行容差分析之前，需要进行数据和模型的准备，主要包括以下内容。

1）根据电路重要性和 FMEA 结果选择要进行分析的关键电路。

2）准备关键电路的原理图、元器件清单及参数值、工作应力等。

3）确定待分析电路的性能参数及偏差要求。

（2）电路性能分析及灵敏度分析

在建立好电路模型后，首先要对其进行电路性能分析来验证电路性能，为容差分析的准确性做铺垫。其次要进行灵敏度分析，即找出参数变化对电路性能影响较大的器件，并为确定元器件最坏情况参数提供依据。对该类器件应加以关注，考虑提高器件精度或更改电路设计，找到一种经济合理的方法。

（3）最坏情况分析

根据历史数据和电路灵敏度分析的结果，将灵敏度为正的参数值的上限与灵敏度为负的参数值的下限形成最坏情况最大值时的参数组合，灵敏度为正的参数的下限与灵敏度为负的参数的上限形成最坏情况最小值时的参数组合，列表进行最坏情况电路性能分析，得到电路在最坏情况下工作的特性。

（4）蒙特卡罗分析

选择各参数的分布类型，抽样仿真 N 次（应根据计算机性能、时间及费用等权衡选取合适的模拟次数 N，应尽可能大）。运行后便可得到该分析电路主要性能参数 N 次仿真的输出值范围。经统计分析，得到电路性能参数的分布参数值。如果最坏情况分析结果可以很好地满足性能设计要求，则可以选择性地开展蒙特卡罗分析。

（5）结果分析与设计改进

把求出的电路输出性能参数的偏差范围与电路性能指标要求相比较，检查是否符合规定要求。如符合电路性能指标要求，分析结束；如不符合要求，需通过分析找出主要的影响因素和薄弱环节并提出可能的改进措施。

对容差分析不合格的电路，有三种改进措施。

1）更改电路设计，使电路允许元器件有较大的公差。

2）全部采用低公差、高稳定性元器件。但这样做势必造成产品成本提高，制造困难。

3）对元器件区别对待。只对其中影响电路性能参数大的元器件提出低公差、高稳定的要求，而对那些影响不大的元器件，则采用一般的。这是一种经济合理的方法。

4.8.2.4 容差分析的注意事项

1）电路容差分析一般在研制阶段的中后期开展，此时已经具备了电路的详细设计资料。

2）电路容差分析工作应该以设计人员为主来完成，并在可靠性技术人员的配合下完成容差分析报告。

3）在应用最坏情况分析法时，要注意在设计参数变化范围内电路性能参数的变化趋势是否单调。若不单调，则应用线性展开法和直接代入法得到的边界值不一定是最坏结果。此时，应补充计算出电路性能参数在设计参数变化范围内的所有极值，然后结合边界值，从中找出电路性能参数的最坏结果。

4）尽可能采用成熟的 EDA 软件实现自动化的容差分析，不仅可以提高分析的精度，而且可以降低复杂电路的分析难度。

5）为了简化手工计算的工作量，可以根据经验来确定容差分析必须考虑的重要设计参数，以缩小分析范围。

6）对于容差分析合格的电路，当设计改动时，应该再次进行容差分析。

7）对于容差分析不合格的电路，应该首先考虑缩小灵敏度最大的设计参数的偏差范围，然后再根据灵敏度的大小，考虑缩小其他设计参数的偏差范围。

8）当采用缩小设计参数偏差范围的改进方法仍然不能满足要求时，应该考虑重新选择设计参数的标称值，使系统性能参数更稳定。如果没有更合理的设计参数以供选择，则应考虑修改电路的结构设计，采用更合理的电路结构来实现相同的功能。

4.8.3 电应力仿真分析

4.8.3.1 电应力仿真分析的目的

电应力分析是评估电路系统中，元器件所承受的电应力冲击是否超出额定上限以至于器件损坏或加速老化的一种电路可靠性分析方法，尽早发现相关薄弱环节，及时采取设计改进措施。电应力（Electrical Stress，ES）是指电路中元器件承受的电压应力与电流应力。在电路中，输入的偏置、负载的变化以及元器件参数的波动等因素，均会引起电路性能发生改变，即电路在不同的工作状态下，元器件承受的应力冲击也是在不断变化的。因此，电应力分析通常要评估电路偏置在“最坏”情况下（Extreme Value Analysis，EVA）极值分析。“最坏”情况由一定范围的输入电压、各个元器件参数波动等因素组合而来。单个参数、偏置的波动均在电路正常工作所允许的范围内，但组合产生的“最坏”情况往往是电路性能或元器件的应力值超出标称值很多。因此，电应力分析的前提条件是要对电路进行容差分析，搜索可能出现的极值组合，从而求得最大应力值。目前，Saber、Cadance、Mentor 等成熟的 EDA 软件都支持电应力仿真工作。

4.8.3.2　电应力仿真分析的流程

电应力仿真分析流程如图 4－18 所示，一般包括电路分割、数据准备、明确分析对象、前置分析、电路容差及灵敏度分析、最坏情况电路性能分析和最坏情况元器件应力分析等。

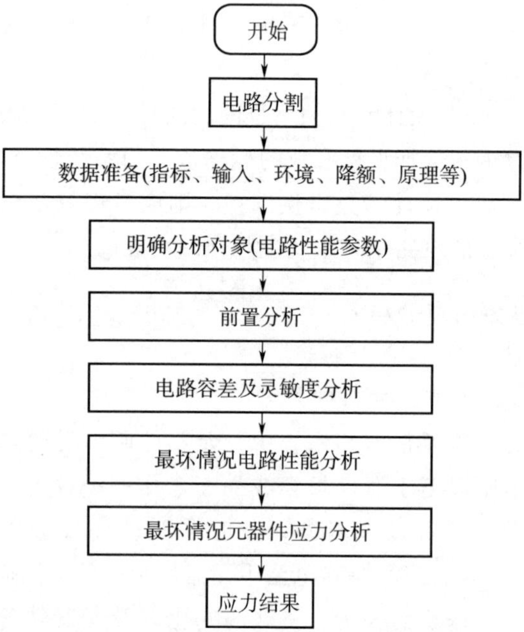

图 4－18　电应力仿真分析流程图

（1）电路分割

对较为复杂且规模较大的电路进行电应力分析时，为减少分析复杂度以及更有针对性地进行分析，应先将电路原理图分割成多个功能模块，再将功能模块分割成更小的子电路，需要注意选择合适的分割点，以便能够方便分析电路的性能参数。

（2）数据准备

完成了电路的模块分割工作后，需要准备好电路的性能指标要求与工作环境要求，包括整个电路的指标以及各个子电路的接口性能要求，如输入激励、输出负载和输出的指标参数等；列出电路的工作环境要求；准备好元器件的清单，器件型号、标称参数值、额定应力、降额因子以及试验测试得到的器件参数偏差范围与分布等。

（3）明确分析对象

根据电路的实际工程应用和具体功能，明确要分析的电路的性能参数，即确定分析对象，如震荡电路的频率和滤波电路的带宽等。

（4）前置分析

前置分析包含电路的直流分析、瞬态分析、灵敏度分析、标称值下的应力分析（初步应力分析）以及极值应力分析等，后续的应力分析是建立在前置分析的基础上的。

（5）电路容差及灵敏度分析

参数容差指参数允许变化的范围。造成参数容差的原因有：

1）环境因素：辐射、湿度、温度、振动和电磁等。

2）元器件参数漂移：元器件的初始容差、元器件老化引起参数偏差、环境以及外部输入等造成器件偏差。

3）电路输入变化：电源电压波动、负载的变化以及输入信号的变化等。

因此，获得元器件参数的偏差，建立最坏情况元器件的极值数据库是应力分析中一项重要工作。分析的结果是否具有指导意义在很大程度上取决于用于分析的参数的选取以及参数偏差的定义。参数偏差分为偏置（Bias）偏差和随机（Random）偏差。偏置偏差指参数的改变方向（增大或减小）与环境的改变方向（增大或减小）一致。随机偏差指参数改变方向与环境改变方向没有直接关系，不可预测。

灵敏度分析是反映元器件参数变化对电路性能指标影响程度（包括大小和方向）的分析。在进行应力分析之前必须进行灵敏度分析，据此得到电路性能对元器件参数以及电路输入变量变化的灵敏度。这是确定元器件最坏情况参数组合的依据，据此进行最坏情况元器件应力分析和最坏情况电路性能分析。

灵敏度是电路性能对单个元器件参数而言的，表征了电路中所有其他参数保持不变时，电路性能受这个参数变化影响的程度。灵敏度的绝对值越大，表明其对电路性能影响越大。若灵敏度为正，则电路性能变化方向与该参数变化方向一致，即参数变大，电路性能参数变大；若灵敏度为负，则电路性能变化方向与该参数变化方向相反，即参数变大，电路性能参数变小。

（6）最坏情况电路性能分析

最坏情况电路性能分析是指在电路参数的最坏情况组合下对电路性能参数漂移及变化进行分析，分析方法包括极值分析、平方根分析和蒙特卡罗分析等。几种方法的比较见表 4－25。

表 4－25　最坏电路分析方法对比

方法	优点	局限	要求输入
极值分析法	1）简便、直观，方便得到电路最坏情况性能结果； 2）不需要电路参数的统计数据	1）该分析方法得到的结果是较保守的估计； 2）需要元器件偏差的极值数据； 3）一般与灵敏度分析结合使用	1）元器件参数的上限值和下限值； 2）电路性能参数对每个元器件参数的灵敏度
平方根分析法	不要求参数的分布类型	1）假定电路性能参数服从正态分布； 2）假设在输入参数偏差值域内电路灵敏度为常数。可能导致分析结果的准确度不是太高	1）元器件参数概率分布函数的均值、标准差； 2）电路性能参数对每个元器件参数的灵敏度
蒙特卡罗分析法	1）最坏情形的最真实的估计； 2）能得到性能参数的分布概率	需要知道电路参数偏差的概率与分布	元器件参数的概率分布及分布参数值

极值分析（Extreme Value Analysis，EVA）是将电路所有变量设定为最坏值时对电路输出性能影响所做的分析。需要分析最坏值的最大值和最坏值的最小值，在多参数情况下，需要所有参数变量

的最坏情况组合方可得到最坏情况极值。

平方根分析（Root Square Sum Analysis，RSS）是在所有输入参数相互独立且已知各参数分布的均值和方差情况下，考虑性能对各参数的灵敏度，按标准差的平方和的平方根为电路性能的标准差，再假设电路性能服从正态分布，从而得到性能参数在给定概率下的极值。

蒙特卡罗（Monte Carlo）分析是一种统计分析方法，当电路的组成参数（包括输入和元器件参数等）偏差服从任意分布时，对电路的组成参数进行抽样，利用抽样值分析计算得到电路输出性能参数的偏差。假定所有输入参数相互独立，服从某概率分布（已知），电路性能参数服从正态分布。经随机抽样产生各元器件参数值，代入电路方程，计算电路性能参数值，经重复多次，得到电路性能参数的分布参数值，从而得到性能参数在给定概率下的极值。Monte Carlo 分析的结果较接近真实情况，但其准确度依赖于抽样次数与设定的参数概率分布。

EVA 法、RSS 法及 Monte Carlo 分析方法各具优缺点，适用于不同的条件与场合，应根据具体情况进行选择。

(7) 最坏情况元器件应力分析

最坏情况元器件应力分析（Worst Case Parts Stress Analysis，WCPSA）是分析元器件在最坏情况条件下的应力极值，并判断是否超过了规定的额定值以及是否符合降额要求。为正确选用元器件、降额使用与设计提供依据。

元器件失效一般由两方面原因引起：浪涌电流和瞬间高电压等瞬间过大的电应力；电应力平缓上升超过额定应力值，短期内可能不会造成元器件失效，但是在其长期的作用下，器件内部性能参数容易发生漂移，加速元器件老化，最终导致元器件失效。设计阶段需要考虑元器件的降额使用，即让元器件工作时的实际应力低于其额定应力值，这样可以使电路中的元器件寿命尽可能地长，以保证电路可靠工作。

元器件厂商规定的器件能承受的电参数的值称为额定应力值，额定应力值乘以降额因子得到降额后的应力。利用仿真工具对电路进行仿真分析，测出元器件工作时的电应力值，该测试的电应力值与降额应力值之比即为应力比。若仿真测得应力值大于降额值，则认为该元器件过电应力，需要更换更高额定应力的元器件或修改电路结构以满足器件的电应力要求；若测得应力值小于降额值，说明元器件符合应力要求，若应力比很小，为降低成本，可以考虑选用额定应力更低的元器件。

4.9 潜在分析

4.9.1 目的

系统发生故障，除了组成系统的元器件损坏、参数漂移、电磁干扰等原因，还可能是系统中存在的“潜在电路”发挥了作用。所谓“潜在电路”，是指在系统所处的特定条件下出现的、没有预期到（常常也是不希望有）的通路，它的出现会引起功能异常或抑制正常功能的实现。潜在分析的目的是在假定系统所有组成部分均正常工作的情况下，分析确定能引起非期望的功能或抑制所期望的功能的潜在状态。根据所分析的对象，潜在分析可分为针对电路的潜在电路分析（Sneak Circuit Analysis，SCA）、针对软件的潜在分析和针对液或气管路的潜在电路分析。本节主要介绍潜在电路分析，潜在电路分析的目的就是在假定组成系统的所有元器件均正常工作的情况下，分析并找出那些能引起系统功能异常或抑制正常功能实现的潜在电路，为改进设计提供依据。SCA 技术是目前规范系统地识别大型复杂电气/电子系统的全部潜在电路的唯一有效方法，并且随着系统的日益庞大和高度自动化，SCA 技术的发展和应用前景将非常广阔。

4.9.2 潜在电路的产生原因及主要表现形式

潜在电路不是硬件故障的结果，与部件的故障无关，它是无意中被设计到系统中的潜在状态，表现为意外路径或意外逻辑流，这种路径或逻辑流可能是由硬件、软件、操作员的动作，或者这些因素组合造成的。

潜在电路产生的根本原因是设计人员的有限能力无法充分应对现代工程系统的复杂性。由于在产品设计过程中，对潜在的激励条件或激励响应间的复杂因果关系认识不足，导致设计者容易主观上忽略这种状态。随着产品复杂性的增加，这种矛盾会呈级数增长，此外，需要注意潜在电路本身虽与元器件/零部件的故障无关，但一旦发生元器件/零部件故障，则可能激活更多的潜在电路状态。

(1) 导致潜在电路的一些常见的直接原因

1) 分系统设计人员对产品整体设计缺乏全面深入认识，对如何适当地连接分系统缺乏全面考虑。

2) 对设计评审后所做的更改将会给产品带来的影响未进行充分的审查。

3) 操作人员差错。

(2) 潜在电路的主要表现形式

1) 潜在路径引起电路、逻辑流或控制信号沿着意外的路径或意外的方向流动的路径，它导致出现非期望功能或屏蔽预期功能。

2) 潜在时序在非期望的时刻导致出现非期望功能或屏蔽预期功能。也可以说它是具有时序性的潜在电路。

3) 潜在指示引起对系统工作状态指示不明确或错误的理解。它可以导致操作员不正确的操作。

4) 潜在标志引起系统功能错误的或不准确的理解的标志。它可以导致操作员向系统施加错误的激励。

4.9.3　基本原理

潜在电路分析的两个基本原理：一是划分原理；二是结构功能相似原理。

(1) 划分原理

有理由认为系统划分是潜在电路分析最有力的手段，因为潜在电路产生的最根本原因就是产品的复杂性及其规模的庞大。划分是一种系统化方法，它将一个要进行全面认识和深入分析时显得太大的系统分割成更容易进行分析的较小部分。SCA 技术中所说的系统划分是线路拓扑结构方面的分割，而非电路功能意义上的分割。系统划分就是将此系统视为由单元和通路组成的网络进行分块，逐级划分为功能和结构相对简单的模式，直至人们易于识别的拓扑形式。划分原理的前提是不丢失可能的通路模式。

以电路系统为例，采取的做法是将电网络图中各级供电母线、各级返回母线作为划分点，将系统分成许多单独的、相互不连通的小块电路，这些小块电路之间可以通过划分点重新恢复原系统。在 SCA 技术中将这样的小块电路称为“网络树”。每棵网络树都是电气上相互连通的最小功能电路。掌握这些网络树的所有功能特性是容易且可行的。一个复杂的系统，就变为首先分析单棵网络树所具有的功能特性，然后将与之有关的其他网络树进行组合分析，进而掌握整个系统所有可能的功能行为。

(2) 结构功能相似原理

相似原理是指结构类似的产品应该表现出类似的行为（功能）。以电路系统为例，所有的电路都可归纳为由五种基本的拓扑模式组成，这五种电路拓扑模式（也称为拓扑树）如图 4 - 19 所示，它们是：直线型、电源拱型、接地拱型、组合拱型及“H”型。

由于每个基本电路拓扑模式所有可能的电路行为是易于掌握的，因此识别出一个电路中存在哪些电路拓扑模式就能使分析人员易于识别该电路的全部行为，从而识别出系统中的潜在电路。

与上述两个基本原理对应的两个分析“工具”是网络树和线索表。

网络树是系统划分的成果，它本质上是规模较小的电路图。网络树之间通过划分“台阶”，可以重新恢复被分割的系统。如果按

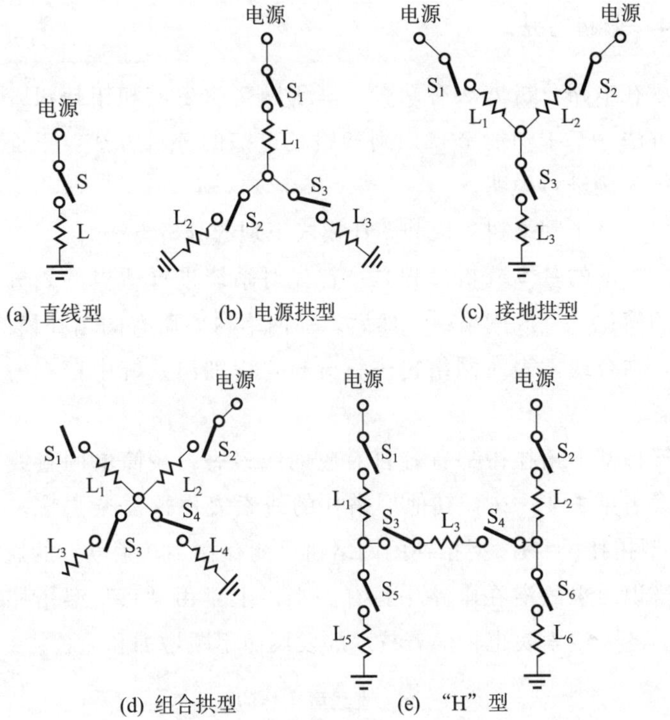

图 4－19　五种基本拓扑模式

“电源供电点画在页面的上方，供电返回画在页面的下方”这样的绘图规则将网络树绘制出来，则它就是简明表达系统功能和各部件相互连接关系的、且易于进行拓扑识别的电路图。

从网络树中识别出电路拓扑模式后，大部分的分析工作就是回答有关是否发生非期望行为或抑制期望行为的提示性问题，这些问题构成了潜在电路分析的线索表。这些线索可为分析人员提供一把理解复杂系统电路行为的“钥匙”，可扩展他们对电路行为理解的深度和全面性，提高他们对潜在问题的敏感程度。这些线索一般来自对设计准则、设计经验及潜在电路案例的提炼。

4.9.4　分析方法

潜在电路分析方法有两种：基于网络树生成和拓扑模式识别的分析方法、基于功能节点识别和路径追踪的分析方法。下面将以电路系统为例进行说明。

(1) 基于网络树生成和拓扑模式识别的分析方法

此方法的基本分析过程是：首先对系统进行适当的划分以及结构上的简化，生成网络树；然后识别网络树中所有的拓扑模式构成；最后，结合线索表对网络树进行分析，识别出系统中存在的所有潜在状态。

五种基本拓扑树都有各自对应的线索表，最简单的直线型拓扑的线索表见表 4-26。其他型拓扑的线索表比这复杂得多，特别是“H”型拓扑。“H”型拓扑的网络树可能存在 100 条以上的通路，目前所辨识出来的潜在电路中，有一半以上是由“H”型拓扑网络产生的。各个线索表也将随着技术的发展而不断增加和完善。

表 4-26　直线型拓扑的线索表

序号	线索	序号	线索
1	需要负载 L_1 时，开关 S_1 断开	6	需要负载 L_1 时，电路不同电源连接
2	不需要负载 L_1 时，开关 S_1 闭合	7	负载 L_1 没有任何作用
3	L_1 和 S_1 的标志不能正确地反映它们的功能	8	开关 S_1 无用
4	L_1 是一个不正确的指示，如 L_1 可能指示“S_1 断开”	9	负载 L_1 控制开关 S_1（L_1 是继电器绕阻，而 S_1 是继电器触点）
5	需要负载 L_1 时，电路不同地连接	10	负载 L_1 在电路中发挥了两次作用，而设计只要求它发挥一次

此分析方法是传统的分析方法，可以满足对系统进行全面、彻底分析的要求，但它对分析人员在专业知识和设计经验方面的要求较高，同时分析工作量大，因而它更适用于对可靠性与安全性要求

很高的关键系统。这里重点介绍此分析方法。

（2）基于功能节点识别和路径追踪的分析方法

潜在电路分析也可以在对复杂系统进行划分和简化的基础上，通过关键功能节点的识别和功能节点间因果路径的追踪，结合线索表进行分析。

系统中的功能节点可划分为源和目标两类。功能路径是指为完成系统的某项特定功能，系统内电流或逻辑信号在功能节点间的传输路径。对于功能路径的识别是针对特定的源和目标进行的。

此方法的基本分析过程是：首先对复杂系统进行划分和简化，然后识别出系统中的功能节点，追踪出功能路径，最后结合线索表进行路径分析。

此方法本质上也是基于拓扑模式识别，它对“基于网络树生成的拓扑模式识别分析方法”的实施过程进行了简化，即通过只分析指定源和目标之间路径，以及这些路径间的组合，来达到识别潜在路径的目的。此方法的局限性是：一方面在于单条路径很难揭示出它在系统中的实际作用，而对于规模稍大的产品，其路径组合太多，对分析人员来说，很难承受其分析的工作量；另一方面，由于此方法只关注路径，因而不具有揭示所有潜在问题的能力，不能满足对系统进行全面、彻底分析的要求。但由于以该方法为思想开发的辅助软件能通过路径追踪自动识别出产品中的 H 型拓扑结构，因而也在实际工程中也得到了一定程度的应用。

4.9.5　潜在电路分析程序

潜在电路分析的基本流程如图 4－20 所示。此分析流程对“基于网络树生成的拓扑模式识别的分析方法”和“基于功能节点识别和路径追踪的分析方法”均适用。

潜在电路分析过程由三个阶段组成：准备阶段、分析阶段和结论阶段。基于网络树生成和拓扑模式识别的分析方法与基于功能节点识别和路径追踪的分析方法仅仅在“生成网络森林或路径追踪阶段”的工作内容上有所区别，其余基本相同。

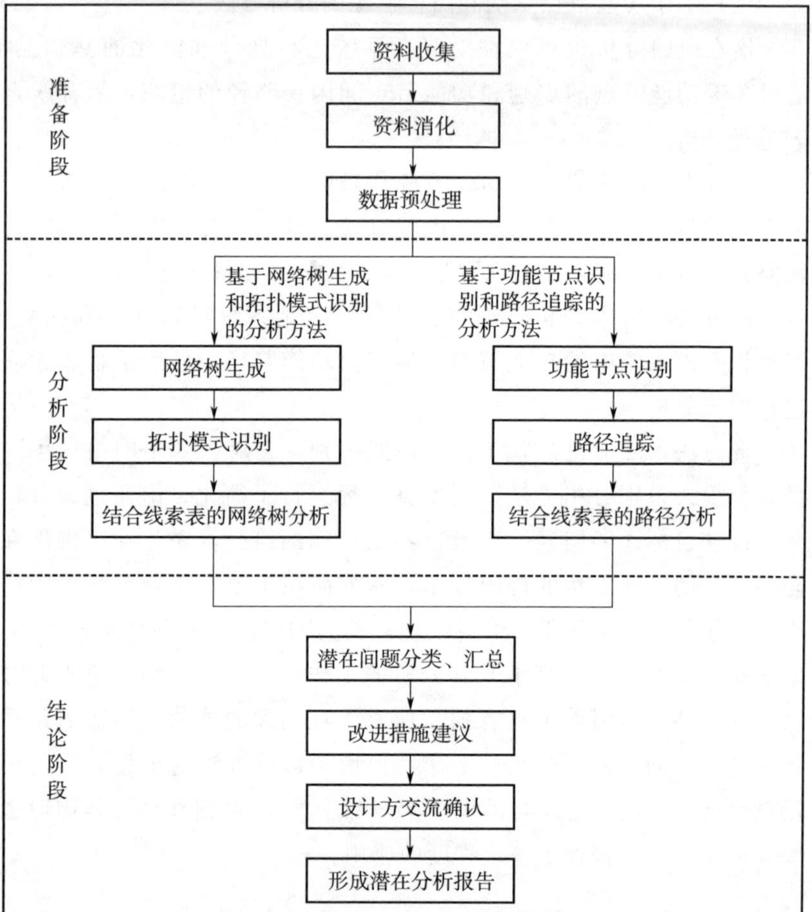

图 4-20　潜在电路分析的基本流程图

4.9.5.1　准备阶段

准备阶段需开展的工作如下：

(1) 资料收集

资料收集的原则是尽可能多地收集与待分析系统相关的资料，

这些资料应准确、全面、有效。

资料收集的一般内容包括：

1）系统的设计任务书；

2）系统的结构和功能框图（显示组成系统的单机或部件），以及技术说明文件；

3）系统电原理图（显示各单机或部件通过电缆网、电连接器、分离插头座等形成的电气连接关系）；

4）系统（含电缆网）总布置图和电缆束的结构数据（线径、长度等）；

5）各组成单机或部件的详细电原理图（显示各元器件、组件、PCB 板等的电气连接关系）；

6）系统定义中的“黑盒子”接口电路或等效电路数据；

7）各组成单机或部件的内部接线表、元器件清单及相关信息、电连接器清单及相关信息和装配图。

（2）资料消化

资料消化的原则是全面系统地整理和消化原始资料，据此掌握系统所有期望的运行模式、状态和功能，步骤如下：

1）从任务要求和系统原理框图入手，对照功能描述文件，理解并标注系统功能；

2）必要时，根据理解重画系统原理框图；

3）检查详细电路设计，识别主要的功能部件；

4）检查多张图纸通过连接器的电气连接；

5）确定电源点、接地点以及重要的功能信号点；

6）追踪并标注主要的功能信号从输入到输出的传播路径；

7）根据功能信号的传播路径，重画系统功能信号流图；

8）标注可能的从输出到输入的反馈信号传播路径；

9）标注电源供电和接地的网络；

10）检查可能的绘图错误。

(3) 数据预处理

数据预处理的工作一般包括：为保证系统完整性而进行的系统补充定义、虚拟器件定义、连通性数据修补、系统划分、系统简化、元器件模型表建立、确定分布参数等。

其中，系统划分是指将复杂电路沿一定的界面，分割为简单的、易于分析的较小部分的过程，其原则是划分后的各部分电路之间不存在复杂的电气联系。根据这一原则，适宜作为划分的边界点为：电源供电点、各级别的供电母线（正母线）、各级别的供电返回母线（负母线）、电源返回点、集中接地点、指令信号总线、特殊功能节点、分系统边界等。

应确认电路沿边界点划分后不会导致忽略某些潜在状态。如果经划分后系统仍过于复杂，应进一步增加划分的边界点。

4.9.5.2 分析阶段

4.9.5.2.1 基于网络树生成和拓扑模式识别的分析程序

(1) 网络树生成

网络树生成一般需借助计算机辅助分析软件工具进行。在电路规模较小时，也可以由人工生成网络树。其生成程序是：

1）从一个功能信号基准点出发，按连通图进行路径追踪，直到遇到划分的系统边界点为止，追踪的过程中假定所有遇到的开关性器件，如开关、继电器触点、分离插头等的状态为“闭合”；

2）对完成的追踪路径进行绘图、布图调整和标注，完成一个拓扑网络树图的生成；

3）重复上述过程，直至完成从所有功能信号点出发的追踪，完成全部拓扑网络树的生成；

4）网络树的编号、分类和组织。

(2) 拓扑模式识别程序

拓扑模式识别程序如下：

1）从第一棵网络树开始分析；

2）对每棵树，从系统的第一种运行模式开始分析；

3）对每种运行模式（含不可忽视的过渡状态），首先由非断分支组成状态网络树，接着识别出网络树中所有可能的基本拓扑模式。

（3）结合线索表的网络树分析

分析程序如下：

1）对每棵树、每种运行模式中的各基本拓扑模式，结合开关状态表，回答线索表中的每个问题，借以发现潜在状态；

2）重复上一步骤，直至完成所有的运行模式和网络树。

4.9.5.2.2　基于功能节点识别和路径追踪的分析程序

（1）功能节点识别

识别程序如下：

1）识别系统的运行模式和开关性器件的状态表；

2）根据对系统的功能分析，完成目标的识别；

3）根据对系统的功能分析，完成源的识别。

（2）路径追踪

假定系统中所有开关性器件处于闭合位置，通过路径追踪，识别出在源和目标之间的所有路径。

（3）结合线索表的路径分析

分析程序如下：

1）对每条路径，结合系统运行模式和开关性器件的状态表，识别路径的激发条件；

2）必要时，追踪激发路径；

3）对每个激发条件进行分析，根据潜在分析线索表，识别出潜在状态；

4）继续进行下一条路径的分析，直至完成对所有路径的分析。

4.9.5.3　结论阶段

结论阶段的程序如下：

1）记录分析结论，按潜在路径、潜在时序、潜在指示、潜在标志对问题进行分类汇总；

2）记录分析过程中发现的可能的设计缺陷及资料错误；

3）整理得到的结论，对发现的潜在问题进行分析，提出改正建议；

4）将发现的问题提交设计方进行交流和确认；

5）形成潜在分析报告。潜在分析报告的内容一般包括分析过程、分析结论、改正建议及与设计方交流和确认情况等。潜在分析报告的主要内容，也可用潜在分析报告简表的格式提供。

4.9.6 潜在电路分析的注意事项

1）大多数潜在电路并非在系统每次运行时都出现，而是在某种特定的条件下才会起作用。因此，通常难以通过试验的方式来发现潜在电路。

2）潜在电路分析可以应用于一个完整的系统，也可以应用于重点选择的分系统、关键功能或关键设备。任务关键系统、安全关键系统应作为潜在电路分析的重点。

3）进行潜在电路分析时，必须保证用于分析的电路（管路等）能代表系统的实际情况。在识别系统的潜在电路时，使用实际的生产图和安装图要比使用系统级或功能级的图纸更有效。因此，潜在电路分析往往是在设计后期（如详细设计阶段）图纸文件完全确定、即将投产前进行的。

4）对于元器件总数不超过 50 个的潜在电路分析，可以用人工方法进行；对于复杂系统，潜在电路分析的工作量很大，难以手工完成，多采用计算机辅助实现。

5）潜在电路分析只注重元器件之间的相互连接和相互影响，而不关心元器件本身的可靠性。潜在电路分析要考虑人为差错，但一般不考虑硬件故障、制造因素、环境因素的影响。

6）在实际操作过程中，应注意潜在电路分析与传统可靠性安全性分析技术的综合。传统的可靠性安全性分析技术大多以元器件、部件或模块的失效为前提，而潜在电路分析原则上与上述失效无关（对于安全性要求非常高的系统，也可进行元器件/部件一次失效、甚至多次失效下的潜在电路分析），因此潜在分析可弥补其他分析技术的不足。潜在电路分析与其他分析技术的综合应用，可提供关于系统功能异常的更全面的信息和取得更好的分析效果。

7）潜在电路分析工作应在系统设计基本完成、能完整提供设计资料的情况下进行，最理想的阶段为试样或正样阶段之后、定型之前。在这个阶段，设计资料也比较完整，要求的资料均可以提供，另外发现问题后，修改设计所花费的代价相对较小。

8）承担潜在电路分析任务的人员应由三方面的人员组成，即系统设计人员、待分析系统领域专家和潜在电路分析专家。其中系统设计人员主要负责提供设计数据及相关内容的咨询，分析任务则主要由后两类专家独立完成。设计人员和分析人员之间应就分析数据和结论进行及时沟通和交流，以保证分析结论的正确、有效。

4.10　确定可靠性关键产品

4.10.1　目的

可靠性关键产品指的是其故障会严重地影响装备安全、战备完好、任务成功、维修及寿命周期费用等的产品。按国家军用标准 GJB 190《特性分类》规定：关键件是具有关键特性的产品。关键特性是指，如有故障，可能危及人身安全、导致武器系统或完成所要求使命的主要功能系统失效的特性。重要件是具有重要特性的产品。重要特性是指，该特性虽不是关键特性，但如有故障，可能导致最终产品不能完成所要求使命的特性。（最终产品是指已装配完毕或已加工完毕即将提交订购方验收的产品）。GJB 190 关键件、重要件的划分标准，主要是从系统安全、功能、任务角度提出的。而装备的可靠性，正如《装备可靠性工作通用要求》中多处所阐明的，是直接与系统的战备完好性、任务成功性、维修人力费用和保障资源等要求相联系的，因此，可靠性关键产品的范围与 GJB 190 的规定范围不完全相同。

确定可靠性关键产品的目的是确定和控制其故障对装备安全性、战备完好性、任务成功性和保障要求有重大影响的产品，以及复杂性高、新技术含量高或费用昂贵的产品。有利于设计部门提高产品设计的可靠性；便于生产部门了解设计意图；有利于在实施质量与可靠性控制中分清主次，控制重点，保证产品质量的稳定性和可追溯性；便于合理安排检验和可靠性试验工作，以及订购方对产品质量与可靠性实施监控。

4.10.2 可靠性关键产品的判别准则

订购方应根据实际情况提出或制定可靠性关键产品的判别准则，一般可考虑下述准则：

1）其故障会严重影响装备安全、不能完成规定任务及维修费用高的产品；

2）从寿命周期费用来说是昂贵的产品；

3）具有严格性能要求的新技术含量较高的产品；

4）会引起装备故障的产品；

5）要求采取专门装卸、运输、贮存或测试等预防措施的产品；

6）难以采购或由于技术新难以制造的产品；

7）历来使用中可靠性差，因而严重影响装备可用性，增加维修费用和备件需求的产品等。

4.10.3 确定可靠性关键产品的方法及时机

1）设计人员在设计产品时，通过 FME（C）A 发现具有严酷度为Ⅰ、Ⅱ类故障模式的产品或危害度很高的产品；

2）设计人员通过 FTA，找出造成顶事件发生的最小割集中故障概率高或重复出现的底事件所对应的产品；

3）设计人员通过其他设计分析方法（如：潜在分析、电路容差分析、热设计、有限元分析、耐久性分析等）发现其故障会造成装备故障的产品；

4）设计人员通过费用分析、工艺分析及历史资料分析发现的价格昂贵、难以加工或故障较多的产品等。

4.10.4　可靠性关键产品的控制措施

1）设计部门应编制可靠性关键产品（以下简称关键产品）清单，经技术（含工艺等）部门、质量与可靠性部门会鉴，总设计师批准后生效；

2）应在关键产品的图样、程序、制造、试验等文件上做出标记，以便识别并保证文件的可追溯性；

3）对关键产品进行详细的可靠性设计、分析工作；

4）对关键产品安排可靠性研制（或增长）试验、可靠性鉴定试验，以保证达到其规定的可靠性要求；

5）关键产品的外购器材应定点供应，并与供货方签订质量保证合同协议。在器材入厂时必须由检验部门按设计文件和有关标准的规定进行复验，不合格品不能投产。其运输、存放地点及环境条件应满足规定的技术要求。如遇器材来源变更，应经产品制造单位质量部门负责人批准，并征得设计部门和可靠性部门同意；

6）关键产品工艺规程的封面或首页流程卡和检验合格证上必须明显醒目地标记“可靠性关键产品”。在编制工艺规程时，工艺人员应做过程 FMEA，对关键工序的工艺参数必须严格审查，编制具体的作业指导书，以保证生产顺利进行。要确保工艺参数完整、正确并与设计图样和有关技术文件协调一致；

7）严格批次管理，确保关键产品的可追溯性（从原材料开始到成品）。关键产品除有正常的图号外，还应有批次号和顺序号。做到同一批次图号相同的关键产品顺序号不允许重复；

8）所有关键产品的质量可靠性记录必须具有可追溯性，操作者和检验、试验人员应认真填写并签章，不得缺页。其记录应及时归档；

9）设计部门编制的产品使用维护说明书中，应指明需要使用部门重点维护的关键产品及其使用、维护的注意事项；

10）与关键产品有关的职能机构（如器材审理小组、故障审查组织、技术状态管理部门、试验评审小组等）应有可靠性职能代表参加；

11）应监控关键产品的设计、制造、试验、装配、维修和使用的全过程。

4.10.5　应注意的问题

1）型号设计部门应根据订购方的要求及早制定详细的关键产品的判断准则并选用各种设计分析方法确定关键产品，制定关键产品清单，为研制、生产、使用全过程监控提供依据；

2）应制定关键产品的监控措施，在产品设计、生产、装配、试验、使用及维修过程中进行连续监控，并记录在案，以便追踪；

3）必须对关键产品制定和实施可靠性研制或增长试验计划并进行可靠性鉴定试验，以确保在交付时达到规定的可靠性要求；

4）关键产品的确定和控制是一动态过程，应根据研制进展具体情况，通过定期评审来评定关键产品控制和试验的有效性，并对关键产品清单和控制方法进行增减。

4.11　确定功能测试、包装、贮存、装卸、运输和维修对产品可靠性的影响

4.11.1　目的

确定功能测试、包装、贮存、装卸、运输、维修等对可靠性的影响。并且：

1）确定随贮存期、环境条件变化而受影响的产品及其主要特性。

2）确定定期现场检查或贮存可靠性评价程序。该程序应提出用

于试验的产品数量及试验中性能参数的可接收水平。

3）确定具体的修复方法和步骤。

通过上述工作，可以预计产品的失效率，给权衡设计提供信息，以确定最佳的测试次数，提出对包装、贮存、装卸的合理要求，并制订维修计划。

4.11.2　功能测试、包装、贮存、装卸、运输、维修等对产品可靠性的影响

对可靠性影响的示例如下：

1）包装方式及包装材料不符合规定要求，如本来应当用密封真空包装的产品却用了一般油封纸盒包装，则会大大降低产品贮存可靠性；有些不恰当的包装材料（如塑料袋、聚苯乙稀等），在长期存放状态下，本身就可能与被包装的产品发生化学反应并引起分解和劣化。

2）产品的包装与运输方式不匹配。如果用汽车在不平的公路上运输某些精密设备，而其包装却没有减震装置，这必然会导致设备的故障率大大提高。

3）设备受到了野蛮装卸或不适当的装载，同样也会降低其可靠性。

4）产品经过长期贮存，电子电气元件的管脚上会产生氧化膜或沾上杂质。机械零部件会产生腐蚀或生锈，轴承等用的润滑剂会氧化变质，塑料、橡胶件、玻璃钢等材料会老化、变脆。这些由于内部特性的变化（如老化、腐蚀、生锈等）和外部因素（如温度、湿度、太阳辐射、生物侵袭及电磁场等）的作用，都可能导致产品贮存可靠性的降低。

5）定期进行检查、功能测试和维护保养则可能监督控制产品可靠性变化，及时采取措施可以保持产品的固有可靠性，但过多地进行功能测试，可能会影响产品的可靠性和工作寿命。

4.11.3 确定随贮存期、环境条件变化对产品可靠性影响的实例

贮存中最重要的环境影响因素（或应力）是机械、化学和高、低温。机械应力是由于热-机械相互作用和加工中残余应力引起的。化学应力是由污染和环境中某些气体、液体引起的。这些气体、液体是通过密封件或保护层（密封件、保护层安排不当或失效）进入的。因此在确定贮存期、环境条件变化对产品可靠性影响时，必须考虑上述因素。

4.11.4 确定定期现场检查程序的实例

1）在现场定期检查或试验对于控制贮存可靠性是很关键的。检查的目的是评价在贮存期内元器件/设备的可靠性、完好及其变质情况。定期检查必须安排得合理，并保持效费比最高。定期检查可以是：

a）目视：先检查包装外观情况，再检查包装内部情况，最后检查产品本身；

b）功能测试：可以测试元器件、设备或整个系统。这种测试主要用于证明产品可以正常使用。基本上是采取通过或不通过的方法。

2）定期检查周期可按以下准则决定：

a）器材变质情况；

b）器材使用风险性；

c）产品成本；

d）防护、包装、密封情况；

e）贮存环境；

f）可达性；

g）产品复杂性。

3）测试的产品数量及试验中性能参数的可接受水平可参照国军标 GJB 179—86《计数抽样检查程序及表》。

4）定期检查得到的数据必须进行综合分析，并反馈给管理及工

程部门，以便：

a）确定运输、贮存的可靠性退化控制大纲在满足可靠性和战备完好率要求的有效性；

b）消除引起缺陷的原因；

c）当需要时，修改产品检查周期和包装、贮存、运输的要求。

应当指出，传统的常规设计工作中，往往有忽视包装、贮存、装卸、运输以及非工作状态下各类功能测试对产品可靠性影响的倾向。本工作项目的贯彻与执行，将有利于克服已有设计工作中的这一弱点。对长期处于贮存状态的导弹、弹药等产品，认真做好贮存设计（选择合适的材料和零部件、采用防腐措施等）、控制贮存环境、改善封存条件等减少贮存环境下的故障，以确保产品处于良好的待用状态，具有重要的军事意义。

4.12　振动仿真分析

4.12.1　目的

武器装备在寿命周期内经历复杂的环境载荷作用，导致其发生结构破坏或功能故障。据国内外有关资料报告，产品在使用过程中发生的故障有 52%是由环境因素引起的，其中又以振动、温度引起的故障为最多（近 70%）。振动故障大体上分为两种情况：一种是在某个频率点上因产生共振，而使装备的振幅越来越大，最后超过设备的极限值而破坏；另一种是振动、冲击虽然未超出装备所能承受的极限值，但由于长期作用而使装备因疲劳而破坏。为了保证产品性能和可靠性，使其适应各种振动、冲击环境，必须对装备进行优化设计，提高装备的抗振动能力。目前，对于装备的动力学分析的主要手段为试验和数值仿真。试验是准确可靠的手段，但是试验常常受成本、试验条件等因素的制约，在产品研制过程中往往作为验证和检验的手段。随着计算机技术的发展，基于有限元方法的 CAE 仿真分析在装备结构设计及动力学分析过程中得到越来越广泛的应用。采用有限元仿真分析方法分析振动对产品的影响，尽早发现结构和材料的抗振设计薄弱环节，并采取相应的设计改进措施，从而提高产品的环境适应性和可靠性水平。

4.12.2　振动仿真分析的流程

装备振动仿真分析的流程主要包括 FEA 建模、模态分析、计算模型修正与验证和随机振动分析四部分，如图 4－21 所示。

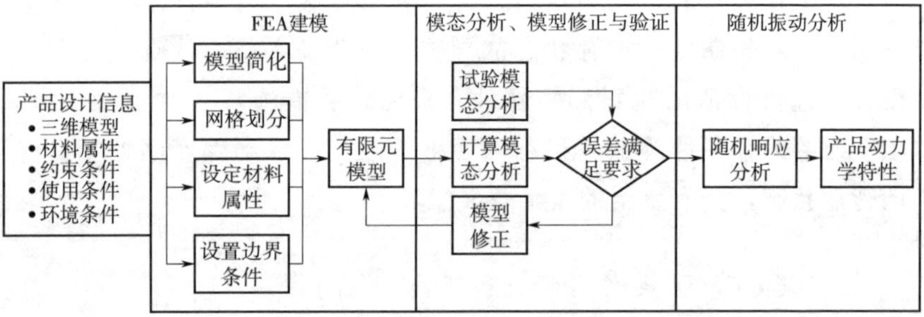

图 4－21　振动仿真分析流程

4.12.2.1　FEA 建模

（1）产品设计信息收集

收集产品的设计信息，包括产品的三维模型、物料清单、材料属性、约束条件、使用条件和环境条件等信息，采用有限元方法建立描述产品动力学特性的数值模型，即 FEA 模型。产品的原始三维模型含有较多的结构特征，对于一些不必要的特征可以进行简化，从而提高网格划分的质量和仿真分析的效率。具体简化原则如下：

1）去掉尺寸较小的孔；

2）去掉尺寸较小的凸台；

3）去掉尺寸较小的圆角；

4）去掉不必要的倒角；

5）适当省略小体积或小质量部件，尽量使总质量不变，外形尺寸不变，约束配合的面积与关系不变。

6）部件采用等重和等体积的质量块来建模，这种简化方式的准确性是能够基本满足工程要求的。

（2）材料属性设定

根据设计人员提供的部件材料信息，对所有的零部件进行材料设定，包括杨氏模量、泊松比、密度等参数。

（3）网格划分

网格划分是有限元仿真的重要环节之一，它影响着仿真计算的精度和计算效率。根据产品的结构特点，网格划分可采用扫掠、单元大小控制及多区域划分法，分别对不同部件进行网格划分。网格划分之后应对网格划分质量进行检查，即检查网格形状在有限元分析中的合理性，主要进行检查的内容有：细长比检查、内角检查等。

（4）设定边界条件

边界条件的设置包括两方面，一方面根据产品在安装平台上的安装方式，设置整个产品的边界条件，如采用 Fixed Support 模拟产品的固支安装。另一方面，要根据产品内部各组成的连接方式，设置部件之间的接触方式，如绑定约束、有摩擦约束、无摩擦约束等。

4.12.2.2　计算模态分析

根据建立的 FEA 模型，进行计算模态分析，获取结构在无阻尼、自由振动条件下的固有频率和固有振型。固有频率和固有振型是由结构的几何形状、材料特性以及约束形式所决定的，与外载条件无关。模态分析的最终目标是识别出系统的模态参数，为振动特性分析及结构动力学特性的优化设计提供依据。计算模态分析的主要步骤如下：

1）设置模态分析方法；

2）设置模态分析频率范围或模态阶数；

3）提取模态振型和频率。

4.12.2.3　模型修正与验证

在有限元建模过程中，由于模型简化、材料属性的不确定性、边界条件模拟的不确定性，导致初始建立的有限元模型仿真误差较大，需要通过实物试验结果对初始模型进行修正和验证。工程中模态试验（模态频率和模态振型）常被用来检验有限元模型的准确性。当模态试验结果和有限元仿真结果的相关性较好时，可认为该有限元模型是可接受的。否则需要修正有限元模型或改善试验数据。模型修正及验证的流程图如图 4-22 所示，首先进行模态试验，得到试验频率和振型；然后进行解析有限元分析，得到解析频率和振型，利用敏感性分析确定修正参数并构造敏感性矩阵，利用解析频率、试验频率以及敏感性矩阵可构造目标函数；接着对敏感性矩阵进行条件数分析，若为病态矩阵，则问题转换为有约束的最优化问题，若非病态矩阵，则问题为无约束的最优化问题；最后求解最优化问题得到参数修正值的估计，检验结果是否收敛，若收敛则结束，若不收敛则再次构造敏感性矩阵，并进行迭代计算，最终达到收敛为止。模型修正的方法包括修正材料属性参数，如杨氏模量、密度等；对局部的部件进行调整，如补充初期简化的元器件、部组件模型；对网格划分数量与质量进行控制调整，直至计算与试验相对误差满足要求。

4.12.2.4 随机振动分析

随机振动分析又称 PSD（Power Spectral Density，功率谱密度）分析，是一种基于概率统计学的谱分析技术，用于确定结构对 PSD 谱随机载荷的动力学响应。随机振动是一种定性分析技术，分析的输入输出数据都只代表它们在一特定值时发生的可能性。随机振动分析是基于模态分析开展的，输出的主要结果包括加速度云图、应力云图、应变云图、位移云图等。随机振动仿真的主要步骤包括：

1）设置边界条件；

2）定义输入 PSD 谱；

3）设置结构阻尼系数；

4）设置分析结果类型；

5）进行求解，提取分析结果。

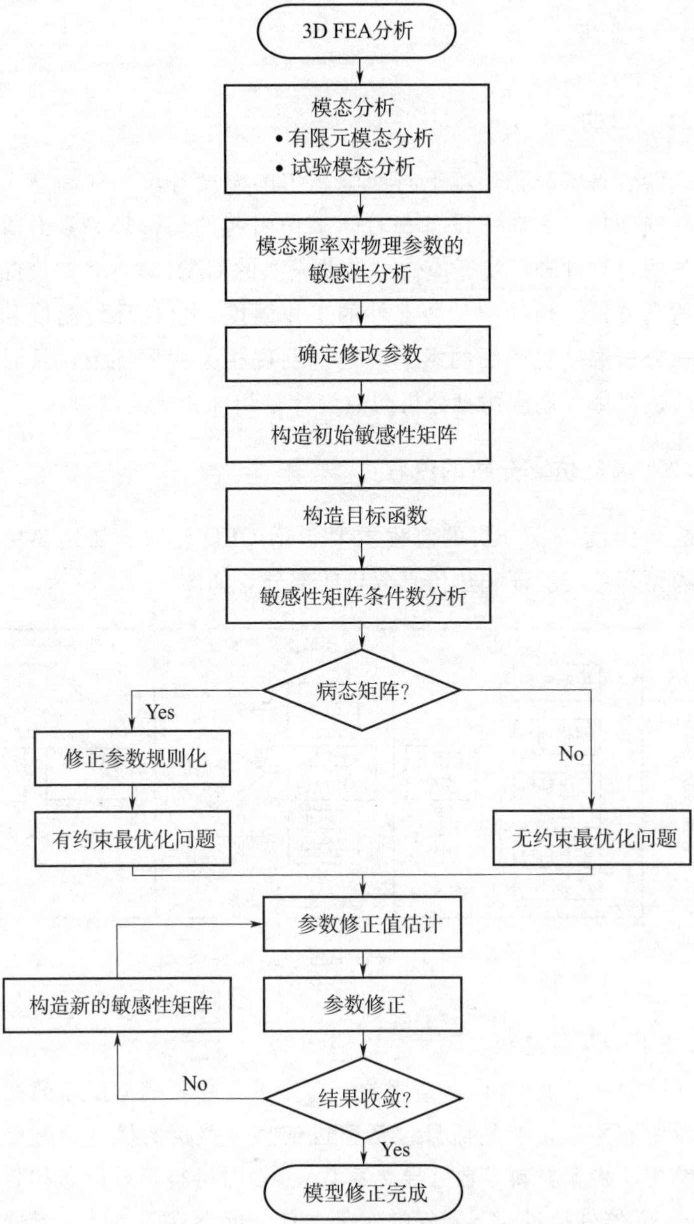

图 4－22　模型修正技术路线图

4.13 温度仿真分析

4.13.1 目的

武器装备实战化环境下将面临恶劣的温度环境，如高速飞行过程中的气动热，大功率设备长时间工作引起的局部环境温升等，影响装备的可靠性和环境适应性。借助成熟的CAE软件，对产品开展温度仿真分析，预计产品各部件的工作温度，包括环境温度和局部温度，分析温度对产品的影响，尽早发现相关薄弱环节，及时采取设计改进措施。温度仿真分析与热设计是相辅相成的过程。

4.13.2 温度仿真分析的流程

装备温度仿真分析的流程主要包括CFD建模、初始热仿真分析、模型修正与验证和热仿真分析四部分，如图4-23所示。

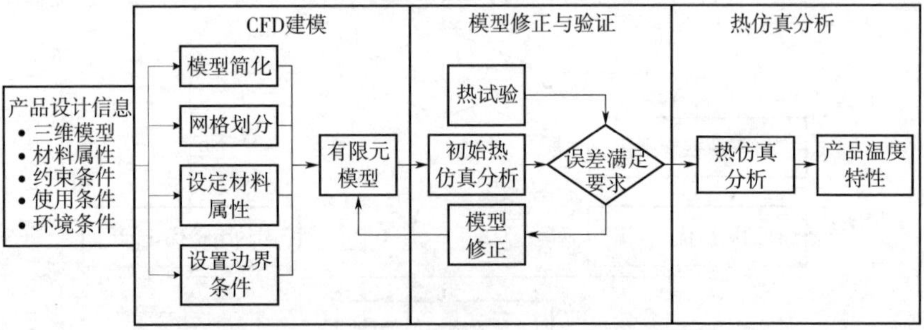

图4-23 装备温度仿真流程图

4.13.2.1 CFD建模

在建立产品的CFD模型之前，需先进行建立模型所需的产品信息的收集和整理，产品信息包括整机信息［整机的尺寸、整机的功耗、结构、机箱材料参数（导热系数）、表面材料辐射信息和装配信息等］、元器件信息［元器件的实际功耗、元器件的尺寸、元器件在PCB板上的位置信息、元器件的工艺信息（如封装形式、封装材料及导热系数、引脚材料等）］和边界条件（环境剖面、设定重力方向、热交换方式、冷却条件等）等。CFD 模型建立技术流程如图 4-24 所示。

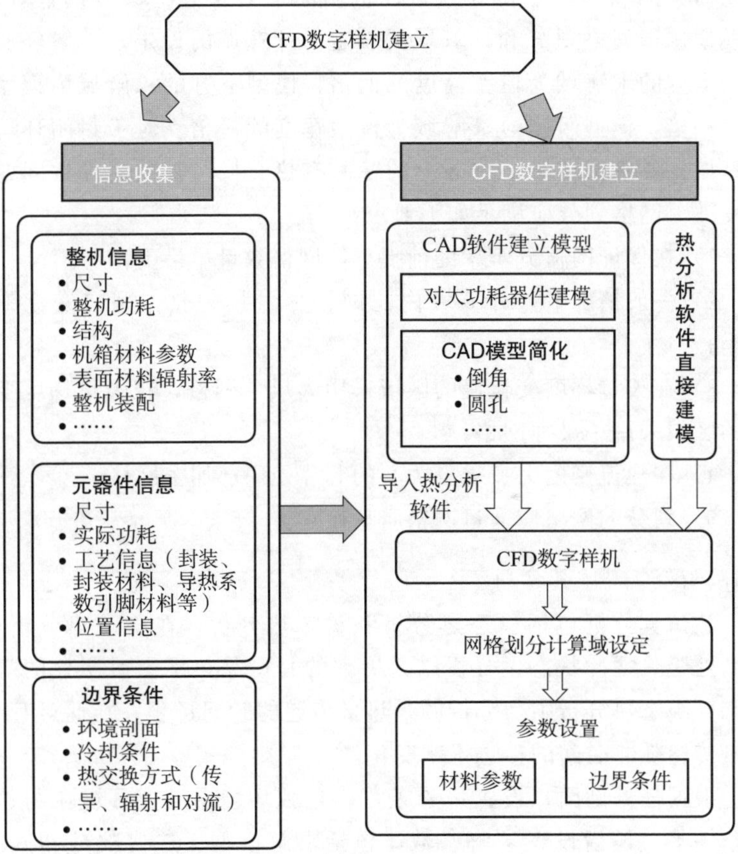

图 4-24　CFD 模型建立技术流程

根据收集的产品信息，建立 CFD 模型。建立 CFD 模型的方式有两种。第一种方式是利用 CAD 建模软件构建产品的 CAD 模型，再将 CAD 模型导入热分析软件形成 CFD 模型。根据搜集的信息，确定需要建模的元器件，一般对实际功耗超过 0.05 W 的器件建模，低于 0.05 W 的器件不用建模，而是将功耗平均到 PCB 板中。另一种方式是利用热分析软件自身的建模模块进行建模，然后根据产品的装配信息对产品进行装配，最后得到CFD模型。

CFD模型构建完成后，根据收集的信息进行模型参数设置，包括元器件的功耗、热传导系数、机箱的辐射率等。参数设置好后，对模型进行网格划分和计算域的设定。计算域的设定，一般经验为模型上方的求解域为模型高度的两倍，模型下方的求解域为模型高度的一倍，模型两侧的求解域为模型宽度的一倍。对于封闭环境的计算域，要确保在机柜边界上的壁面有热交换，否则会导致问题求解发散。网格划分应满足如下要求：

1）在保证网格分辨率的前提下，网格数量尽量少；

2）一般情况下，计算域内的网格尽量均匀化，网格变化率尽量小；

3）在矢量梯度变化慢的区域采用大尺寸网格，在矢量梯度变化快的区域采用小尺寸网格；

4）在热流密度大、重点关心的芯片处局部加密网格；

5）划分的网格应通过网格质量检查。

4.13.2.2　热仿真分析

热仿真分析包括稳态热分析和瞬态热分析，在稳态热分析中，产品处于热平衡状态，分析结果展现的是产品热平衡后所处的静态状态。瞬态热分析中，分析的是热量传递的时间过程，在此过程中，热量传递随着时间的推进不断变化。

根据任务剖面，设置边界条件，包括环境温度、环境压力、通风条件等。最后设置求解参数，包括求解模型、迭代次数和残差，进而进行求解。求解达到收敛后可以查看各种温度应力的求解结果，包括机箱表面最高、最低和平均温度、各个模块的温度分布云图以及各个PCB板上的高温器件表面温度和较PCB板平均温度的温升等结果。

4.13.2.3　模型修正与验证

由于建立的CFD模型存在误差，需要根据物理样机的试验结果来进行模型校正，校正流程如图 4 - 25 所示。在物理样机热试验中对各模块重点部位布置温度传感器，进行实际温度场测试。将仿真的结果与试验结果进行比较。根据工程经验，一般从以下几个方面考虑：

1）各模块的温度分布云图对比；

2）各 PCB 上大功耗、温度敏感和可靠性要求高的元器件的表面温度对比；

3）边界温度的对比，例如机箱的最高温度、最低温度和平均温度，平均温度较环境温度的温升等。

通过比较温度仿真结果与实际测试结果，对产品 CFD 模型的边

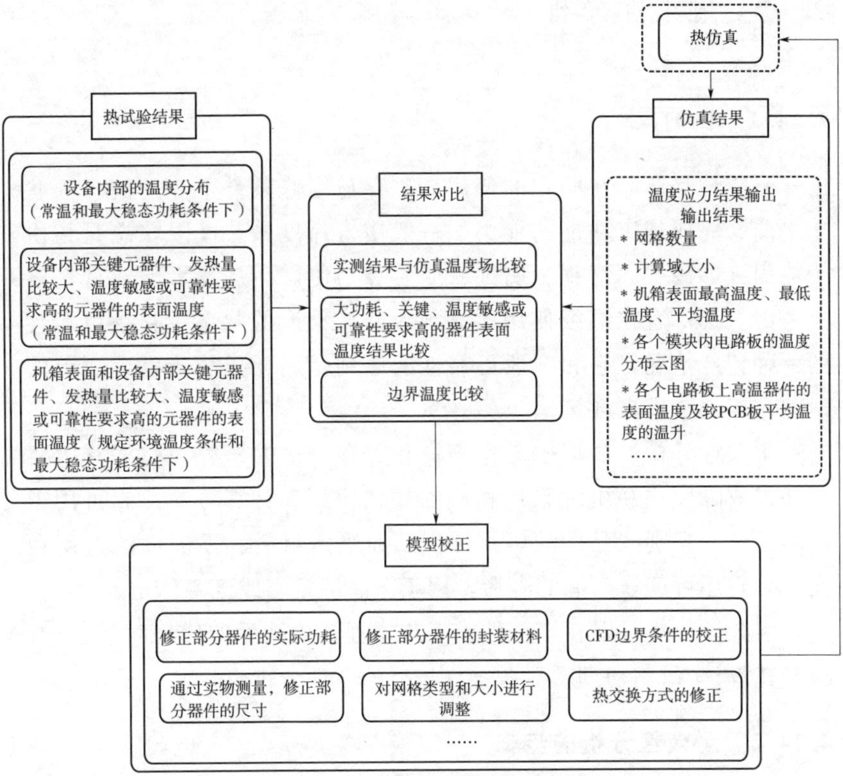

图 4 - 25　CFD 模型校正流程

界条件、器件参数等部分进行修正，具体修正条件、参数包括：

1）通过与设计师交流，修正部分器件实际使用功耗；

2）通过实物测量，修正部分器件尺寸；

3）通过实物观察，修正部分器件封装材料；

4）修改整机的辐射率；

5）对网格类型与大小作进一步调整。

对修改后的 CFD 模型重新进行计算，当仿真结果与热试验结果之间的差异满足一定的要求后，则可以认为该 CFD 模型是准确的，其仿真的结果也是可靠性的。

4.14　耐久性分析

4.14.1　目的

耐久性是产品在固定的使用、贮存与维修条件下，达到极限状态之前，完成规定功能的能力，一般用寿命度量。极限状态是指由于耗损（如疲劳、磨损、腐蚀、变质等）使产品从技术上或从经济上考虑，都不宜在继续使用而必须大修或报废的状态。它是可靠性的一种特殊情况，它和一般可靠性的区别是用耗损故障发生之前的时间（即寿命）来度量。

耐久性分析可适用于工作寿命和贮存寿命的研究，根据其主要的耗损故障模式和机理采用相应的评估模型和计算方法。它可用于产品设计，识别产品的故障规律，从而决定材料、零部件的选用和设计。它还可度量产品的寿命，用于产品的定寿或延寿评定。

耐久性分析可以在零部件或工艺规程被确认后的任何时间进行，最好在设计/研制初期就对关键件进行耐久性分析。

4.14.2　耐久性分析的步骤

进行耐久性分析的基本步骤和主要工作内容见表 4－27。

表 4-27　耐久性分析的主要步骤

步骤	工作内容
1)规定工作寿命与非工作寿命要求	确定工作与非工作器件所期望或所需产品的寿命时间或循环数
2)定义寿命环境条件	确定产品寿命器件所承受的温度、湿度、振动以及其他载荷参数,以便量化环境载荷及变化幅度
3)确定材料特性	包括依据公开出版的手册确定材料特性,如考虑采用特殊材料,则需进行专门的实验
4)确定潜在的故障部位	潜在的故障部位通常假定为应用新材料、新产品或新技术的结构或设计,考虑的因素包括严重变形部位、高温循环部位、高热膨胀材料、腐蚀敏感零件和试验暴露的故障等
5)确定在预期的寿命时间或循环周期内是否发生故障	采用实验应力分析或有限元分析进行详细的应力分析,这两种方法均可得出每个可能故障部位的机械应力值
6)计算零部件寿命	利用材料手册提供的疲劳循环曲线或腐蚀、磨损模型估算可达到的循环数,即疲劳寿命或耗损寿命

4.14.3　常用的耐久性分析模型和方法

4.14.3.1　威布尔分析法

实践证明，以疲劳、磨损、腐蚀失效模式为主的零部件寿命一般服从三参数威布尔分布，其密度函数为

$$f(t)=\frac{m}{\eta}\left[\frac{t-t_0}{\eta}\right]^{m-1}\exp\left[-\left(\frac{t-t_0}{\eta}\right)^m\right] \tag{4-63}$$

式中　m ——形状参数；

t_0 ——位置参数；

η ——尺度参数（也称特征寿命）。

用威布尔分析估计零部件的耐久性，关键是要确定零部件寿命分布的三个参数。对于这三个参数，可以通过大量的试验数据或观测数据来确定和估计，也可根据有关的零部件失效数据库的信息，估计其范围。

已知寿命分布的参数后，就得到相应的威布尔分布的表达式，然后可由以下公式计算零部件在规定寿命 t 时的耐久度 $\gamma(t)$。

$$\gamma(t)=\exp\left[-\left(\frac{t-t_0}{\eta}\right)^m\right] \tag{4-64}$$

或根据公式 $t=t_0+\eta(-\ln\gamma)^{\frac{1}{m}}$ 计算规定耐久度（百分比）为 γ 下的寿命 T_γ。

4.14.3.2 威布尔概率纸图估法

威布尔概率纸是根据威布尔分布原理制作的对数坐标图，其横坐标为产品的使用时间 t_i（也可是行驶里程和循环次数），纵坐标为累计故障概率 $F(t_i)$。通过试验或现场使用观测得到产品的故障数据后，将它们按故障时间顺序整理，对应每一使用（故障前工作时间）时间 t_i 求出其相应的累计故障概率 $F(t_i)$，然后在概率纸上描点，如果通过描点的拟合线是直线，说明其故障寿命符合威布尔分布，就可利用该图求得该寿命特性的各个参数、γ 百分比寿命（可靠寿命）、对应使用寿命下的可靠度等。

对于耗损性故障的寿命估计采用威布尔分析是既简单又实用的方法。不论是工作寿命还是非工作寿命，只要其耗损故障寿命服从威布尔分布，都可采用此方法，尤其是图估法，除了能确定寿命特性和寿命时间外，还可分析产品的故障机制和变化趋势，在国外应用非常普遍。概率纸可在文具店购买，也可依据原理自制。

4.14.3.3 经验模型法

零部件的耗损规律与零部件的类型、载荷性质和大小、环境条件、使用工况、失效模式等诸多因素有关，在积累了大量的经验和数据后，可以建立起它们的耗损规律经验模型。例如对于一些通用零部件已有一些推荐的寿命估算公式或模型。设计人员可以根据实际的工作条件和极限状态判断准则计算其零部件的寿命或对应的可靠度（或耐久度）。

(1) 轴承寿命的经验公式

轴承厂商经常使用一个根据载荷和转速来预计轴承 L_{10} 寿命（即对应可靠度为 90％的寿命）的公式：

$$L_{10}=\left(\frac{C}{P}\right)^{K}\times 10^{6} \tag{4-65}$$

式中　C ——基本载荷；

P ——当量载荷；

$K=3$（对滚珠轴承）。

(2) 花键联接的磨损寿命的估计模型

根据经验，某工作时间所对应的磨损量分布或某一磨损量下的时间分布均近似为正态，磨损量均值 W 及磨损量均方差 σ_W 与时间成正比，其耐久度为：

$$\gamma(t)=P(W<W_{\lim})=\phi\left[\frac{W_{\lim}-\bar{b}t}{\sigma_b t}\right] \tag{4-66}$$

式中　$W_{\lim}$ ——根据产品性能要求给定的极限磨损量；

$\bar{b}$ ——磨损速率均值；

$W=\bar{b}t$ ——工作时间为 t 时的平均磨损量；

σ_b ——磨损率的均方差。

根据相似产品的经验，花键磨损率均值及均方差的计算可由下式得出：

$$\bar{b}=k_1\frac{\Delta\varphi d_m}{60}\mu p\sqrt{1+\left(\frac{l}{d_m}\right)^2} \tag{4-67}$$

$$\sigma_b=k_2\frac{\Delta\varphi d_m}{60}\mu p\sqrt{1+\left(\frac{l}{d_m}\right)^2} \tag{4-68}$$

式中　$\Delta\varphi$ ——花键联接两件的歪斜角度（弧度）；

d_m ——花键的平均直径（cm）；

μ ——花键联接处的摩擦系数；

p ——结合处的单位压力（kN/cm^2）；

l ——花键联接长度（cm）；

k_1，k_2——系数。

如给出极限磨损量 $W_{\lim}$ 及对应的工作时间分布，或给出某一工作时刻寿命 t 所对应的磨损量分布，就可求出寿命 t 时的耐久度，或某一耐久度所对应的 γ 寿命值。

4.14.3.4　累积损伤法则

机械零件发生的损坏，有一半以上是属于疲劳破坏。对于疲劳破坏的零部件寿命，经常采用 Miner 累积损伤法则估算其寿命。这种法则有如下的假定：

1）如果某一载荷块的应力循环数表示为相同应力幅下造成的破坏所需的总应力循环数的百分数，这一百分数就是该载荷块所消耗的变幅疲劳的寿命的百分数；

2）载荷块的顺序不影响零部件的疲劳寿命；

3）当每个载荷水平引起的损伤的线性累加之和达到临界值时发生破坏。

在含 K 个载荷块的加载序列中（见图 4-26），如果用 n_i 来表示恒定应力幅 σ_i 的第 i 个载荷块的循环数，用 N_i 表示在 σ_i 作用下零部件临近极限状态的循环数，则在 σ_i 作用下，零件的相对疲劳损伤为 n_i/N_i。根据线性假设，当所有应力水平的相对损伤的和达到 1 时，零件达到极限状态，也就是零件发生疲劳破坏。

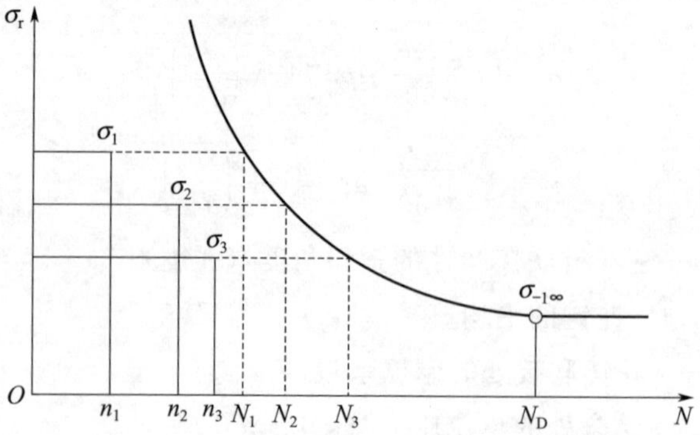

图 4-26　加载序列

$$\sum_{i=1}^{k} \frac{n_i}{N_i} = 1 \tag{4-66}$$

如果公式左侧部分的和小于 1，则意味零件能经受住规定的寿命。由于加载顺序不同，相对疲劳损伤之和并不总是等于 1，一般情况下可写成以下公式：

$$\sum_{i=1}^{k} \frac{n_i}{N_i} = a \tag{4-67}$$

一般的 $S-N$ 曲线求得的疲劳寿命没有给出相应的存活率（即相应的可靠度或耐久度）。现在，有些材料已经制作出存活率-应力-寿命的曲线，称作 $P-S-N$ 曲线。进行疲劳设计时，可根据所需的存活率 P 所对应的的 $S-N$ 曲线进行设计或分析。

4.14.3.5　应力-强度干涉模型

在传统的强度设计中，把应力和强度都作为不变的定值参数，然后进行比较得出安全系数，应力-强度干涉模型则是把应力和强度作为服从不同概率分布规律的随机变量处理，当两个变量的分布范围发生干涉（重叠）时，即出现应力大于强度的概率时就会发生故障，计算出应力大于强度的概率也就是发生故障的概率，反之，强度大于应力的概率即为可靠度。

如果用 L 和 S 分别表示应力和强度变量，$f_L(x_L)$ 为应力概率密度函数，$f_S(x_S)$ 为强度概率密度函数，则从图 4 - 27 中可以看出，阴影部分为应力和强度分布的干涉部分。

则可靠度 R 可用公式可表示为：

$$R = P\{S > L\} = P\{S - L\} \tag{4-68}$$

应力和强度可能服从各种概率分布规律，其中最常用的是假设应力、强度都服从正态分布的干涉模型。这时按照概率理论，两个正态分布的随机变量之差是正态分布，其均值为两正态分布变量的均值之差，方差为两正态分布变量的方差之和。所以，对于上式的可靠度 R 则服从正态分布 $N(\mu_z, \sigma_z)$，其均值是 $\mu_z = \mu_s - \mu_L$，$\sigma_z^2 = \sigma_s^2 + \sigma_L^2$，这里，$\mu_L$、$\mu_s$ 是应力和强度分布的均值，σ_L、σ_s 是应力和

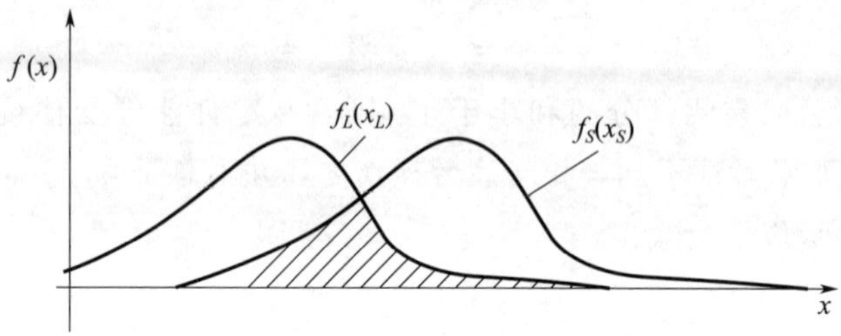

图 4-27　应力、强度概率密度函数分布图

强度分布的方差。利用坐标转换，可将一般正态分布转换为标准正态分布，这时，可靠度 R 为：

$$R=\Phi\left[\frac{\mu_s-\mu_L}{\sqrt{\sigma_s^2+\sigma_L^2}}\right] \tag{4-69}$$

上式为标准正态分布积分函数，可以查表求得。该方法也称作可靠性概率设计，相比传统的安全系数设计方法要科学和合理得多，困难的是所涉及的应力、强度的概率分布和参数值难以确定，影响了此方法的应用。

4.14.4　设备和主要部件的定、延寿分析

耐久性分析是决定产品延长工作寿命的根据，为保证产品在经历预定寿命后仍能保持完好，应在产品制造之前进行某种形式的耐久性分析。要想延长产品的工作寿命，必要时要在产品设计，或在产品接近耗损之前进一步进行分析。耐久性分析以确定产品耗损特性为依据，如有可能，最好的办法是试验产品本身，例如可以把一个产品样品试验到失效为止，以确定它的有用寿命，或者跟踪产品的使用数据进行统计分析。航空设备定、延寿就采用了这种方法。

设备的定、延寿工作是在产品设计定型时，承制方根据厂内试验、外场信息，以及相似产品的寿命数据给出产品首翻期或使用期限的初始值。随着使用经验的积累、生产过程的成熟、维修工作的不断完善，以及设计、材料、工艺等因素的改进，逐步给出首翻期、

翻修间隔期限等寿命指标。常用的有四种方法。

4.14.4.1　厂内试验法

厂内试验法是指在厂内进行的模拟实际使用的试验，要求试验条件尽量模拟实际使用条件，包括产品使用的环境条件、寿命剖面和维护使用条件。试验数据的处理可采用工程经验法、图估计法和分析法。

4.14.4.2　领先使用法

对采用领先使用法定、延寿的产品，应取样品数 $n \geqslant 2$，做厂内试验后，给出首翻期或使用期限初始值 t_i；然后通过装机领先使用时间 $t_2(t_2 > t_1)$。如果领先使用时间期间产品工作情况良好，经相关检查，其结果满意，再考虑经济性、安全性和管理方便等因素，可给出产品大于 4、小于 t_2 的临时首翻期。按此方式可以不断延长首翻期到一定水平。

4.14.4.3　外场信息法

根据数据特点用下述两种方法之一进行寿命评估。

(1) 外场数据统计法

外场数据统计法是指用产品的外场数据进行计算确定产品首翻期或使用期限的方法。该统计方法可采用如下两种方法进行。

1) 外场样品数 $n \geqslant 20$、失效数≥6，并已知基本可靠度或规定失效率时，可采用残存比率法确定产品首翻期（工作时间）或使用期限（工作时间）。

2) 对不满足残存比率法使用条件的外场数据，并且已知基本可靠度或规定失效率时，可用平均秩次法确定产品首翻期或使用期限。

(2) 检查法

检查法是通过检查产品的征候，或测量产品功能参数，确定产品寿命的一种方法。其实施程序如下：

1) 当检查产品结果未发现泄漏、锈蚀、磨损等异常现象而且产品功能参数满足技术规范要求，则产品寿命至少等于其使用时间或更长。

2）当产品维护及翻修记录检查结果表明：产品工作状态良好，需要维护翻修的量很小，则产品寿命可以延长。

4.14.4.4 工程分析法

根据产品特点有下述三种常用方法：

（1）薄弱环节法

薄弱环节法是通过产品中寿命最短的主要零部件的定寿、延寿来确定产品寿命。其实施步骤如下：

1）通过故障模式、影响和危害性分析确定产品的薄弱环节。

2）对薄弱环节进行厂内试验。

3）当产品薄弱环节寿命很短时，可用新设计、新工艺、新材料等措施延长寿命；也可以在使用中，通过更换薄弱部分延长产品寿命。

（2）相似法

相似法是一种利用相似产品已知寿命，确定新产品寿命的一种定寿方法。相似产品指的是在设计制造、材料及功能上确实相似的产品。

（3）折算法

折算法是将产品一种寿命单位（如工作小时数、次数、循环数等）折算为飞行小时或起落次数，或发动机小时，确定寿命的一种方法。折算系数应通过分析使用条件对产品寿命的影响来确定；或参照同类产品的折算系数确定。

参 考 文 献

[1] 李良巧．可靠性工程师手册［M］．北京：中国人民大学出版社，2017.

[2] 曾声奎．可靠性设计与分析［M］．北京：国防工业出版社，2013.

[3] 余建祖．电子设备热设计及分析技术［M］．北京：高等教育出版社，2001.

[4] 任占勇．数字化研制环境下的可靠性工程技术［M］．北京：航空工业出版社，2015.

[5] GJB/Z 27—1992. 电子设备可靠性热设计手册［S］. 1992.

[6] GJB/Z 34—1993. 元器件降额准则［S］. 1993.

[7] GJB/Z 223—2005. 最坏情况电路分析指南［S］. 2005

[8] GJB/Z 299C—2006. 电子设备可靠性预计手册［S］. 2006.

[9] GJB 450B—2021. 装备可靠性工作通用要求［S］. 2021.

[10] GJB/Z768A—1998 故障树分析指南［S］. 1998.

[11] GJB/Z1391—2006 故障模式、影响及危害性分析指南［S］. 2006.

[12] GJB 813—1990. 可靠性模型的建立和可靠性预计［S］. 1990.

[13] GJB 3404—1998. 电子元器件选用管理要求［S］. 1998.

第 5 章　工艺可靠性技术

5.1　概述

产品的可靠性是设计出来、制造出来的。设计可靠性是产品可靠性的理想值，在寿命周期内水平最高，产品的设计可靠性要求需要通过制造过程予以实现和保障。可靠性领域专家 D. N. P. Murthy 从系统工程的角度首次提出如图 5-1 所示的产品可靠性在设计、制造、销售到最终使用的全寿命周期内的演化与传递规律。

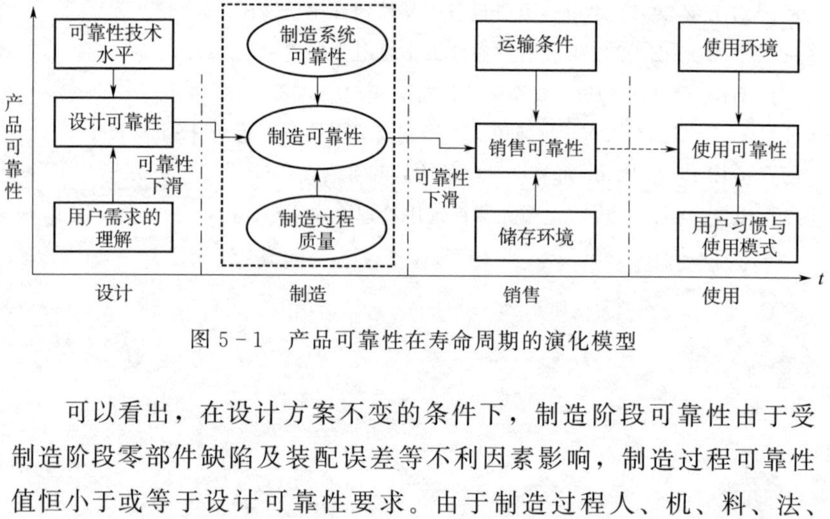

图 5-1　产品可靠性在寿命周期的演化模型

可以看出，在设计方案不变的条件下，制造阶段可靠性由于受制造阶段零部件缺陷及装配误差等不利因素影响，制造过程可靠性值恒小于或等于设计可靠性要求。由于制造过程人、机、料、法、环和测（5M1E）等因素天然存在不可控的噪声因素，产品设计方案经过制造过程后，依据制造过程质量与可靠性控制效果，都会发生不同程度的可靠性下滑。究其原因在于：一是对制造缺陷产生的机理和规律认识不清，对新产品的可靠性所需要的制造工艺参数及其技术要求没有设定依据；二是产品的工艺技术条件不能反映可靠性的基本要求，设计可靠性要求不能完全地传递到制造阶段的过程特性要求；三是工艺文件不完善，制造工艺产生的残留现象和附带现象所引起的隐性缺陷无法有效消除。

长期以来，可靠性技术研究与应用呈现出重设计、轻生产的现状，对产品设计可靠性有一套较为完整的设计、控制、验证方法和手段，但是由于制造过程可靠性涉及生产操作者、原材料、设备、工艺方法、环境以及计量检测等诸多因素，研究难度很大，故对其系统深入的研究甚少，使可靠性设计意图的传递演化链在制造阶段被拦腰阻断，导致再高的设计可靠性指标及意图也无法有效地传递到销售和使用阶段，在工程上表现为经过制造的产品都会出现不同程度的可靠性退化，不能实现设计可靠性的无损传递，也造成了巨大的生产成本浪费。

工艺可靠性是为了保证产品的固有可靠性尽可能达到设计可靠性要求，通过识别可靠性关键产品的工艺设计和生产过程薄弱环节，采取有效的预防和控制措施，保证工艺生产质量及产品可靠性水平。因此，本章立足于工艺可靠性的保障，介绍了其工作内容，重点阐述工艺故障模式、影响与分析，关键过程及特殊过程控制技术。

5.2　工艺可靠性工作内容

5.2.1　特性分析

按照 GJB 190 进行特性分析，将型号产品的设计要求信息转化为特性，对顾客需求进行功能分析和原理分析后，获得产品功能树和产品结构，形成各层次产品性能或参数（特性）。根据对产品功能性能和对关联产品接口关系影响的重要程度进行特性分析，按照“关键少数原则”对其特性等级进行划分与判别，确定可靠性关键产品的关键及重要特性，形成关键和重要特性清单，关键件和重要件清单。其中，关键特性是指如果不满足要求，将危及人身安全并导致产品不能完成主要任务的特性。重要特性是指如果不满足要求，将导致产品不能完成主要任务的特性。关键件是指含有关键特性的单元件［构成产品的基本单元：零件、固定连接件（焊接件、胶接件等）、为完成某项功能而不可分开初级装配件、外购成件（轴承、接插件等）］。重要件是指不含关键特性，但含有重要特性的单元件。

关键和重要特性清单、关键件和重要件清单作为开展工艺分析与控制工作的输入，便于在生产过程中实施质量控制时分清主次、控制重点，保证产品质量的稳定性和可追溯性。依据上述清单，开展工艺设计，确定关键工序、特殊过程并采取控制措施，组织完成关键件和重要件的生产。

5.2.2　工艺可靠性工作项目

工艺可靠性工作主要分为工艺工作策划、工艺薄弱环节分析、关键过程控制、特殊过程控制等工作。型号工艺控制工作一般分为方案阶段、工程研制阶段、鉴定定型状态鉴定阶段（性能验证）、鉴定定型列装定型阶段（作战试验）、批生产阶段和售后服务阶段，各阶段工艺工作紧密衔接、各有侧重，工艺可靠性主要工作项目如表5－1所示。

总的来看，工艺可靠性工作项目主要包括：开展生产性分析，对确定的可靠性关键产品，明确其关键和重要特性的工艺制造方法和工艺路线，编制并及时修订工艺总方案；对可靠性关键产品的工艺过程进行潜在失效模式和影响分析，识别工艺过程所有可能的故障模式及其对产品的影响，确定潜在的薄弱环节，并提出工艺改进措施；对关键和重要特性形成的工艺过程，以及加工难度大、质量不稳定的工艺过程，提出控制方法和检验要求，形成控制计划；考虑工装设计、制造、使用以及维护保养对工艺过程的影响，适用时应考虑工装的防错能，以防止或减少人为差错。本章重点介绍工艺故障模式、影响与分析，关键过程及特殊过程控制技术。

表 5-1　工艺可靠性工作项目清单

序号	工作	方案阶段		工程研制阶段		状态鉴定阶段		列装定型阶段		批生产阶段		售后服务阶段	
1	工艺工作策划	1）编制工艺总方案，并经过评审，签署符合规定； 2）制定本阶段工艺文件编制原则，识别关键部位操作过程； 3）完成关键材料、关键零件、关键工艺的识别和确认	○	1）开展生产性分析，对确定的可靠性关键产品，明确其关键和重要特性的工艺制造方法和工艺路线； 2）编制研制阶段工艺总方案，并经过评审，签署符合规定； 3）识别关键部位操作过程； 4）完成关键材料、关键零件、关键工艺的识别和确认	▲	1）修订工艺总方案，并经过评审，签署符合规定； 2）识别关键部位（包括易错漏装、不可逆、不可检等）操作过程； 3）确认防差错控制点； 4）完成关键材料、关键零件、关键工艺的识别和确认；	▲	1）根据定型产品设计状态，完善工艺总方案，并经过评审，签署符合规定；	▲	1）完成批生产工艺总方案，并经过评审，签署符合规定； 2）提出工艺文件完善原则及要求； 3）提出工装覆盖性和工装、非标设备补充要求	▲	完善工艺总方案	▲

续表

序号	工作	方案阶段		工程研制阶段		状态鉴定阶段		列装定型阶段		批生产阶段		售后服务阶段	
2	工艺薄弱环节分析	—		1）使用工艺故障模式影响及危害性分析（PFMECA）方法，识别工艺关键项目，确定关键工序并采取改进措施，形成关键工序明细表	△	1）使用工艺故障模式影响及危害性分析（PFMECA）方法，识别工艺关键项目，确定关键工序并采取改进措施，形成关键工序明细表；	△	—		—		—	
3	关键过程	—	—	1）开展关键环节工艺过程仿真需求分析、评审并实施； 2）关键工序编制有关键工序质量控制卡或关键工序作业指导书，对控制项目、内容、方法步骤、控制用图表、原始记录等做出具体规定；	△	1）补充开展关键环节工艺过程仿真需求分析、评审并实施； 2）关键工序编制有关键工序质量控制卡或关键工序作业指导书，对控制项目、内容、方法步骤、控制用图表、原始记录等做出具体规定；	△	1）对前期关键工序质量情况进行统计分析，根据分析结果确定关键工序并采取改进措施，形成关键工序明细表； 2）关键工序编制有关键工序质量控制卡或关键工序作业指导书，对控	△	对关键过程实行动态管理，对技术成熟、质量稳定的关键过程允许撤销，并按规定履行相关手续	△	—	

续表

序号	工作	方案阶段		工程研制阶段		状态鉴定阶段		列装定型阶段		批生产阶段		售后服务阶段	
3	关键过程	—	—	3)在含关键工序工艺文件的工艺过程卡、工序卡及关键工序质量控制卡等的工序编号处加盖“关键工序”标识； 4)关键工序实行“三定”(定工序、定设备、定人员)； 5)关键工序的生产过程控制符合规定要求，记录关、重特性参数实测值，并根据需要进行统计分析		3)在含关键工序工艺文件的工艺过程卡、工序卡及关键工序质量控制卡等的工序编号处加盖“关键工序”标识； 4)关键工序实行“三定”； 5)关键工序的生产过程控制符合规定要求，记录关、重特性参数实测值，并进行统计分析	△	制项目、内容、方法步骤、控制用图表、原始记录等做出具体规定； 3)在含关键工序工艺文件的工艺过程卡、工序卡及关键工序质量控制卡等的工序编号处加盖“关键工序”标识； 4)关键工序实行“三定”； 5)关键工序的生产过程控制符合规定要求，记录关、重特性参数实测值，并根据需要进行统计分析					

续表

序号	工作	方案阶段		工程研制阶段		状态鉴定阶段		列装定型阶段		批生产阶段		售后服务阶段	
4	特殊过程	1）识别特殊过程项目，按单位或型号编制特殊过程目录； 2）制定有特殊过程确认准则，并完成特殊过程确认，形成特殊过程确认报告； 3）按规定进行特殊过程再确认； 4）特殊过程控制符合特殊过程管理要求	△	1）识别特殊过程项目，按单位或型号编制特殊过程目录； 2）制定有特殊过程确认准则，并完成特殊过程确认，形成特殊过程确认报告； 3）按规定进行特殊过程再确认； 4）特殊过程控制符合特殊过程管理要求	△	1）识别特殊过程项目，按单位或型号编制特殊过程目录； 2）制定有特殊过程确认准则，并完成特殊过程确认，形成特殊过程确认报告； 3）按规定进行特殊过程再确认； 4）特殊过程控制符合特殊过程管理要求	△	1）识别是否有因工艺方法改变的特殊过程项目，如有，纳入特殊过程目录； 2）完成新特殊过程的确认，形成特殊过程确认报告； 3）按规定进行特殊过程再确认； 4）特殊过程控制符合特殊过程管理要求	△	1）按规定进行特殊过程再确认； 2）特殊过程控制符合特殊过程管理要求	△	—	—

续表

序号	工作	方案阶段		工程研制阶段		状态鉴定阶段		列装定型阶段		批生产阶段		售后服务阶段	
5	工艺装备	1）识别工装配置原则，设计工装和非标装备，对大型复杂工艺装备评审； 2）编制工艺装备和非标装备明细表，设计文件齐全； 3）计算工装覆盖率	△	1）识别工装配置原则，设计工装和非标装备，对大型复杂工艺装备评审 2）编制工艺装备和非标装备明细表，设计文件齐全； 3）计算工装覆盖率	△	1）识别工装配置原则，计算工装覆盖率； 2）补充工装和非标装备； 3）修订工艺装备和非标装备明细表，设计文件齐全	△	1）计算工装覆盖率； 2）补充工装和非标装备； 3）修订工艺装备和非标装备明细表，设计文件齐全	△	1）计算工装覆盖率； 2）补充工装和非标装备； 3）修订工艺装备和非标装备明细表，设计文件齐全	△	—	—

注：表中▲为应开展；△有此项就应开展；○根据需要开展；—本阶段不需开展。

5.3 工艺故障模式、影响与分析

5.3.1 概述

工艺故障模式、影响与分析（Process Failure Mode and Effects Analysis，P-FMEA），是指在假定产品设计满足要求的前提下，针对产品在生产过程中每个工艺步骤所有可能发生的故障模式、原因及其对产品造成的影响，按故障模式的风险优先数（Risk Priority Number，RPN）值的大小，对工艺薄弱环节制定改进措施，并预测或跟踪采取改进措施后减少 RPN 值的有效性，使 RPN 达到可接受的水平，进而提高产品的质量和可靠性。

P-FMEA 能够为确定关键工序和关键特性等清单、质量控制计划提供定性依据，为制定工艺试验大纲提供定性信息，为确定设备维修周期及维修清单提供定性信息。

5.3.2 P-FMEA 的实施原则

（1）有效性原则

有效性原则是指要使 P-FMEA 有效，也就是说该项工作的效果能影响工艺设计。为实现有效性，首先应建立由工艺设计人员和可靠性专业人员组成的 P-FMEA 小组，同时对重要的分析结果应请设计人员和计划管理人员参与讨论、评审。其次，措施建议应及时传达给工艺实施人员。最后，应强调对措施的落实情况进行及时跟踪分析。

（2）协同原则

由于 P-FMEA 的首要目的是为工艺设计的改进提供有效的信息和依据，因此设计 FMEA 的工作应与工艺的设计同步进行，其应在设计的早期就开始进行 FMEA，这样能及时发现设计中的薄弱环节并有助于工艺的优化设计。同时，P-FMEA 应及时反映设计、工艺上的变化，并随着研制阶段的展开而不断完善更新。

(3)“穷举”原则

P－FMEA 是否充分有效，最重要的一点是要对所分析的问题全部搞清楚，做到事事“心中有数，记录在案”。对工艺工序的失效模式要通过查阅资料、比较、预想、回想、研讨、互相启发等方式进行穷举。

对原因进行穷举。针对每一个失效模式，在尽可能大的范围内列出可以想到的每个失效原因，经分析后，如果原因对失效模式来说是唯一的，即如果纠正该原因对该失效模式有直接的影响，那么这部分 P－FMEA 的判断过程就完成了。

(4)“反复”性原则

P－FMEA 分析是企业内部人员知识和经验的综合应用，不是一次就能完成的，而是要通过工艺设计、工艺评审、P－FMEA 研讨会等不断地进行修正、改进，才能获得较为完善的预防方案，同时，这些过程的反复也会促进员工之间的交流，提高员工集体的工作素质和业务水平。

5.3.3　P－FMEA 的实施步骤

P－FMEA 的实施步骤如图 5－2 所示。

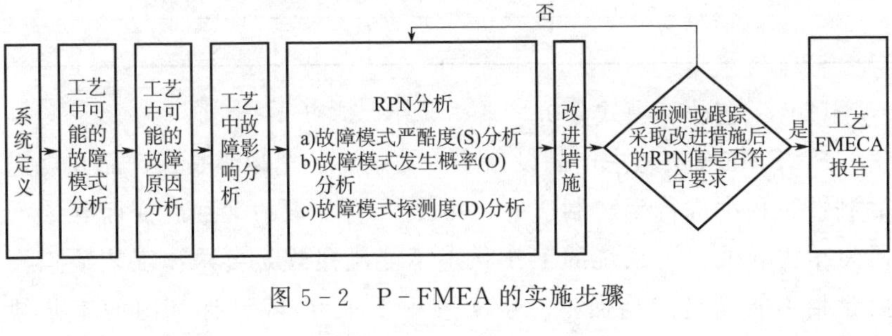

图 5－2　P－FMEA 的实施步骤

(1) 系统定义

系统定义包括功能分析、绘制“工艺流程表”及“零部件-工艺关系矩阵”。功能分析是对被分析过程的目的、功能、作用及有关要求等进行分析：绘制“工艺流程表”，表示各工序相关的工艺流程的功能和要求等；绘制“零部件-工艺关系矩阵”，表示“零部件特性”与“工艺操作”各工序的关系，这些是 P－FMEA 的准备工作，见表 5－2 和表 5－3。

表 5－2　工艺流程表

零部件名称：		生产工艺：	
零部件号：	部门名称：	审核：	第　页，共　页
型号名称：	分析人员：	批准：	填表日期

表 5－3　零部件-工艺关系矩阵

零部件名称：		生产工艺：	
零部件号：	部门名称：	审核：	第　页，共　页
型号名称：	分析人员：	批准：	填表日期

	工艺操作			

（2）工艺故障模式分析

P－FMEA 不考虑产品设计中的缺陷。工艺缺陷是指产品在规定的制造过程中进行生产制造时，由于工艺要素的某种改变而导致产品发生失效或工艺系统的工作状态不能满足规定要求。工艺缺陷模式是指不能满足产品加工、装配过程要求和/或设计意图的工艺缺陷。引起工艺缺陷的物理的、化学的、生物的或其他过程，称为工艺缺陷机理。工艺缺陷模式可能是引起下一道（下游）工序故障模式的原因，也可能是上一道（上游）工序故障模式的后果。

工艺故障模式分析是找出不能满足产品加工、装配过程要求和/

或设计意图的工艺缺陷，典型的工艺故障模式见表5-4。

表5-4 典型的工艺故障模式示例

序号	故障模式	序号	故障模式	序号	故障模式
1	弯曲	7	尺寸超差	13	光滑度超差
2	变形	8	位置超差	14	未贴标签
3	裂纹	9	形状超差	15	错贴标签
4	断裂	10	(电路)开路	16	搬运损坏
5	毛刺	11	(电路)短路	17	表面污染
6	漏孔	12	粗糙度超差	18	遗留多余物

(3) 工艺故障原因分析

分析与工艺故障模式相对应的工艺缺陷为何发生，通常从人、机、料、法、环、测6个方面进行分析，典型的工艺故障原因示例见表5-5。

表5-5 典型的工艺故障原因示例

序号	故障原因	序号	故障原因
1	扭矩过大、过小	11	工具磨损
2	焊接电路、电压、时间不正确	12	零件漏装
3	虚焊	13	零件错装
4	铸造浇口/通气口不正确	14	安装不当
5	粘接不牢	15	定位器磨损
6	热处理时间、温度、介质不正确	16	定位器上有碎屑
7	量具不精确	17	破孔
8	润滑不当	18	机器设置不正确
9	工件内应力过大	19	程序设计不正确
10	无润滑	20	工装或夹具不正确

(4) 工艺故障影响分析

分析该故障模式对下道工序/后续的工序和/或最终产品的影响。故障影响可分为对下道工序、组件和装备的影响。典型的工艺故障影响示例见表 5－6 和表 5－7；

表 5－6 典型的工艺故障影响示例（对下道工序）

序号	故障影响	序号	故障影响
1	无法取出	6	无法配合
2	无法钻孔/攻丝	7	无法加工表面
3	不匹配	8	导致工具工艺磨损
4	无法安装	9	损坏设备
5	无法连接	10	危害操作者

表 5－7 典型的工艺故障影响示例（对组件和装备）

序号	故障影响	序号	故障影响
1	噪声过大	9	工作性能不稳定
2	振动过大	10	损耗过大
3	阻力过大	11	漏水
4	操作费力	12	漏油
5	散发异常气味	13	表面缺陷
6	作业不正常	14	尺寸、位置、形状超差
7	间歇性作业	15	非计划维修
8	不工作	16	废弃

（5）风险优先数（RPN）分析

RPN 是工艺故障模式的严酷度等级（S）、发生概率等级（O）和被检测难度等级（D）的乘积。RPN 值越大，该工艺故障模式的危害性越大。

1）工艺故障模式严酷度等级（S）是指产品加工、装配过程中的某个工艺缺陷模式影响的严重程度，评分准则见表 5－8。

表 5-8　工艺故障模式严酷度等级（S）的评分准则

影响程度	工艺故障模式的最终影响（对组件和装备的最终影响）	工艺故障模式的最终影响（对下道工序）	严酷度等级
灾难性的	产品损坏或功能丧失	人员死亡/严重危及作业人员安全及重大环境损害	10、9
致命性的	产品功能基本丧失而无法运行/能运行但性能下降	危及作业人员安全、100%产品可能废弃/产品需在专门修理厂进行修理及严重损坏环境	8、7
中等的	产品能运行，但运行性能下降，大多数情况（>75%）发现产品有缺陷	可能有部分产品（<100%）不经筛选而被废弃/产品在专门部门或下生产线进行修理及中等程度的环境损害	6、5、4
轻度的	有25%～50%的情况可发现，产品有缺陷、或没有可识别的影响	导致产品非计划维修或修理	3、2、1

2）工艺故障模式发生概率等级（O）是指某个工艺缺陷模式发生的可能性，评分准则见表 5-9，评分等级是一个相对比较的等级，不代表真实发生概率。

表 5-9　工艺故障模式发生概率等级（O）评分准则

工艺故障模式发生的可能性	可能的工艺故障模式概率	级别
很高（持续发生的故障）	$P_0 \geqslant 10^{-1}$	10
	$5\times10^{-2} \leqslant P_0 < 10^{-1}$	9
高（经常发生的故障）	$2\times10^{-2} \leqslant P_0 < 5\times10^{-2}$	8
	$1\times10^{-2} \leqslant P_0 < 2\times10^{-2}$	7
中等（偶尔发生的故障）	$5\times10^{-3} \leqslant P_0 < 5\times10^{-2}$	6
	$2\times10^{-3} \leqslant P_0 < 5\times10^{-3}$	5
	$1\times10^{-3} \leqslant P_0 < 2\times10^{-3}$	4
低（很少发生的故障）	$5\times10^{-4} \leqslant P_0 < 1\times10^{-3}$	3
	$1\times10^{-4} \leqslant P_0 < 5\times10^{-4}$	2
极低（不大可能发生故障）	$P_0 < 1\times10^{-4}$	1

3）工艺故障模式被检测难度等级（D）是指在产品加工过程控

制中某个工艺缺陷模式的原因被检测出的可能性，被检测难度等级（D）也是一个相对比较的等级。为了得到较低的被检测难度数值，产品加工、装配过程需要不断改进，评分准则见表 5 - 10。

表 5 - 10　工艺故障模式被检测难度等效（D）的评分准则

探测度	评分准则	检查方式			推荐的探测度分级方法	级别
		A	B	C		
几乎不可能	无法探测			√	无法探测或无法检查	10
很微小	现行探测几乎不可能探测出			√	以间接的检查进行探测	9
微小	现行探测方法只有微小的机会去探测出			√	以目视检查来进行探测	8
很小	现行探测方法只有很小的机会去探测出			√	以双重目视检查进行探测	7
小	现行探测方法可以探测出		√	√	以图表方法进行探测	6
中等	现行探测方法基本上可以探测出		√		在零件离开工位之后以量具进行探测	5
中上	现行探测方法有较多机会可以探测出	√	√		在后续的工序中实行误差检测、或进行工序前测定检查，进行探测	4
高	现行探测方法很可能探测出	√	√		在当场可以测错，或在后续工序中探测（如库存、挑选、设置、验证）。不接受缺陷零件	3
很高	现行探测方法几乎肯定可以探测出	√	√		当场探测（有自动停止功能的自动化量具）。缺陷零件不能通过	2
肯定	现行探测方法肯定可以探测出	√			工艺/产品设计了防错措施，不会生产出有缺陷的零件	1

A—采用防错措施，B—使用量具测量，C—人工检查。

（6）改进措施

对可能导致人员死亡、严重危及作业人员安全及重大环境损害的故障模式，应通过工艺设计上的措施或产品加工、装配过程控制或预防/改进措施等手段，以满足降低该风险的要求。当某个工艺故障模式的后果可能对制造/组装人员造成危害时，应采取预防/改进措施，以排除、减轻、控制或避免该工艺故障模式的发生。

（7）RPN 值的预测或跟踪

采取改进措施后，对 RPN 值的变化情况进行分析，当 RPN 值不满足需要时应进一步改进，直到 RPN 值满足最低可接受水平。

（8）形成过程 FMECA 报告

按照要求编制过程 FMECA 报告，并提交任务提出方。过程 FMECA 报告的内容包括：概述、工艺过程的描述、系统定义、过程 FMECA 表格的填写、结论及建议。

5.4　关键过程控制

5.4.1　概述

以型号产品关键质量特性为立足点，从设计源头的关重特性识别到产品生产环节的关重特性实现体现了从上至下贯穿产品实现全过程的主动预防思想。通过设置关键工序，抓好关键件、重要件的生产质量控制，努力实现设计意图，使产品尽可能达到设计的固有可靠性。

关键过程是对形成产品质量起决定作用的过程。一般包括形成关键特性、重要特性的过程；加工难度大、质量不稳定、易造成重大经济损失的过程，是与关键件、重要件有关的过程以及加工质量不稳定的过程。

关键工序是适用于在产品实现过程中对产品质量起决定性作用、需要严密控制并作为关键过程进行管控的工序。工序控制点一般指对工序中的某些质量特性或因素进行重点控制的环节。

关键工序识别准则如下：

1）设计文件规定的关键特性、重要特性所形成的工序；

2）加工或装配难度大，质量不稳定的工序；

3）原材料稀缺昂贵或加工周期长，出废品后经济损失大的工序；

4）某些关键、重要的外购器材及外协件的入厂验收工序；

5）涉及采用限用工艺（除去与质量不直接相关的限用工艺）的工序。

5.4.2 关键工序生产过程控制

（1）技术文件控制

生产现场使用的技术文件，包括设计文件、工艺文件、质量控制文件，应正确、完整、协调、统一和清晰，并现行有效。

在关键工序工艺规程的关键工序上加盖“关键工序”标识。

（2）人员控制

执行本工序的岗位人员（操作、检验和测试），必须经过考核合格、持证上岗并相对固定。除掌握本岗位的应知应会知识外，还需熟悉和掌握本工序的技术要求，严格遵守工艺纪律。有特殊需要的生产岗位，应严格执行双岗制。

操作、检验及测试人员应严格遵守工艺纪律，认真执行关键工序《质量控制卡片》或《关键工序作业指导书》的各项要求。

凡从事关键工序细工、装配的操作，检验人员必须保持相对稳定，并定期进行考核，人员变动时应重新填写三定表。

具有关键工序的产品在生产过程中，生产操作人员应对产品质量执行首件三检规定，按设计、工艺规定及时填写原始记录和控制图、表、卡，并签署。对生产过程中出现的异常情况，会同有关人员及时采取纠正措施，保证关键工序处于受控状态。

工艺部门在生产中应定期进行工序能力的验证分析。

(3) 设备、工艺装备、计量器具控制

设备、工艺装备、计量器具必须符合工艺规程规定，必须具有合格证明文件和标志，按周期定检表定检，并保持其精度。新制成或返修后的设备、工艺装备、计量器具，必须经过试用或鉴定，确认能保证产品质量后，方可正式投入使用。当产品质量特性需要由设备、工艺装备的精度提供保证时，其精度必须满足产品要求。

对涉及主要工艺参数的工装、设备、仪器应相对固定，并满足《关键工序工艺规程》中对工装、设备与仪器的要求。

标准工装或产品实样，必须经鉴定合格后，方可作为制造工艺装备或验收产品的依据。

(4) 物料控制

关键过程涉及的器材（原材料、毛坯、半成品、元器件、零件、组件、部件、外购成件及辅助材料等）必须具有复验、检验（筛选）等合格证明文件，保证外协外购器材质量的可追溯性；代用器材必须具有按规定程序办理的审批文件。

被定为关键特性的原材料，在进行牌号代料时，必须经过充分试验、验证。同时，所进行的试验、验证的原始记录和实验报告均应按规定整理归档备查。

对于影响关键特性、重要特性质量的辅助材料应定点供应。在改变供货地点、技术条件和生产条件时，必须按规定对其重新进行鉴定。

(5) 环境控制

工作场地的环境条件、不同类别产品的摆放、防多余物措施、卫生技安环境保护等需满足技术文件、标准和国家法规、法令的要求。

环境条件（温度、湿度、洁净度）要符合工艺文件规定并做记录。

(6) 检验检测控制

提交检验的产品，必须是自检合格的产品，应在指定位置上加盖质量印章或用其他适当方式做出标记，记录要完整，数量要文实相符。完工待入库的产品，必须符合设计要求，完好无损，具有合格证明文件。

关键件、重要件所用器材被定为关键、重要特性时，进厂（所）后，应严格按规定的复验项目进行复验或检验。复验或检验合格的器材应单独存放或做特殊标记。存放地点与环境应满足规定的技术要求。

所有关键件、重要件的质量记录必须具有可追溯性，对关键件的质量记录必须从器材开始，操作者和检验人员应认真填写并签章，不得缺页。下道工序有权拒收记录不符合要求者。缺少序号、序号重复或无法恢复和辨别时，视为不合格品。

检验检测控制应包括如下要点：

1）根据产品特点，必要时，工艺部门可设置关键工序质量控制点，并通知生产部门；

2）生产部门在关键工序工位设置明显标志，挂上“关键工序控制点”的标牌；

3）对关键工序控制点应进行100％的检验并作实测记录。当发现有不合格趋势时，应立即报告质量部门和工艺部门，运用统计技术及时分析找出产生原因，采取纠正措施；

4）关键工序的检验设备与工具应在有效周检期内，必要时，应在检测前对检测设备与工具进行校准；

5）在同一批次相同工序中应使用固定的检验设备与工具，保证参数的可比较性；

6）关键工序应严格进行检验，关键工序应实施工步检验。

以下情况必须执行首件自检、互检、专检首件记录卡，并在记录上签章：

1）每个工作班开始；

2）更换操作者；

3）更换设备、工艺装备；

4）更改技术文件、工艺方法、工艺参数；

5）采用新标准、采用新材料或材料代用后。

不宜实行首件自检、互检、专检的产品，各单位必须制定具体的、行之有效的控制办法。

5.5　特殊过程控制

5.5.1　概述

特殊过程，是指直观不易发现、不易测量或不能经济地测量的产品内在质量特性的形成过程。特殊过程通常包括：化学、冶金、生物、光学、电子等过程。对于航天产品，常见的有铸造、锻造、焊接、热处理、表面处理、胶接、非金属及复合材料成型、金属材料热成型、增材制造等。

凡符合下列条件之一的过程应识别为特殊过程：

1）过程的结果在其后产品的检验或试验中无法检测或只能进行破坏性检测的过程；

2）过程的结果在其后产品的检验或试验中不易检测或不能经济地检测的过程；

3）过程的结果在其后产品的检验或试验中不足以验证，仅在产品使用后问题才显现的过程。

由于特殊过程的内在质量特性形成过程的特殊性，如何最大程度规避质量隐患，也给航天产品的质量控制能力带来了很大的挑战。目前，特殊过程的质量控制，主要包括对人员、设备、材料、工艺、环境和检测的质量控制。

5.5.2　特殊过程制造工艺质量控制

制造工艺（工艺过程、工艺参数、设备参数等）应符合相关技术标准和文件的规定。新工艺、新材料、新技术、新设备应按 GJB 1269A—2021《工艺评审》进行评审，取得合格结论后方可进行批生产。试制及批量生产前应按相关要求进行首件（批）鉴定。生产前应对关键过程进行识别，关键过程质量控制按 GJB 909A—2005《关键件和重要件的质量控制》要求进行。生产过程主导工艺更改应按 GJB 1269A—2021《工艺评审》要求进行相应工艺评审。

生产制造的主要工序、工艺参数、操作细则应符合有关工艺文件的要求。工艺文件中应明确产品的标识要求。供检测理化性能用的试样应取自受检批产品。如需采用分离试件，则该试件的主导生产工艺应与受检产品接近，并应经需方同意。

除以上通用质量控制要求外，特种过程的制造工艺质量控制均应遵循相关专业标准对其的规定。

5.5.3 特殊过程人员质量控制

从事特殊过程生产、技术和质量控制的人员应具有一定的专业水平，熟悉本职业务，并有一定实践经验。工艺文件审核人员应具有工程师及以上技术职称。相关操作人员、仪表员、检验员应按本行业相应规定通过培训、考核，取得资格证，持证上岗。焊接作业等特种作业（指容易发生人员伤亡事故，对操作者本人、他人及周围设施的安全可能造成重大危害的作业）人员必须经专门的安全技术培训并考核合格，取得《中华人民共和国特种作业操作证》后，方可上岗作业。

除以上质量控制要求外，特殊过程的人员质量控制应遵循相关专业标准对其的规定。

5.5.4 特殊过程设备、仪表、测具与工装质量控制

生产过程所用设备、仪表、测具与工装应满足相关标准、产品加工工艺要求和安全环保要求。应按技术标准或专用技术文件的规定进行入厂检验和定期校验。合格的标注“合格”标牌并注明有效期；不合格或超出有效期的标注“禁用”，并不得使用。

生产过程所用设备、仪表、测具与工装应编制控制目录。控制目

录内容应至少包括名称、存放地点、检定日期、责任者等，并建立履历卡，包括制造时间、检测结果和历次所作的修正等，实行全寿命管理，必要时制定操作规程。生产过程所用设备、仪表、测具和工装都应建立档案。包括：使用说明书、故障记录、维修记录、历年检定书（仪表及测具）等。

生产过程所用设备、仪表、测具和工装应有操作规程和保养维护制度。在用设备应按规定进行维修保养，并控制其环境条件（温度、湿度、腐蚀气氛等），以防止锈蚀、变形和损坏。使用前，操作人员应检查其有效性及完整性。

除以上通用质量控制要求外，生产过程所用设备、仪表、测具和工装均应遵循相关专业标准对其的规定。

5.5.5　特殊过程材料质量控制

（1）原材料质量控制

原材料应符合国家标准、行业标准、企业标准、合同或技术协议的要求。按技术标准或技术协议进行采购。原材料供应商应按军品质量管理要求审查认证合格，并纳入合格供应商目录。

原材料生产过程主导工艺发生更改时，应预先征得采购方的同意，并按 GJB 1269A—2021《工艺评审》相关规定进行评审。

原材料供应时供应商应按批提交，并提供质量证明文件。材料入厂后应按标准或相关技术协议进行复验，复验合格的原材料和工艺材料应进行标识。复验合格的原材料方可入库。应建立完善的材料出入库管理制度，材料入库后应及时建账，材料出库应办理手续。复验资料等原材料管理资料应存档备查。

待检料、合格料、不合格料应分区存放，不能相混。不合格料应做出明显标识。

（2）工艺材料质量控制

工艺材料应符合相关技术标准或专用技术文件的规定并附有质量证明文件。必要时，还应有与职业健康安全和环境相关的说明文件。重要工艺材料（如锻造过程使用的润滑剂、保护涂料，铸造使用的型芯材料、型壳材料、等静压成型坩埚、模料等）应从采购方认可的合格供应商处采购，必要时，可对其生产过程进行检查；重要工艺材料首次使用、供方变更及生产过程中主要工艺变更，应经工艺验证，合格后方可使用。

除以上通用质量控制要求外，特种过程材料质量控制均应遵循相关专业标准对其的规定。

5.5.6 特殊过程环境质量控制

特殊工艺的环境温度应符合相关标准的规定。厂房的设计和卫生要求应符合相关标准的规定。生产厂房或作业场地的噪声应符合相关行业标准的规定，有良好的自然采光和照明，通风良好。厂房空气中有害物质允许的浓度、有害物质的排放量、企业污水的排放、厂房的防火设施应符合相关规定。

金属镀覆、化学覆盖厂房要配置有效的进、排风系统；焊接厂房不能形成对焊接过程有影响的穿堂风。酸洗、碱洗、打磨、抛光、吹砂等厂房应设有良好、安全、有效的净化处理装置。

除以上通用质量控制要求外，特种工艺环境质量控制均应遵循相关专业标准对其的规定。

参考文献

[1] 《航天质量管理技术手册》编写组．航天质量管理技术手册［M］. 北京：中国宇航出版社，2023.

[2] 何益海，等．制造过程可靠性理论与技术［M］. 北京：国防工业出版社，2021.

[3] 蒋平，等．机械制造的工艺可靠性［M］. 北京：国防工业出版社，2014.

[4] 特殊过程确认与管理实施细则：Q/QJB. 248—2015［S］. 北京：中国航天科工集团公司，2015.

[5] 何桢．六西格玛管理（第三版）［M］. 北京：中国人民大学出版社，2014.

[6] 戴红霞．特殊过程确认的管理［C］. 中国航空学会管理科学分会学术交流会议论文集，2011.

[7] 特性分类：GJB 190—1986［S］. 北京：国防科学技术工业委员会，1986.

[8] 工艺评审：GJB 1269A—2021［S］. 北京：中央军委装备发展部，2021.

第6章　可靠性试验及评价

6.1　概述

可靠性试验是为分析、检验、评价产品的可靠性而进行的试验。它的作用是通过试验结果的故障分析和统计分析，找出产品可靠性薄弱环节，提出改进措施，增长产品的可靠性或者对产品作可靠性评价。在武器装备研制和生产过程中，可靠性试验的目的主要包括：1）暴露产品设计、工艺、材料及元器件选用等方面的潜在缺陷与薄弱环节；2）验证产品是否满足可靠性定量要求，或评价产品的可靠性水平；3）为评估产品的战备完好性、任务成功性、维修人力费用及保障资源费用等提供信息。

可靠性试验工作开展一般遵循以下几个原则：1）可靠性试验应当贯穿于产品的全寿命周期，及早制定试验计划并开展可靠性试验工作，以确保产品满足可靠性指标要求；2）应侧重和加强对可靠性强化和可靠性增长（摸底）试验的早期投入，可采取加速的试验方法来充分激发产品的缺陷并加以改进，以保证可靠性试验工作的效果和充分性，避免影响产品研制进度和追加费用；3）应根据产品所处阶段、复杂和关键程度、使用（贮存）环境、新技术含量、费用、进度以及产品数量等因素对工作项目的适用性和有效性进行分析，选择效费比高的可靠性试验工作项目；4）应对新研制的复杂系统及其关键分系统或设备等产品实施可靠性增长管理，针对试验暴露的故障进行可靠性再设计，将产品可靠性预定目标与产品功能/性能设计的“试验—纠正—再试验”迭代方式相结合，以保证产品可靠性达到预定目标。

GJB 450B — 2021《装备可靠性工作通用要求》中规定的可靠性试验与评价工作有 7 个工作项目，即环境应力筛选、可靠性研制试验、可靠性鉴定试验、可靠性验收试验、可靠性分析评价、寿命试验、软件可靠性测试。针对武器装备的特点，表 6-1 给出了各工作项目的适用阶段，为初步选择工作项目提供一般性的指导。

表 6-1　可靠性试验项目应用矩阵表

序号	工作项目名称	工程研制阶段	定型阶段	生产与使用阶段
1	环境应力筛选	√	√	√
2	可靠性强化试验	√	×	○
3	可靠性增长(摸底)试验	√	△	○
4	可靠性鉴定试验	×	√	○
5	寿命试验	√	√	△

注：√表示适用；○表示仅设计更改时适用；△表示可选用；×表示不适用。

6.2　环境应力筛选

为使产品尽可能达到设计的固有可靠性水平，应在产品交付前将导致产品早期故障的影响因素尽可能查清楚并解决好，如人和机器的原因、有缺陷的元器件及零部件、不精细的工艺等，否则产品故障率不能有效降低至某一低水平范围内，导致武器装备在服役期间频繁发生故障，带来严重的军事影响和经济损失。

筛选是武器装备在研制和整个生产过程中剔除产品早期故障的一道十分有效的生产工序。对于明显的缺陷可采用目测或常规测试手段加以剔除，而对于潜在的缺陷则需要施加一定的外力将其暴露出来并加以排除。环境应力筛选指通过对产品施加规定的环境应力，暴露其潜在的缺陷，剔除不合格产品、工艺的一种方法，即采用模拟方法强制性地激发由于潜在的元器件和制造工艺缺陷引起的早期故障。环境应力筛选可以根据需要在元器件、电路板、组合件和整机等不同组装级别的硬件上进行，并根据环境应力的累积激发效果，合理选择施加应力的大小和时间的长短。

6.2.1 试验目的

环境应力筛选的目的是通过向产品施加一定的外部环境应力（如温度应力、振动应力等）和内部工作应力（如电应力），以暴露和剔除产品因不良元器件、工艺缺陷和其他引入缺陷造成的早期故障。它是一种经济有效地保障硬件无制造缺陷和元器件缺陷的工艺。

6.2.2 工作要点

在产品研制、定型及批产等阶段都应进行环境应力筛选：

1）环境应力筛选主要适用于电子/光电产品，也可用于电气、机电和电化学产品。对于功能结构件，亦可采用合适的环境应力剔除缺陷；

2）环境应力筛选应尽可能在每一组装层次上都进行，筛选层次划分视产品具体情况而定。例如，弹上电子产品的电路板、组合和设备层次应尽可能100%地进行环境应力筛选，以剔除低层次产品组装成高层次产品过程中引入的缺陷和接口方面的缺陷。对备件也应实施相应层次的环境应力筛选；

3）环境应力筛选采用的应力一般是加速应力，但不能超出产品设计的极限应力，以不使设备受损或寿命降低。筛选应力可不仅限于施加环境应力，还可包含电应力、压力、运动磨合、离心力等必要手段。筛选环境应力一般是依次施加，可依据最佳效费比原则对不同装配层次的应力种类和量值进行调整；

4）环境应力筛选应作为产品可靠性强化试验、可靠性增长摸底试验、可靠性增长试验、可靠性鉴定试验、寿命试验的预处理手段，以剔除产品早期故障，并提高后续可靠性试验的效率及试验结果的准确性；

5）在产品从研制阶段转向批生产阶段过程中，应根据筛选效果及试验与使用信息的对比结果，对环境应力筛选方案持续进行优化，以确保产品进行最有效的筛选。

6.2.3 筛选方法

6.2.3.1 弹上电子/光电产品

弹上电子/光电产品一般可划分为电路板级、组合级及设备级，筛选项目一般包括温度冲击、温度循环、随机振动和电老炼等，各组装级别的筛选项目见表 6-2。筛选层次及筛选项目应视产品的具体情况和工艺特点确定。

表 6-2　电子/光电产品各组装级别筛选项目

组装级别	筛选项目			
	温度冲击	温度循环	随机振动	电老炼
电路板级	√	△	×	×
组合级	△	√	√	×
设备级(整机级)	×	√	√	√

符号说明：√—适用；△—可选用；×—不适用。

电子/光电可按 GJB 1032A—2020《电子产品环境应力筛选方法》、QJ 3138 或其他有关标准进行环境应力筛选，可参照QJ 908B—2012《电子产品老炼试验方法》等标准进行电老炼。在条件允许的情况下，也可参照相关标准进行定量环境应力筛选，或者采用综合环境应力及高加速应力筛选（HASS）等高效环境应力筛选方法。

与电子产品相比，光电产品环境应力筛选的温度变化速率等筛选参数应作适当调整，以避免由于过高速率引起的机理变更的故障。

6.2.3.2 弹上机电产品

弹上机电产品一般可划分为电路板级、组合级及设备级，筛选项目一般包括温度冲击、温度循环、随机振动、运动磨合筛选、压力筛选等，各组装级别的筛选项目见表 6-3。筛选层次及筛选项目应视产品的具体情况和工艺特点确定。

表 6-3 机电产品各组装级别筛选项目

组装级别	筛选项目					
	温度冲击	压力筛选	运动磨合筛选	温度循环	随机振动	电老炼
电路板级	√	×	×	△	×	×
组合级	△	△	△	×	×	×
设备级（整机级）	×	△	√	√	√	√

符号说明：√—适用；△—可选用；×—不适用 。

机电产品可参照 GJB 1032 等标准进行环境应力筛选。与电子产品相比，机电产品环境应力筛选的振动应力等筛选参数应作适当调整，以确保不发生强振动应力引起的机理变更的故障。

6.2.3.3 弹上功能结构件

如有需要，天线罩、舵翼等功能结构件可根据其工艺特点，采用离心、运动磨合筛选、负载压力筛选等适用的筛选项目，以剔除带有缺陷的产品。

筛选后，应采用超声波、X 射线、磁力探伤等无损检测手段对功能结构件进行检测，以发现引起早期故障的缺陷，并验证其运动功能。

6.2.3.4 舱段/全弹

在飞行试验及交付前应针对导弹开展必要的随机振动筛选。当导弹结构形态、试验能力等条件无法满足全弹环境应力筛选时，应进行舱段环境应力筛选。

全弹/舱段进行环境应力筛选时，火工品、电池、战斗部、推进剂等含能产品一般用工艺件代替，质量、质心等规格与实际产品保持一致。

全弹/舱段环境应力筛选项目一般为随机振动，振动激励可根据情况采用单点或多点激振方式。当导弹各舱段规定的振动筛选应力条件不同时，多舱段连接试验应尽可能保证各舱段施加的振动应力分别满足各舱段规定的条件。

单点激励时，全弹振动环境应力筛选一般采用多点最大值响应控制方式，舱段振动环境应力筛选一般采用多点平均响应控制方式；多点激励时，全弹振动环境应力筛选一般采用“方阵＋限制”控制方式。控制点应设置在弹上最关键设备所处的舱段位置。

6.2.3.5　地面装备

地面装备一般可划分为电路板级、组合级（设备级），筛选项目一般包括温度冲击、温度循环、随机振动和电老炼等，各组装级别的筛选项目见表6-4。筛选层次及筛选项目应视产品的具体情况和工艺特点确定。

表6-4　地面装备各组装级别筛选项目

组装级别	筛选项目			
	温度冲击	温度循环	随机振动	电老炼
电路板级	√	△	×	×
组合级（设备级）	×	√	√	√

符号说明：√—适用；△—可选用；×—不适用。

地面装备可参照GJB 1032等标准进行环境应力筛选。试验中应密切关注产品的环境响应测量，以及时对筛选应力条件作出调整。

6.3　可靠性强化试验

可靠性强化试验是指在产品研制阶段，采用比技术规范极限更加严酷的试验应力，加速激发产品的潜在缺陷，并进行不断地改进和验证，提高产品的固有可靠性。在可靠性强化试验中，其试验应力是逐步增大的，采用人为施加比技术规范极限更加严酷的试验应力，以加速激发产品的潜在缺陷。通过故障模式分析和故障机理分析，可以改进消除产品早期研制工作中发现、研究和纠正故障，及时为产品设计改进提供有效信息，以提升产品的可靠度，但也可能发生一些实际情况下不会出现的非预期失效。

6.3.1　试验目的

系统施加逐步增大的环境应力（如温度、振动、快速温变、温变和振动的综合应力等）和工作应力（电应力），确定产品的耐受应力极限，激发和暴露产品设计中的薄弱环节，以便改进设计和工艺，提高产品可靠性的试验。

6.3.2　工作要点

可靠性强化试验是在产品研制阶段早期进行的一种可靠性研制试验，一般在产品硬件指标基本达到后尽早开展。试验对象一般为重要度较高的新研或改型弹上及地面装备电子设备等产品，光电产品及机电产品可参照实施。

1）可靠性强化试验的难度随产品复杂程度增加而增大，应尽量在板级、组件级产品上实施，如有条件，也可以在设备级产品上实施。

2）可靠性强化试验应尽可能采用加速应力，以尽快暴露出产品中存在的设计、材料和工艺等方面的缺陷。应掌握产品整个寿命剖面中所能遇到的应力与其失效机理的关系，以确保施加的加速应力以确保不引入新的失效模式。

3）可靠性强化试验的基本方法是通过施加步进应力，不断发现设计缺陷，并进行改进和验证以提高产品耐环境能力，直到现有材料、工艺、技术和费用支撑能力无法做出进一步改进为止。应按QJ 20209或其他有关标准规定的要求和方法进行可靠性强化试验。

4）可靠性强化试验应力及施加顺序一般为低温步进应力试验、高温步进应力试验、快速温度循环试验、振动步进应力试验和综合环境应力试验。可靠性强化试验设备应能保证产生和保持试验所需的环境应力，可以使用传统电动台与快速温变箱组成的试验设备，也可以使用三轴六自由度振动台与快速温变箱组成的试验设备。

5）在进行温度类试验时，应将产品的密封盖板打开，使其暴露在充足的气流量下，以使受试产品的温度均匀变化，尽可能将受试产品的底部垫高以使气流量顺利通过。在进行振动试验时，应直接或使用夹具将受试产品刚性地固定于振动台上，有外部减振装置的应取下再固定。

6）在进行设备级产品强化试验时，温度传感器和振动传感器应直接安装在产品内部的电路板上。温度传感器应安装在产品内部电路板的热集中部位，振动传感器应安装在产品易引发共振部位。

6.3.3　试验方法

6.3.3.1　试验应力的选择

可靠性强化试验施加的主要环境应力有：低温、高温、快速温度循环、振动、湿度，以及综合环境应力。一般电子产品在可靠性强化试验中不施加湿度应力，由湿度应力引起的故障主要靠其他试验来剔除，如温度-湿度环境试验。

6.3.3.2　应力施加方式及试验剖面

（1）应力施加顺序

可靠性强化试验一般按以下顺序时间环境应力：低温步进、高温步进、快速温度循环、振动步进、综合环境应力。具体时间顺序如图 6 - 1 所示。

（2）应力施加方法

①高/低温步进应力施加方法

1）起始点温度。低温步进应力试验在室温或产品技术条件要求的极限工作温度下进行。高温步进应力试验在室温或产品技术条件要求的极限工作温度下进行。

2）每步保持时间。每步保持时间为产品冷/热透的时间和产品检测所需时间之和。

3）步长。步长通常为 10 ℃，但某些时候也可以增加到 20 ℃或

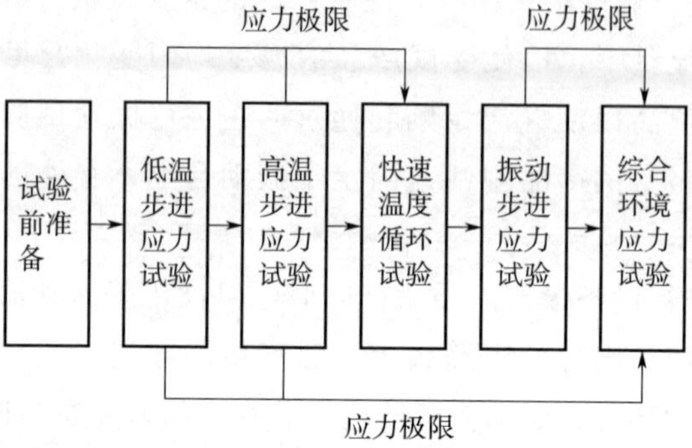

图 6－1 可靠性强化试验应力施加顺序及流程

减小到 5 ℃。建议在高/低温工作极限前步长设定为 10 ℃，高低温极限后步长调整为 5 ℃，视产品具体情况而定。

4）检测。在每个温度阶段受试产品达到温度稳定后，一般进行五次通断电启动检测（具体通断电启动次数视具体产品特性确定），之后，在标称电压下进行产品的性能检测。

5）高/低温工作极限和高/低温破坏极限。在高/低温步进的过程中，一旦发现产品出现异常，立即将温度恢复至上一量级，然后进行全面检测。如果产品恢复正常，则判定产品出现异常的温度应力为产品的高/低温工作极限；如仍然不正常则判定产品出现异常的温度为产品的高/低温破坏极限。

高温步进应力试验剖面设计示例如图 6－2 所示。

②快速温度循环应力施加方法

1）上下限温度。温度循环中的上下限温度值决定了试验强度。温度范围表明了产品在每一个循环中经受的应力/应变。选择上下限温度值的关键是给受试产品施加适当应力以析出缺陷又不损坏好的产品。通常快速温度循环的上、下限温度不超过产品破坏极限的 80％。

2）温度变化率。温变率以复杂的方式影响试验强度，也影响试验时间，从而影响试验费用。可靠性强化试验的温变率一般在15～

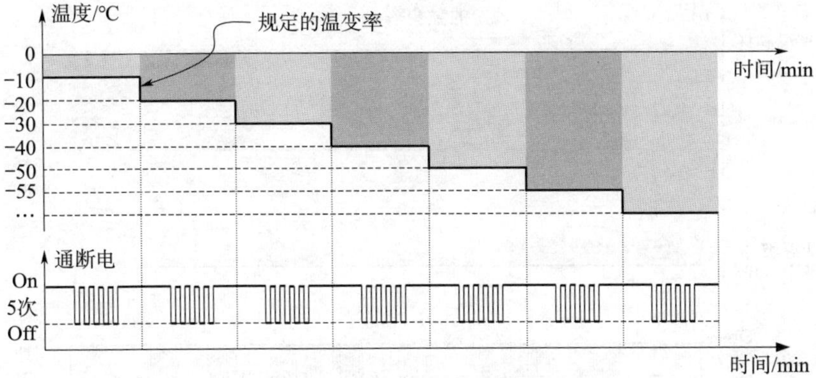

图 6-2　高温步进应力试验剖面设计示例

60 ℃/min 之间，根据试验设备的最大温变能力确定，这一速率是指试验箱内温度变化的平均速度。

3）上下限温度持续时间。上下限温度持续时间包括产品温度稳定所需时间和上下限温度浸泡时间。

浸泡时间用于两个目的，一是保证材料发生蠕变，二是完成功能测试。材料发生蠕变所需时间一般为 5 min 左右，因此浸泡时间一般不小于 5 min。浸泡时间可延长至测试完成。在通常情况下，受试产品在上下限温度保持时间为 20～30 min。

4）检测。在每个温度阶段受试产品达到温度稳定后，一般进行五次通断电启动检测（具体通断电启动次数视具体产品特性确定），之后，按上限电压、标称电压和下限电压的顺序对产品进行性能检测。

5）温度循环次数。温度循环一般为六次，视具体产品特性来确定。

6）受试产品输入电压。快速温变循环过程中，必须在产品规定的标称电压、最高输入电压和最低输入电压下进行功能、性能测试，以考核输入标称电压及高低电压极限下的产品工作能力。

快速温度循环试验剖面如图 6-3 所示。

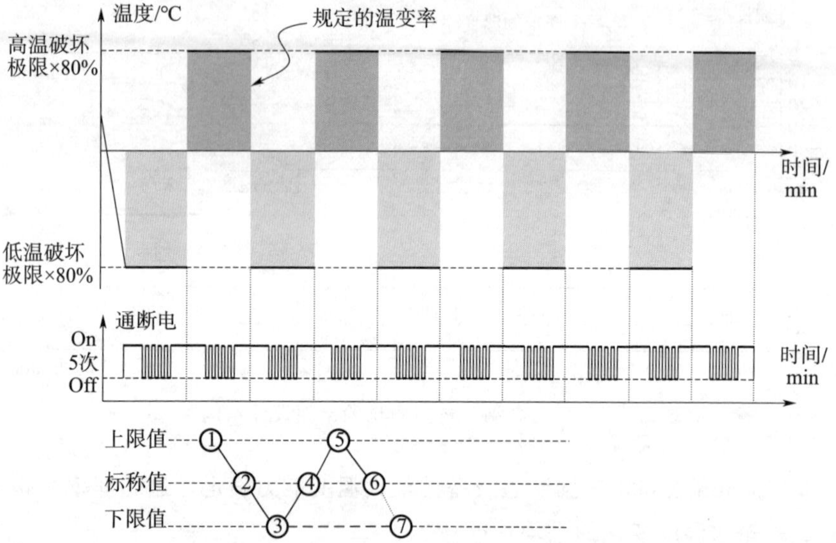

图 6-3　快速温度循环试验剖面设计示例

③振动步进应力试验剖面

1）振动控制谱。振动控制谱可采用随机振动筛选谱或者技术要求规定的振动控制谱，结合产品自身特点选取合适的振动控制谱，选取产品的敏感方向作为施振方向。

2）振动应力初始值。振动步进应力试验的初始值按技术要求的工作载荷施加，根据受试产品的具体情况确定。

3）每步保持时间。每个振动应力水平的驻留时间应包括受试产品振动稳定后的驻留时间以及功能和性能检测时间。振动稳定驻留时间一般为 5～10 min，功能和性能检测应在振动稳定后进行，所需时间视受试产品具体情况而定。

4）应力步长。应力步长一般为 2～3 m/s^2，不超过 3 m/s^2。具体选择依据受试产品能够承受的最大应力和受试产品的实际使用情况而定。在试验过程中，可以根据实际情况适当调整，在估计接近振动工作极限或振动破坏极限后，建议适当减小步长以找到工作极限或破坏极限。

5）检测。整个试验过程中受试产品处于通电工作状态，并施加标称电压。

6）振动应力工作极限和破坏极限。在振动应力步进试验过程中，一旦发现产品出现异常，立即将振动量级恢复至上一量级，进行全面检测。如果产品恢复正常，则判定产品出现异常的振动应力为产品的工作极限；如仍然不正常则判定产品出现异常的振动应力为产品的破坏极限。

振动步进应力试验剖面如图 6－4 所示。

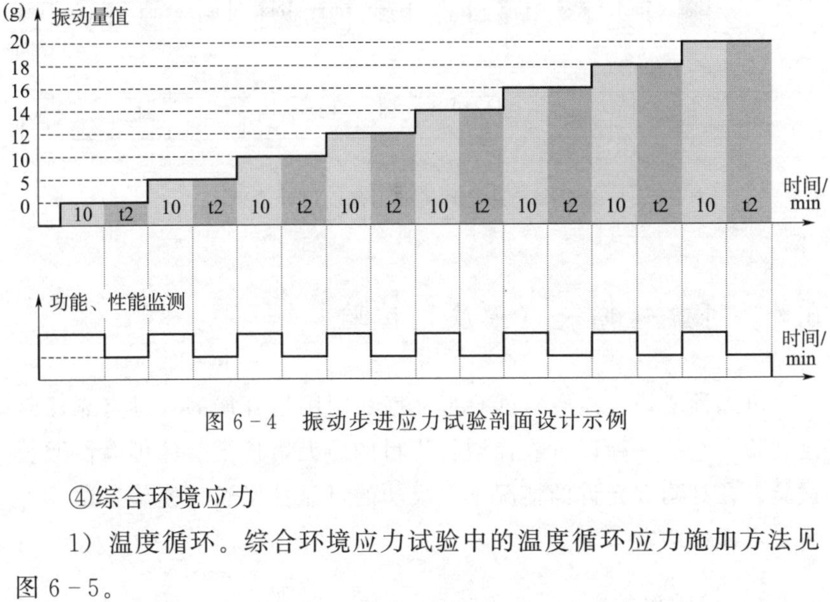

图 6－4　振动步进应力试验剖面设计示例

④综合环境应力

1）温度循环。综合环境应力试验中的温度循环应力施加方法见图 6－5。

2）振动应力。振动应力前几个循环按破坏极限的 50％施加，最后一个循环施加微振动应力。微振动应力为 $2g_{Rms} \pm 1g_{Rms}$。若破坏极限未确定，则前几个循环可以按工作极限的 60％施加。具体应力量级视受试产品特点来确定。

3）循环次数。综合循环次数一般为六次，视具体产品特性来确定，以激发出产品的潜在缺陷为准。

综合环境应力剖面如图 6－5 所示。

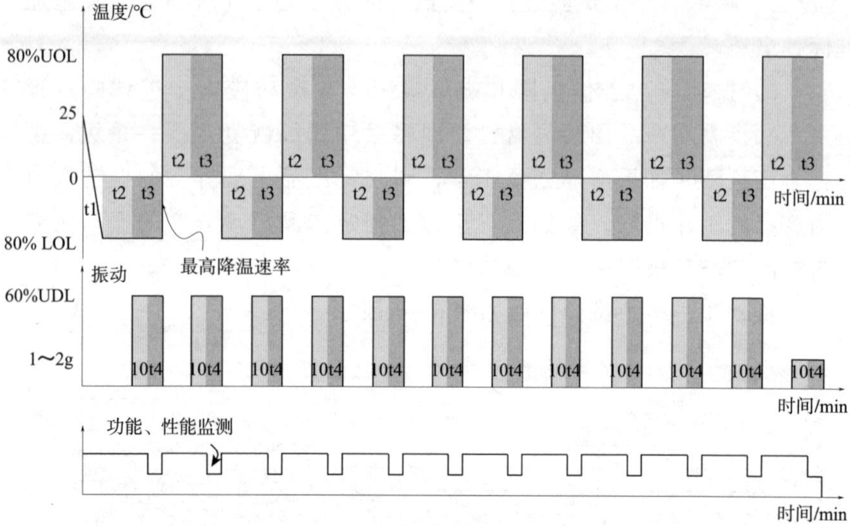

图 6－5　综合环境应力剖面设计示例

6.4　可靠性增长（摸底）试验

可靠性增长（摸底）试验是根据我国国情开展的一种可靠性研制试验。它是一种以可靠性增长为目的，无增长模型的可靠性增长试验。在订购方允许的情况下，成功的可靠性增长（摸底）试验可免去可靠性鉴定试验。

6.4.1　试验目的

可靠性增长（摸底）试验的目的是通过对装备施加模拟使用环境的综合环境应力，暴露装备在设计、工艺、元器件选用等方面的薄弱环节，在对薄弱环节分析并采取有效措施后，实现装备的可靠性增长。同时，在典型综合环境条件下验证装备的可靠性水平，对装备的可靠性进行评估。

6.4.2 工作要点

可靠性增长（摸底）试验是一种无可靠性增长模型的短时可靠性增长试验，一般在工程研制阶段中期产品技术状态基本固化后进行。试验对象一般包括较为复杂的、重要度较高的新研或改型弹上设备、舱段及全弹等产品，地面装备产品可参照实施。

1）在可靠性增长（摸底）试验前，受试产品应已通过环境应力筛选，同批产品应完成产品规范要求的性能试验和必要的环境试验。

2）应按照 QJ 3127 或其他标准规定的要求和方法制定产品可靠性增长（摸底）试验方案，通常将最低可接受值作为可靠性增长（摸底）试验的目标值；使用方风险一般不大于 0.3。

3）可靠性增长（摸底）试验一般应使用综合环境条件，环境应力尽可能模拟产品所处实际使用环境的量值。在能够给出合理的加速因子情况下，条件允许时可采用加速的环境应力条件进行可靠性增长（摸底）试验。

6.4.3 试验方法

6.4.3.1 确定试验时间

（1）确定可靠性指标

可靠性增长（摸底）试验的目标值是根据可靠性指标确定的，可根据需要选用最低可接受值或规定值作为试验目标值；使用方风险一般不大于 0.3。

（2）确定有效试验时间

有效试验时间的确定一般采用指数分布的定时截尾方案。当试验中不出现故障时，总有效试验时间与 MTBF 指标的关系按照公式（6－1）确定。

$$T=\theta_L \times \ln\left(\frac{1}{\beta}\right) \tag{6-1}$$

式中 T ——试验总工作时间，(h)；

θ_L ——平均故障间隔时间下限，(h)；

β ——使用方风险，一般 $\beta \leqslant 30\%$ 。

可靠性指标 R 与 MTBF 之间按公式（6 -2）进行转换：

$$\theta L = -t/\ln R \quad (6-2)$$

式中 t ——等效任务时间，为产品的实际通电时间，(h)；

θ_L ——平均故障间隔时间下限，(h)；

R ——可靠性增长（摸底）试验的可靠度目标值。

当试验中允许出现故障时，可采用 GJB 899A—2009《可靠性鉴定和验收试验》规定的定时截尾试验统计方案确定总有效试验时间。

（3）确定试验循环数

可利用公式（6 - 3）确定试验循环次数，试验循环次数应取整数。

$$C = \frac{T}{nt} \quad (6-3)$$

式中 C ——试验循环次数；

T——试验总工作时间，(h)；

n ——受试产品台数；

t ——单个循环中产品工作时间，(h)。

6.4.3.2 试验剖面确定

环境剖面应能反映受试产品实际使用和任务环境的特征。各种应力施加的时间应按产品寿命周期内会遇到的各种环境应力条件下持续时间的比例来确定。为了尽量逼真地模拟产品在使用中遇到的实际环境。应优先使用实测应力，也可使用估计应力。在得不到上述应力的情况下，可参考 GJB 899A 附录 B 中的方法确定应力。在不破坏产品且不改变产品失效机理的前提下，也可适当使用加速应力。

6.4.4 试验结果评估

当试验目的为可靠性量化评估，或者试验成功可免做可靠性鉴定试验时，试验完成后对受试产品的可靠性水平进行评估。无故障情况下，根据定时截尾的试验方案，受试产品试验结果的可靠性下限评估见公式（6-4）：

$$\theta_L = \frac{2T}{\chi^2(\gamma, 2Z+2)} \tag{6-4}$$

式中　$\chi^2(\gamma, 2Z+2)$——自由度为 $2Z+2$ 的 χ^2 分布的 γ 分位数；

θ_L——平均故障间隔时间置信下限，(h)；

T——试验总工作时间，(h)；

Z——关联故障数；

γ——置信水平，一般不低于 0.7。

6.5　可靠性鉴定试验

可靠性鉴定试验是为了验证产品的设计是否达到了规定的可靠性要求，由订购方认可的单位按选定的抽样方案，抽取有代表性的产品在规定条件下所进行的试验。可靠性鉴定试验是产品可靠性的确认试验，也是研发产品进入量产前的一种验证试验。

6.5.1　试验目的

验证产品的设计是否达到规定的可靠性要求。

6.5.2　工作要点

可靠性鉴定试验一般应在独立于承制方及有资质的实验室进行。

1）对新设计的和经过重大改进的产品一般应进行可靠性鉴定试验，必要时还包括新系统选用的现成产品（关键的）。可靠性鉴定试验应当在订购方确定的产品层次上进行，并尽可能在较高层次的产品上进行，以充分考核接口的情况，提高试验的真实性。可靠性鉴定试验应在环境应力筛选和环境鉴定试验完成后进行，受试产品应能代表定型产品的技术状态。

2）可靠性鉴定试验是统计试验，试验时间主要取决于要验证的可靠性水平和选用的统计试验方案。应根据可提供的试验经费和时间等资源确定风险和鉴别比，然后依据选定的风险和鉴别比确定可靠性鉴定试验统计方案。不同类别产品的可靠性统计试验方案可参照 GJB 899A 附录 B。

3）试验应力应尽可能模拟产品实际使用环境中将要经历的应力类型、水平和持续时间，综合环境应力的设计可参考 GJB 899 的规定。一般采用能够提供综合环境应力的试验设备或在实际使用环境下进行。

4）可靠性鉴定试验可与产品其他定型试验、寿命试验或性能验证试验进行统筹考虑，并将这些试验都纳入试验、分析与改进（TAAF）的可靠性增长管理中，以充分利用这些试验资源及试验故障信息，提高试验效费比。

6.5.3 试验方法

6.5.3.1 电子/光电产品

电子/光电产品一般假定其寿命服从指数分布。可按照 GJB 899 或其他有关标准规定的要求和方法，采用基于指数分布的统计试验方案，根据电子/光电产品的任务时间、可靠性指标和置信度等参数确定统计试验方案，包括对应拒收故障数的试验时间。指数型产品可靠性验证试验时间可用公式（6－5）和公式（6－6）确定：

$$\theta_L = \frac{t_0}{\ln R_L} \tag{6-5}$$

式中 θ_L ——平均故障间隔时间（MTBF）的最低可接受值；

t_0 ——等效任务时间，根据受试产品的实际任务剖面确定；

R_L ——可靠度的最低可接受值。

$$T = \theta_L \ln \frac{1}{\beta} \tag{6-6}$$

式中 T ——有效试验时间；

β——使用方风险，一般取 30%。

电子/光电产品可靠性鉴定试验采用的综合环境应力主要包括温度、湿度、振动及电应力等。

6.5.3.2　机电产品

舵机、伺服机构、发控执行组件等机电产品的故障模式与电子产品相比有较大差异，主要是耗损型失效机理，一般假定其寿命服从威布尔分布。机电产品建议采用基于威布尔分布的统计试验方案，根据机电产品的任务时间、可靠性指标、置信度和形状参数等确定统计试验方案，包括对应拒收故障数的试验时间。其中，产品威布尔寿命分布形状参数的确定是核心。威布尔型产品可靠性试验时间可用公式（6－7）确定：

$$T_1 = t_o \left[\frac{\ln(1-\gamma)}{n \ln R_L} \right]^{1/m} \tag{6-7}$$

式中　T_1——单个产品有效试验时间；

γ——置信度；

n——参试产品数量；

m——形状参数。

机电产品可靠性鉴定试验的综合环境试验条件除包括温度、湿度、振动等综合环境应力外，还应包括电应力、压力、负载及运动功能等因素。

6.5.3.3　功能结构件

功能结构件的可靠性特征量一般包括寿命、性能参数、成败数等，应根据功能结构件的可靠性特征量类型确定相应的试验方案。

功能结构件的试验条件一般应包括使用载荷、综合环境应力、运动功能等综合因素。需采用能够加载综合环境应力和使用载荷，并能实现机构运动功能的模拟试验系统。

6.5.3.4　含能产品

含能产品的可靠性特征量一般包括成败数、性能参数、起爆感度等类型，可按照GJB 376 等标准规定的要求和方法进行固体发动机、战斗部及火工等含能产品的可靠性试验评估：

1）对成败型含能产品，可以采用二项分布及超几何分布评估其可靠度。

2）对性能参数可以直接测量的含能产品，可认为其测量值服从正态分布，采用正态统计容许限计算产品可靠度。

3）对可靠性特征量为起爆感度的含能产品，可采用起爆感度验证评估含能产品的发火（不发火）可靠度。即假定产品临界刺激量服从正态分布，依据 GJB/Z 377 等标准规定的统计方法，对临界刺激量分布的平均值和标准差做出估计，并按正态分布由平均临界刺激量外推，验证评估在给定刺激量下的发火可靠度。

6.5.3.5 舱段/全弹

舱段/全弹可靠性鉴定可采用实验室可靠性鉴定试验、靶场可靠性鉴定试验以及综合评估等方式进行：

1）可按照 GJB 899、QJ 2631 等标准规定的要求和方法进行舱段/全弹实验室可靠性鉴定试验，假定产品寿命服从指数分布，按照导弹的飞行任务时间、可靠性指标和置信度计算得到拒收故障数对应的试验时间。

2）舱段/全弹进行靶场可靠性鉴定试验时，可与靶场飞行试验结合开展。在技术状态一致的条件下，其他飞行试验信息也可纳入导弹发射飞行可靠度考核。

3）舱段/全弹作为一次性使用的产品，试验结果分为成功、失败两种状态，可按GB/T 5080.5—1985 提供的截尾序贯试验方案或定数试验方案进行，成败型产品常用的试验方案见表 6 - 5。

表 6-5　成败型产品常用的可靠度置信下限值

试验次数	失败次数							
	0	1	2	3	4	5	6	7
4	0.740 1	0.491 6	0.272 4					
5	0.786 0	0.578 0	0.389 8	0.218 0				
6	0.818 2	0.639 6	0.476 1	0.323 3				
7	0.842 0	0.685 7	0.541 5	0.405 2	0.276 3			
8	0.860 3	0.721 4	0.592 5	0.470 1	0.353 0			
9	0.874 8	0.749 9	0.633 5	0.522 4	0.415 8	0.312 8		
10	0.886 6	0.773 1	0.667 0	0.585 5	0.467 5	0.372 6		
11	0.896 3	0.792 3	0.695 0	0.601 6	0.511 1	0.423 2		
12	0.904 5	0.808 6	0.718 6	0.632 1	0.548 2	0.466 4		
13	0.911 6	0.822 5	0.738 9	0.658 4	0.580 1	0.503 7		
14	0.917 6	0.834 5	0.756 4	0.681 1	0.607 9	0.536 3	0.466 1	
15	0.922 9	0.845 0	0.771 8	0.701 1	0.632 2	0.564 8	0.498 7	
16	0.927 5	0.854 3	0.785 3	0.718 7	0.653 7	0.590 1	0.527 6	0.466 1

可综合利用导弹实验室试验及靶场飞行试验信息，采用金字塔式可靠性综合评定方法，根据系统的结构特点，利用系统以下各级的试验信息，自下而上，逐级采用 CMSR（Combined MML and SR）等方法评估导弹的发射飞行可靠度。

6.5.3.6　地面装备

对地面装备关键电子设备，一般可采用工程经验性质的可靠性考核试验。可靠性考核试验具有摸底和增长的双重作用，能够有效地缩短试验时间，减少试验费用，保证产品的可靠性水平。

1）可参照 GJB 899 或其他有关标准规定的要求和方法，考虑产品的重要性、成本、试验时间、风险率、鉴别比及相似产品经验等因素，选择合适的地面装备统计试验方案。

2）地面装备的可靠性鉴定试验优先选用模拟环境应力，试验剖面可以参考 GJB 899 等标准制定，并结合工程经验和产品特点进行恰当剪裁。一般来说，由于地面装备关键电子设备可靠性考核试验的时间比可靠性鉴定试验的时间缩短了很多，其试验剖面应相对严格。地面装备系统在模拟环境应力条件不具备时，选用阵地自然环境应力。

3）根据产品标准（技术条件）规定的维修性要求，地面装备在受试期间可以进行必要的预防性维修，但维修的周期和内容必须在可靠性试验计划中列出。故障修理时间和预防维修时间不计在总试验时间内。

4）对于高可靠系统复杂、小子样的地面装备产品，可结合相似产品试验数据及实际使用数据，采用综合评定的方法进行可靠性验证与可靠性指标评估。

6.5.3.7　导弹武器系统

导弹武器系统可利用导弹综合评估信息，结合主要地面作战装备信息，采用 CMSR 法综合评定导弹武器系统在一定置信度下的战斗工作可靠度下限值。

6.5.4　试验结果评估

6.5.4.1　成败型产品可靠性评估

成败型产品根据试验次数和失败次数进行可靠性评估，有故障情况下，成败型产品可靠度单侧置信下限值用公式（6－8）评估，或根据 GB/T 4087.3—1985 通过查表得到可靠度单侧置信下限。

$$\sum_{k=0}^{m}\binom{l}{K}R_L^{l-k}(1-R_L)^k=1-\gamma \tag{6-8}$$

式中　m ——失败次数；

l ——试验次数；

R_L ——可靠度单侧置信下限值；

γ ——置信度。

无故障情况下，成败型产品区间估计单侧置信下限值用公式（6－9）评估：

$$R_L = (1-\gamma)^{1/l} \tag{6-9}$$

6.5.4.2　指数型产品可靠性评估

对于服从指数分布的电子产品，根据累计的工作时间及故障数进行可靠性评估。若试验中产品出现 N 个故障，有效试验时间为 T，则指数型产品 MTB(C)F 单侧置信下限值的计算公式为

$$\theta_L = \frac{2T}{\chi^2_{2N+2,\gamma}} \tag{6-10}$$

产品的可靠度计算公式为

$$R_L = \mathrm{e}^{-t_0/\theta_L} \tag{6-11}$$

6.5.4.3　威布尔型产品可靠性评估

对于服从威布尔分布的机电产品，根据累计的工作时间及故障数进行可靠性评估。若试验中 n 个参试产品出现 N 个故障，每个产品有效试验时间为 T_1，则产品可靠度单侧置信下限值的计算公式为

$$R_L = \exp\left(-\frac{\chi^2_{2N+2,\gamma}}{2nT_1^m}t_0^m\right) \tag{6-12}$$

6.6　可靠性分析评价

可靠性评价贯穿于产品研制、试验、生产、使用和维修的全过程。依据武器装备的可靠性定量要求，以装备的结构功能分析为基础，充分收集装备在寿命周期内产生的各种试验数据，确定故障判据开展故障分析，基于不同类型的可靠性评价方法，进行可靠性评价。

6.6.1　试验目的

通过综合利用与产品有关的各种可靠性信息，评价产品是否满足规定的可靠性要求。

6.6.2　工作要点

可靠性分析评价一般用于试验样本量少或难以通过试验对产品的可靠性进行验证的产品，工作要点如下。

1）应当充分利用相似产品和产品组成部分的各类试验数据及使用数据，作为可靠性分析评价的基础数据；

2）应尽早制定可靠性分析评价方案，系统说明所利用的各种数据、采用的分析方法（包括建模仿真分析方法）和评价的置信水平等。可靠性分析评价方案应经订购方认可；

3）应制定可靠性分析评价工作的管理和监控要求。

6.6.3　可靠性数据收集

在产品研制过程中，系统要经过论证阶段、方案阶段、初样阶段、试样阶段、设计定型等阶段。产品各阶段可靠性试验都会产生相应的数据用于进行可靠性评估，这些数据包括：靶场飞行试验数据、产品状态鉴定试验的数据、地面试验数据、产品例行试验的数据、寿命试验、可靠性摸底试验、可靠性强化试验、可靠性增长试验、环境试验、地面静力或静热试验、仿真试验、产品单元抽样试验的数据（即生产过程中检测到的实测数据）、自然贮存试验数据等，具体可靠性数据来源情况如图 6 - 6 所示。

可靠性评估对象（产品）有的属于连续工作型，有的属于成败型，有的试验（或使用）信息是非寿命型的，根据产品不同类型，可靠性数据收集的内容应包括：

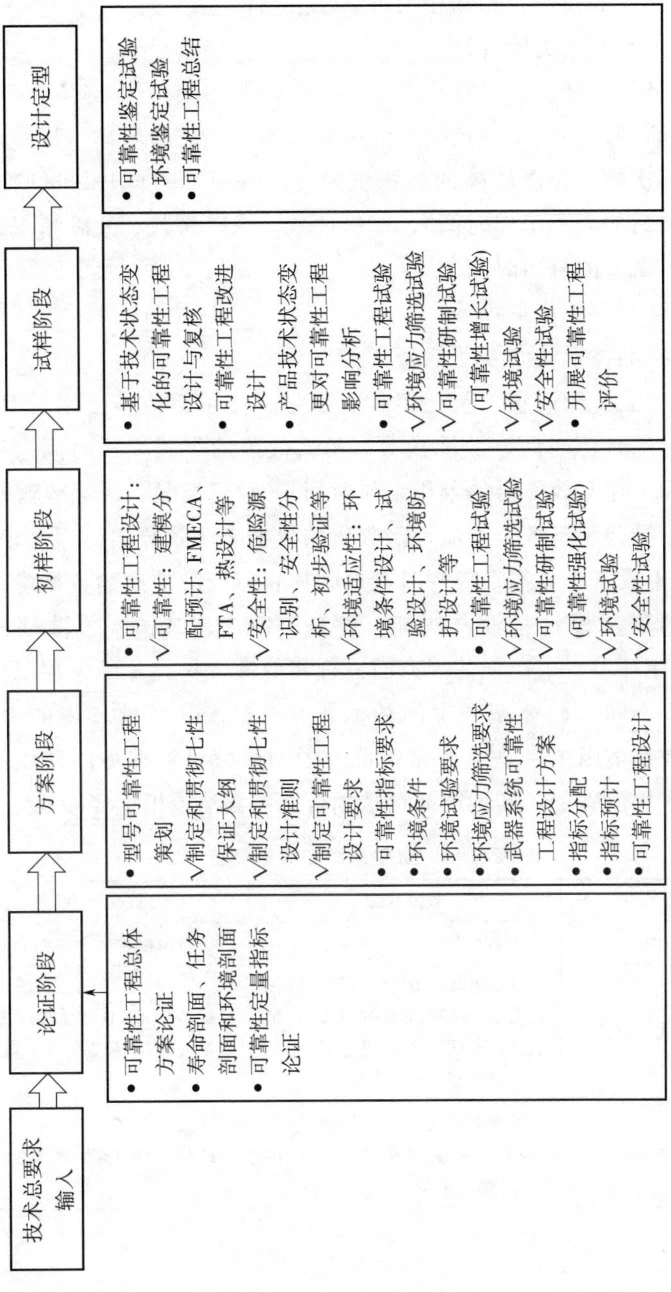

技术总要求输入
论证阶段
方案阶段
初样阶段
试样阶段
设计定型
● 可靠性工程总体方案论证
● 寿命剖面、任务剖面和环境剖面
● 可靠性定量指标论证
● 型号可靠性工程策划
√制定和贯彻七性保证大纲
√制定和贯彻七性设计准则
√制定可靠性工程设计要求
● 可靠性指标要求
● 环境条件
● 环境试验要求
● 环境应力筛选要求
● 武器系统可靠性工程设计方案
● 指标分配
● 指标预计
● 可靠性工程设计
● 可靠性工程设计：
√可靠性：建模分配预计、FMECA、FTA、热设计等
√安全性：危险源识别、安全性分析、初步验证等
√环境适应性：环境条件设计、试验设计、环境防护设计等
● 可靠性工程试验
√环境应力筛选试验
√可靠性研制试验
(可靠性强化试验)
√环境试验
√安全性试验
● 基于技术状态变化的可靠性工程设计与复核
● 可靠性工程改进设计
● 产品技术状态变更对可靠性工程影响分析
● 可靠性工程试验
√环境应力筛选试验
√可靠性研制试验
(可靠性增长试验)
√环境试验
√安全性试验
● 开展可靠性工程评价
● 可靠性鉴定试验
● 环境鉴定试验
● 可靠性工程总结

图 6－6　可靠性数据来源

1）产品的技术状态和相关可靠性信息；

2）产品所处的阶段；

3）环境条件；

4）研制试验信息：包括产品名称、型号、试验名称、试验总时间、故障次数、每次故障的累积试验时间（即产品自开始试验或自上次故障后的累积工作时间）、试验次数、成功次数、故障情况、纠正措施、试验的日历时间；

5）试验环境信息；

6）产品技术状态变动信息；

7）产品使用信息：包括名称、型号、使用单位、使用总时间、故障发生的日历时间、故障次数、每次故障的累积工作时间（即产品由开始工作至故障时的累积工作时间）、故障情况、纠正措施等。

对于导弹装备各类产品，需收集的数据来源及数据类型见表6-6。若弹上设备的数据量较少时，可收集相似产品的试验数据参加评价，同时需从设计特性（功能、性能、组成、结构、关键部组件等）、使用环境、生产工艺等方面进行相似性分析，并考虑相似性系数。对于不同试验类型产生的数据，可根据产品所处环境的不同，适当考虑环境因子，电子产品环境因子的取值可根据不同环境下产品失效率比值确定，其他产品可选用合适的方法或根据经验确定。

表6-6　数据来源和数据类型

产品名称	数据来源	数据类型
导弹	飞行试验	飞行试验次数和失败数
导弹(非火工状态)	可靠性鉴定试验、可靠性增长（摸底）试验综合应力研制试验、挂飞试验（适用于机载导弹）、环境试验等	试验时间、挂飞时间（适用于机载导弹）和责任故障数
弹上电子和机电设备	可靠性鉴定试验、可靠性增长（摸底）试验综合应力研制试验、环境试验等	试验时间和责任故障数

续表

产品名称	数据来源	数据类型
发动机、战斗部、电池等成败型产品	发动机试车、战斗部静爆试验、电池放电试验、电池激活点爆试验等	试车、静爆试验、放电或激活点爆试验次数、失败数
发射筒(箱)	发射或弹射试验等	发射或弹射试验次数和失败次数
地(舰)面装备	飞行试验、系统联调、环境试验等	试验时间和责任故障数

6.6.4　单元级产品可靠性评估方法

导弹全弹是由弹体系统、推进系统、稳定控制系统、制导控制系统、引战系统、能源系统及弹上电缆网等部分组成，从上至下可分为系统级、分系统级、整机级和元器件材料级。导弹本身为系统级；制导、弹体、引战及动力系统为分系统级；引信、战斗部等火工品，弹身、发动机等结构产品，导引头、执行机构等电子产品和机电产品为单元级/整机级。目前，系统级可靠性评估多以单元级产品可靠性数据为基础，采用自下而上金字塔式的方法获取系统试验信息，所以单元级产品可靠性评估十分重要。本书分别介绍了火工品、结构类以及电子产品类的可靠性评估方法。

6.6.4.1　火工品

(1) 计数法

统计可靠性试验中试验数 n、失效数 F，当批量 N10n，在置信度下，无故障情况下（$F=0$），产品的可靠度 R ：

$$R=\sqrt[n]{1-\gamma} \tag{6-13}$$

有故障情况下（$F\geqslant 1$），产品的可靠度：

$$\sum_{x=0}^{F}\frac{n!}{(n-x)!}R^{n-x}(1-R)=1-\gamma \tag{6-14}$$

R 的值可以通过 GB 376—1987《火工品可靠性评估方法》查表

得到。

(2) 计量法

当火工品的某性能参数可以直接测量，样本观测值一般是服从正态分布。因此在通过试验获取性能参数 x 的 n 个观测值 x_1，x_2…，x_n 的条件下，由样本数 n 、性能参数 x 的样本均值、样本标准差 s 及给定的下限 x_L 或上限 x_U，按式（6－15）计算可常性系数 K_L 或 K_U，并根据系数 K_L 或 K_U、n 及置信度的数值，查正态分布完全样本可靠度置信下限表，得到其单元可靠性置信下限 R_L 或上限 R_U：

$$\left.\begin{aligned} K_L &= \frac{\overline{X} - X_L}{S} \\ K_U &= \frac{X_U - \overline{X}}{S} \end{aligned}\right\} \tag{6-15}$$

式中 $\overline{X}$——样本均值，$\overline{X} = \frac{1}{n}\sum_{i=1}^{n} X_i$；

S^2——样本方差，$S^2 = \frac{1}{n-1}\sum_{i=1}^{n}(x_i - \overline{x})^2$。

产品的可靠度 R 可以表示为：

$$R = R_U + R_L - 1 \tag{6-16}$$

6.6.4.2 结构类

对于典型的机械结构，可采用应力-强度干涉模型评估每个结构零部件的可靠性。结构是否失效，取决于结构的强度（S）和所承受载荷（L）之间的关系。结构可靠度是强度大于载荷的概率，舱体的可靠度 P 表达为

$$P = \int_{-\infty}^{\infty} f_L(x)\left[\int_{x}^{\infty} f_S(t)\,\mathrm{d}t\right]\mathrm{d}x \tag{6-17}$$

式中 $f_S(t)$——强度概率密度函数；

$f_L(x)$——载荷概率密度函数。

机械产品的强度和载荷均服从正态分布，则：

$$f_S(x)=\frac{1}{\sqrt{2\pi}\sigma_S}\exp\left[-\frac{1}{2}\left(\frac{x-\mu_S}{\sigma_S}\right)^2\right] \tag{6-18}$$

$$f_L(x)=\frac{1}{\sqrt{2\pi}\sigma_L}\exp\left[-\frac{1}{2}\left(\frac{x-\mu_L}{\sigma_L}\right)^2\right] \tag{6-19}$$

式中　μ_S、σ_S ——强度母体均值、标准偏差；

μ_L、σ_L ——载荷母体均值、标准偏差。

将式（6－18)、式（6－19）带入式（6－17）得：

$$P=\frac{1}{\sqrt{2\pi}}\int_{-u_0}^{\infty}\exp\left(-\frac{1}{2}u^2\right)\mathrm{d}u \tag{6-20}$$

式中　u_0 ——可靠度系数，有

$$u_0=\frac{\mu_S-\mu_L}{\sqrt{\sigma_S^2+\sigma_L^2}} \tag{6-21}$$

进一步可导出：

$$P\left(\mu_S\geqslant\frac{\overline{x}}{1+\frac{u_r C_{VS}}{\sqrt{n}}}\right)=\gamma \tag{6-22}$$

式中　$\overline{x}$ ——样本均值；

u_γ ——正态分布的上侧分位数，当置信度 $\gamma=0.8$ 时，$u_\gamma=0.841\,6$；

C_{VS} ——强度变差系数，$C_{VS}=\sigma_S/\mu_S$；

n ——子样数。

由式（6－22）得强度母体均值 μ_S 的置信下限：

$$\mu_{SC\gamma}=\frac{\overline{x}}{1+\frac{u_r C_{VS}}{\sqrt{n}}} \tag{6-23}$$

由 $\mu_{SC\gamma}-\mu_L>0$ 成立，得可靠度置信下限：

$$P_\gamma=\Phi\left(\frac{\mu_{SC_\gamma}-\mu_L}{\sqrt{C_{VS}^2\mu_{SC_\gamma}^2+\sigma_L^2}}\right) \tag{6-24}$$

6.6.4.3　电子产品类

假设电子产品的寿命分布类型为指数型，其可靠性评估可采用以下评估方法：指数型数据包括累积工作时间 T 与关联故障数 r，简记为（T，r）。由指数型数据可以计算出指数型产品的平均故障间隔时间 MTBF 的单侧置信下限值 M_L。给定产品的工作时间或任务时间 t 时，可以做出产品可靠度单侧置信下限值 R_L 的估计。

已知：试验 i，$i=1$，2，…，n；

第 i 个试验的总试验时间为 T_i；

第 i 个试验的总故障数为 r_i；

第 i 个试验的环境折合系数为 K_i；

则产品 n 个试验的总试验时间 T 为

$$T=\sum_{i=1}^{n}K_iT_i \tag{6-25}$$

环境折合系数反映的是产品各类试验的应力环境与标准应力环境之间的定量关系。以导弹实际飞行试验环境为标准环境，如果应力环境比实际飞行的应力环境恶劣，则环境折合系数大于1，如果应力环境比实际飞行的应力环境宽松，则环境折合系数小于1。通过环境折合系数量产品不用试验的试验时间折合为标准环境下的试验时间。

环境因子可参照下列选取范围确定：

1）平稳地面移动设备：1.0 ～1.5；

2）恶劣地面移动设备：1.5 ～2.0；

3）舰船舱内设备：1.0～2.0；

4）舰船舱外设备：1.5～3.0。

产品 n 个试验的总故障次数 r 为：

$$r=\sum_{i=1}^{n}r_i \tag{6-26}$$

给定置信度 $\gamma=1-\alpha$，任务时间为 t，电子产品部分可靠度下限 R_L 为：

$$R_L(t)=\exp\left[-\frac{t\chi_{\gamma}^{2}(2r+2)}{2T}\right] \tag{6-27}$$

电子产品经历初样、试样和定型三个研制阶段，研制过程开展的试验，包括老炼、筛选、交收及例行检验、可靠性强化、全弹可靠性增长摸底和全弹飞行试验。

6.6.5 系统级产品可靠性评估方法

对于系统级产品，目前多采用其研制、生产和交付等阶段部件、分系统和系统级的试验数据，采用金字塔式的方法评估其可靠性，其原理为把下一级功能单元的试验信息向上一级折合，再把折合的信息与上一级试验信息进行综合，依次从低层级向高层获取系统可靠性，该方法可有效减少系统级产品试验次数，同时达到高置信水平评估的目的。目前主要使用的系统级产品可靠性评估方法如下。

6.6.5.1 系统可靠性评估的 MML 法

MML 方法的核心思想是使单元或部件产生的系统渐近方差与系统自身的渐近方差相等，从而得到系统等效的试验信息。

设系统的可靠性函数为

$$R = h(R_1, R_2, \cdots, R_l) \tag{6-28}$$

根据 Easterling 的思想，系统可靠性函数 R 的极大似然估计为

$$R = \prod_{i=1}^{k} R_i = \prod_{i=1}^{k} \frac{s_i}{n_i} \tag{6-29}$$

则 R 的渐进方差 $D(R)$ 的极大似然估计 D 为

$$D = \sum_{i=1}^{l} \left[\frac{\partial R}{\partial R_i}\right]^2 D(R) = \sum_{i=1}^{l} \frac{R^2(1-R)}{R_i n_i} \tag{6-30}$$

1）成败型近似置信下限：

当 $f_i \neq 0$，有

$$n = \frac{\prod_{i=1}^{l} \frac{n_i}{s_i} - 1}{\sum_{i=1}^{i} \frac{f_i}{s_i n_i}}, f = n\left(1 - \prod_{i=1}^{l} \frac{n_i}{s_i}\right) \tag{6-31}$$

$$\sum_{i=s}^{n} \binom{n}{i} R_L^i (1 - R_L)^{n-i} = 1 - \gamma \tag{6-32}$$

2）指数寿命型近似置信下限：

当 $f_i \neq 0$，有

$$\eta=\frac{\ln\prod_{i=1}^{l}\frac{n_i}{s_i}}{\sum_{i=1}^{i}\frac{f_i}{s_i n_i}},r=\eta\ln\prod_{i=1}^{l}\frac{n_i}{s_i} \tag{6-33}$$

$$R_L=\exp\frac{-\chi_\gamma^2(2r+2)}{2\eta} \tag{6-34}$$

MML 法虽然计算简便，但是对于无失效情况下显然是不适用的，特别是当最小试验次数单元无失效的情况，所以此时不能直接采用 MML 法，通常是采用 SR 法信息压缩后求解。

6.6.5.2　系统可靠性评估的 LM 法

在工程应用中，有一种比 MML 方法计算简便、公式更易理解的办法称为 LM 法。产品由 k 个独立的成败型单元产品串联而成，其可靠性模型为

$$R=\prod_{i=1}^{k}R_i \tag{6-35}$$

已知组成产品的单元产品试验数据为（n_i，s_i），其中，n_i 为第 i 个单元产品的试验次数，s_i 为第 i 个单元产品的成功次数，f_i 为第 i 个单元产品的失败次数，$s_i+f_i=n_i$，$i=1$，2，…，k。产品试验 n 次，失败 f 次。

根据 LM 方法，系统级产品折合试验数 N，失败次数 F，分别可以表示为

$$N=n+\min_{1\leqslant i\leqslant k}\{n_i\} \tag{6-36}$$

$$F=f+\min_{1\leqslant i\leqslant k}\{n_i\}\left(1-\prod_{i=1}^{k}\frac{n_i-f_i}{n_i}\right) \tag{6-37}$$

产品等效成功次数 $S=N-F$。产品置信度为 γ 时的可靠度置信下限 RL 由如下公式计算：

$$\frac{1}{B(N-F,F+1)}\int_0^{R_L}u^{N-F-1}(1-u)^F\mathrm{d}u=1-\gamma \tag{6-38}$$

根据 N，F 和 γ 的数值查 GB 4087.3，若 F 不是整数，可用线性差值计算。

当 $F=0$ 时，$R_L=(1-\gamma)^{\frac{1}{N}}$ 。

当 $F=N$ 时，$R_L=0$。

产品中单元产品（火工品、结构类）为成败型，其可靠性评估数据可直接用于系统评估。产品中单元产品（电子产品）的寿命分布类型为指数型，其可靠性评估采用指数型分布模型评估。评估结果通过如下折合方式转换为成败型数据。

指数型单元采用总试验时间截尾试验，τ 为单元的总试验时间，r 为该试验时间内的失效数。指数型产品可靠性数据的处理方法如下：

当 r 不为 0 时，

$$\begin{cases} n_i=\left[\exp\left(\dfrac{r}{\eta}\right)-1\right]/\dfrac{r}{\eta^2} \\ f_i=n_i\left[1-\exp\left(-\dfrac{r}{\eta}\right)\right] \end{cases} \tag{6-39}$$

当 r 为 0 时，

$$\begin{cases} n_i=\eta \\ f_i=0 \end{cases} \tag{6-40}$$

式中　η ——单元的等效任务数，$\eta=\dfrac{\tau}{t_0}$ 。

6.6.5.3　系统可靠性评估的 SR 法

逐次压缩法（SR 法）解决了 MML 法不适用于存在无失效数据的系统可靠性评估问题。根据 Winterbottom – Verrall 定理：系统由 l 个成败型单元串联组成，若其单元试验数据按照试验次数降序排列为

$$(n_1,s_1),(n_2,s_2),\cdots,(n_l,s_l) \tag{6-41}$$

若 $s_j=n_{j+1}(j=1,\ 2,\ \cdots,\ l-1)$，则系统等效试验结果为

$$(n,s)=(n_1,s_l) \tag{6-42}$$

将 $n_i(i=1, 2, \cdots, l)$ 按试验次数由大到小进行排序，SR 法逐步压缩的步骤如下：

1) $i=1$；

2) 若 $s_i > n_{i+1}$，取 $s_{i+1}=s_{i+1}$，$n_{i+1}=\frac{n_i n_{i+1}}{s_i}$；若 $s_i \leqslant n_{i+1}$，取 $s_{i+1}=\frac{s_i s_{i+1}}{n_{i+1}}$，$n_{i+1}=n_i$；

3) $i=i+1$；若 $i<l$ 返回 B－2)，否则转向 D－4)；

4) $s=s_i$；$n=n_i$，即为系统等效试验数据，然后可根据 n，s 及 γ 求得系统的置信下限 RL。

SR 法中信息压缩的是按照点估计不变的原则进行的，最终得到系统等效试验数据。但是需要说明的是，经过单元试验信息的压缩，系统可靠度评估结果是趋于保守的。由于 LM 法与 SR 法均是按照点估计不变原则进行信息压缩的，所以其评估结果都是趋于保守的，但 LM 法信息压缩的更多，所以 LM 法比 SR 法的评估结果更加保守。

6.6.5.4 系统可靠性评估的 CMSR 法

CMSR 法是 MML 法与 SR 法有机结合而提出的，能够发挥各自方法的优点而克服彼此的缺点。CMSR 法是将试验次数最小的无失效单元试验信息进行一次信息压缩，避免了 SR 法进行 $t-1$ 次信息压缩导致的信息损失，然后运用 MML 法进行可靠性评估。若系统中不存在试验次数最少的无失效单元，CMSR 法与 MML 法效果相同。

已知系统由 l 个成败型单元和 m 个指数寿命型单元串联组成，根据 HJB 54—1993《武器系统及设备可靠性评定要求和方法》，其等效试验次数 N 和失败次数 F 利用下式计算：

$$N=\frac{\prod_{j=1}^{l}\frac{N_j}{S_j}\prod_{k=1}^{m}\exp\left(\frac{Z_k}{\eta_k}\right)-1}{\sum_{j=1}^{l}\frac{F_j}{S_j N_j}+\sum_{k=1}^{m}\frac{Z_k}{\eta_k^2}} \tag{6-43}$$

$$F=N\left[1-\prod_{j=1}^{l}\frac{S_j}{N_j}\prod_{k=1}^{m}\exp\left(-\frac{Z_k}{\eta_k}\right)\right] \tag{6-44}$$

式中　N_j ——成败型各分系统试验数；

S_j ——成败型成功数；

F_j ——成败型失败数；

η_k ——指数型分系统的等效任务次数，$\eta_k=\dfrac{\text{分系统的总试验时间 }T}{\text{单次任务时间 }t_0}$；

z_k ——指数型分系统的责任故障数；

N ——综合后的系统等效试验次数；

F ——综合的系统等效失败次数。

当所有单元故障数均不为 0 时，直接利用公式（6-43）和公式（6-44）计算系统等效试验次数 N 和等效失败次数 F 。

当成败型分系统存在故障数为 0，指数型分系统故障数均不为 0 时，需要先进行信息压缩再进行公式套用。具体方法如下：

首先进行信息压缩：对 $F_j\neq 0$ 的成败型分系统试验数据按试验次数由大到小进行排序，假设试验次数为 N_j 、成功数为 S_j 、失败数为 $F_j(1\leqslant j\leqslant l')$；对 $F_j=0$ 的分系统排在有失败数分系统的后面，假设试验数为 N_j 、成功数为 S_j 、失败数为 $F_j(l'+1\leqslant j\leqslant l)$。对成功数为 $S_{l'}$ 的分系统和 $F_j=0$ 的所有分系统共 $l-l'+1$ 个分系统进行信息压缩，即 $N(2)=\min(N_j)(l'+1\leqslant j\leqslant l)$、$S(2)=N(2)$，同时令 $N(1)=N_{l'}$、$S(1)=S_{l'}$，再对试验信息 $(S(1), N(1))$、$(S(2), N(2))$ 按照公式（6-45）进行压缩，即，将 $l-l'+1$ 个分系统信息压缩为一个成功数为 $S_{l'}$ 、试验数为 $N_{l'}$ 的分系统：

$$(S_{l'},N_{l'})=\begin{cases}(S(2),N(1)\cdot N(2)/S(1)) & S(1)>N(2)\\(S(2),N(1)) & S(1)=N(2)\\(S(1)\cdot S(2)/N(2),N(1)) & S(1)<N(2)\end{cases} \tag{6-45}$$

然后，将 l' 个成败型分系统数据信息和 m 个指数型分系统信息代入公式（6－43）和公式（6－44），计算系统等效试验次数 N 和等效失败次数 F。

当指数型分系统存在故障数为 0、成败型分系统故障数均不为 0 时，需要先进行信息压缩再进行公式套用。具体方法如下：

首先进行信息压缩：对 $z_k \neq 0$ 的指数型分系统试验数据按等效任务次数由大到小进行排序，假设等效任务次数为 η_k 、故障次数为 $z_k(1 \leqslant k \leqslant m')$； 对 $z_k = 0$ 的分系统排在有故障分系统后面，假设等效任务次数为 $\eta_k(m'+1 \leqslant k \leqslant m)$。 对失败数为 $Z_{m'}$ 的分系统和 $z_k = 0$ 的所有分系统共 $m - m' + 1$ 个分系统进行信息压缩，即 $\eta(2) = \min(\eta_k)(m'+1 \leqslant k \leqslant m)$，$z(2)=0$，同时令 $\eta(1)=\eta_{m'}$，$z(1)=z_{m'}$ ，再采用 6.6.5.2 节的方法将指数型数据转换为成败型数据 $(S(1),N(1))$、$(S(2),N(2))$ ，对其按成败型试验信息方法压缩，即，利用公式（6－45）将 $m - m' + 1$ 个分系统信息压缩为一个成功数为 $S_{m'}$ 、试验数为 $N_{m'}$ 的成败型分系统。

然后，将成功数为 $S_{m'}$ 的成败型分系统、$m'-1$ 个指数型分系统和 l 个成败型分系统的数据信息代入公式（6－43）和公式（6－44），计算系统等效试验次数 N 和等效失败次数 F 。

当既存在成败型无失败试验数据，又存在指数型无故障试验数据时，首先按 c 条的信息压缩方法将指数型数据转换为成败型数据，然后将由指数型转换得到的成败型数据和系统中原有的成败型数据统一排序，按 b 条的方法进行信息压缩，计算系统等效试验次数 N 和等效失败次数 F 。

6.7　寿命试验

6.7.1　试验目的

对有寿命要求的产品应进行寿命试验，验证产品在规定条件下的使用寿命、贮存寿命等。

6.7.2　工作要点

应通过寿命试验评价长期的预期使用环境对产品的影响，通过这些试验，确保产品不会由于长期处于使用环境而产生非金属老化、金属腐蚀、部件到寿或其他问题，工作要点如下：

1）应尽早开展导弹武器装备的自然贮存试验，通过定期检测获得的数据判断产品的贮存可靠性是否达到了规定的要求。

2）为缩短试验时间，在不改变失效机理的条件下可采用加速试验方法。应从装备的研制阶段开始，系统地开展贮存加速试验工作。

3）应尽早收集同类相似产品的老化、腐蚀、性能退化、失效及工作不正常等故障数据，对产品的失效机理及敏感环境应力进行仔细的分析，为确定寿命薄弱环节提供依据。应结合导弹任务剖面及环境条件，分析薄弱环节产品失效的物理化学过程及敏感环境应力，为选择或建立寿命加速模型提供依据。

4）可以利用同类产品的贮存数据和低层次产品贮存寿命试验数据来评价产品的贮存寿命。

6.7.3　自然贮存试验方法

武器装备自然贮存试验过程一般可划分为试验前准备、试验实施和试验后处理三个阶段，主要包括试验样品选取、试验条件确定、试验样品投放及撤场、试验样品检测及结果判读、试验数据处理及分析、试验工作总结等环节，试验流程如图 6－7 所示。

6.7.3.1　试验前准备

6.7.3.1.1　试验样品准备

（1）样品选取

选取试验样品时一般遵循以下原则：

1）三新原则：应优先对采用新材料、新器件和新工艺的产品及其平行样品安排试验；

2）薄弱环节原则：应充分利用产品 FMECA 分析结果，优先对

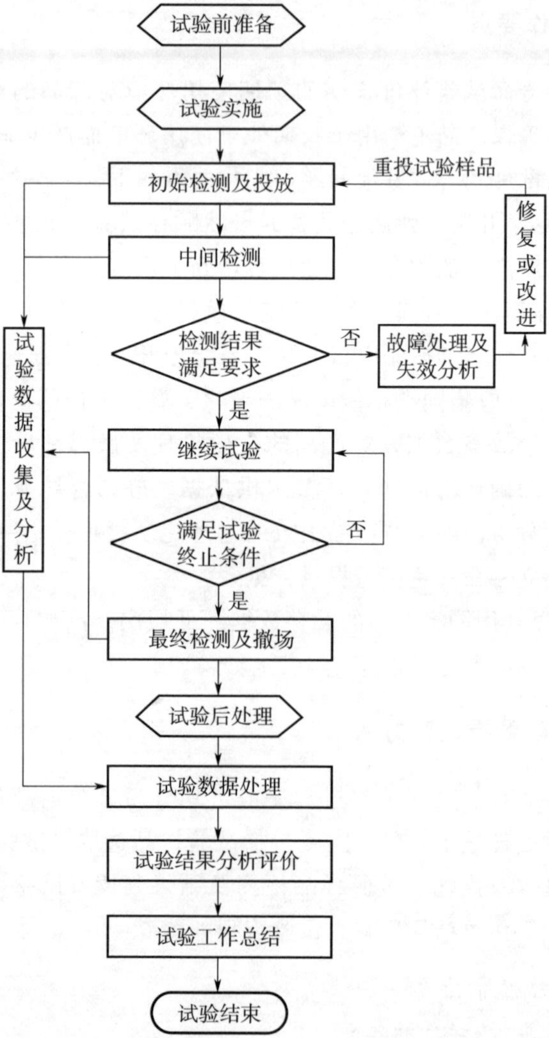

图 6-7　武器装备自然贮存试验流程

环境适应性设计薄弱环节及关键寿命件安排试验；

3）使用环境覆盖原则：应分析产品寿命期可能遇到的新使用环境条件，并优先安排试验；

4）安装状态覆盖原则：应分析产品的安装形式及状态、暴露情况及与相邻异质材料的连接情况，优先安排试验；

5）继承性/相似性原则：应分析各型号产品之间（在同等或类同环境下）的继承性及设计、工艺措施的相似性和现有试验数据，避免不必要的重复投放和过量投放。

（2）样品形状与尺寸设计

样品形状与尺寸设计时一般遵循以下原则：

1）A 类试验样品可为平板、管装或其他形状，依据试验目的或检测项目的要求，按照相应标准的规定设计特殊形状和尺寸；

2）B 类试验样品可为全尺寸器件、部件或组件产品，如紧固件、舱体等。若产品真实尺寸过大或试验空间不满足时，可按照产品原有形状等比例缩小制备试验样品，或经过恰当简化制备模拟试验样品，样品应能反映真实产品的主要特点和本征性能；

3）C 类试验样品通常为全尺寸装备或产品。

（3）样品表面状态处理

样品表面状态处理时一般遵循以下原则：

1）试验样品表面状态应与装备实际使用状态保持一致或相近，同批试验样品应具有相同的表面状态。除有预制缺陷要求的试验样品外，表面应无划痕、裂纹、剥离、压凹痕等明显缺陷。根据试验需要也可选择其他表面状态；

2）对于在较大尺寸产品上进行局部截取的试件，应对试件截断面采取必要的预处理和防护措施，以避免在试验中引入非预期薄弱环节和失效模式。

（4）样品制备/抽样

样品制备/抽样时一般遵循以下原则：

1）A 类试验样品除特殊要求外，应使用同种材料和工艺方法一次制备；

2）B 类试验样品除了模拟件/缩比件应使用同种材料和工艺方法一次制备外，其他元器件、部组件应在同批合格产品中随机抽样；

3）C类试验样品应在同批设备、整机、筒（箱）弹、整车等产品中随机抽样。

（5）样品数量确定

样品数量确定时一般遵循以下原则：

1）试验样品数量应满足试验目的及检测要求（如破坏性检测），并综合考虑经费和系统积累数据（延续试验）的需要；

2）对于每一项破坏性检测项目，试验样品数量不少于每组平行试样数量与检测次数的乘积；

3）A类和B类试验样品数量一般不少于3件，各向异性材料应分别在纵向和横向取样，大型结构件一般为1～2件；C类试验样品数量应根据试验目的、试验周期、试验性质、产品尺寸、价值、制作难易程度等因素综合确定，具体可参考GB/T 13938—1992、GB/T 14165—2008、QJ 2338B—2018、QJ 2794—1996等标准。

（6）包装和运输

样品包装和运输要求一般包括：

1）试验样品包装前应按照产品技术要求或有关标准进行合格性检验和必要的预处理，确保试验样品技术状态的符合性。

2）应按GJB 1443A—2015、GJB 2001—1994等标准有关规定，明确试验样品从厂所到试验现场的包装和运输要求。按规定进行包装，填写装箱清单，避免粗暴装卸。在运输过程中，应采取相应措施以避免对试验样品造成损伤、污染或其他影响。

3）火工品、发动机等危险品的包装和运输应严格按照GJB 2001—1994的规定办理。

6.7.3.1.2　试验条件选取

武器装备自然环境贮存试验条件选取及确定原则如下：

1）应依据导弹装备交付使用后预期经历的自然环境因素及其对装备的影响，合理确定试验地点、投放环境、试验时间等条件。

2）除大气自然环境应力外，试验期间可依据产品的实际使用特点及试验目的，同时施加连续或间歇的通电、静/动载荷、压力、摩擦等类型的应力条件。

3）试验开始时间应根据试验目的和试验样品类型确定。存在短期暴露及检测需要的样品通常推荐在试验场腐蚀性最高的季节开始试验，长期暴露及检测的样品则一般不受此限制。

4）试验持续时间应根据试验目的、试验方式、试验样品等因素综合确定，按样品种类一般划分如下：

a）金属材料（含涂镀层）类：1a、2a、5a、10a、15a、20a；

b）塑料、橡胶等非金属材料类：0.5a、1a、1.5a、2a、3a、4a、6a、10a、15a；

c）设备、整机等功能类：1a、2a、3a、4a、5a、10a、15a；

d）试验提出方相关技术要求或文件规定的试验周期。

6.7.3.1.3　试验仪器设备

自然贮存试验仪器设备一般包括试验现场常规仪器设备及产品专用仪器设备，仪器放置及使用环境应符合有关要求，检测能力及精度满足相应检测方法规定的要求。仪器设备应定期检定或校准，并处于有效期内。

6.7.3.2　试验实施

6.7.3.2.1　初始检测

试验开始前，应组织对到达试验现场的试验样品进行清点、交接、标识、封边、预处理等操作，并记录试验样品的种类和数量。应按照试验大纲及细则的规定，对试验样品进行初始外观及性能检测，记录检测结果并作为后续试验检测和对比的基线数据。试验现场不具备测试条件的，应在试验样品出厂前进行全面检测。典型外观及性能检测项目见表 6－7。

表 6-7　试验样品检测项目（示例）

序号	检测项目	检测内容	适用试验样品类型
1	外观检查	试验样品包装是否完好	B类和C类
		外表面漆层有无剥落、起皱、龟裂或发霉等	A类、B类和C类
		防热层/涂层有无分层、裂纹、崩块、脱粘、起皱等	A类、B类和C类
		防腐镀层有无明显变化，如镀锌件、镀镉件变暗或长白霜、镀银件变黄等	A类、B类和C类
		非金属件有无变色、变形及老化等	A类、B类和C类
		电连接器针/孔有无锈蚀、折弯和裂纹	B类和C类
		贮运筒/油缸/管路有无漏气、漏油等	C类
		检查可变形尺寸的参数变化，如弹体挠度变化量、电缆罩几何尺寸等	A类、B类和C类
2	功能/性能检测	电气性能检测：电缆网导通及绝缘检查、单元测试、综合测试等	B类和C类
		力学性能检测：附着力、拉伸强度、剪切强度等	A类和B类
		气密性能检查：对筒弹或箱弹、密封舱段等有密封要求的产品进行	C类
		理化性能检测：导热性能、膨胀系数、线烧蚀率等	A类、B类和C类
		点火性能测试：含有火工品的试验样品，如燃气发生器、发动机等	C类
		粘接性能测试：借助粘合剂或工艺进行界面连接的结构	A类和B类
		筒弹的全弹测试	C类
		固体火箭发动机测试	C类

6.7.3.2.2　试验样品投放

试验样品安装方式应尽量模拟其在装备中的实际安装和使用状态，包括裸露、气密、自由、承载等类型，例如导弹及弹上设备应以筒（箱）弹状态或专用包装箱形式投放。应按 GJB 8893.1—2017

有关规定采用支撑物或暴露架对试验样品进行安装，并确保试验样品的暴露面不引入人为损伤。

6.7.3.2.3　中间检测

试验期间，应按照试验大纲及细则的要求对试验样品外观及功能性能进行定期检测，记录检测结果并与基线数据进行对比，以达到监测试验样品外观及性能变化趋势的目的。应加强试验样品的早期观察和检测，发现异常数据应立即复查并采取补救措施。试验现场检测条件无法满足要求时，可携带专用测试设备至现场或将样品取回厂所进行检测。试验样品应在携回检测完毕后，立即安排返回试验现场并继续试验。检测项目一般包括外观检查和功能/性能检测，检测项目及检测周期见表 6－8。检测周期应根据试验样品的技术状态、密封状况、投放时间及环境等确定，以达到监测试验样品外观及性能变化趋势的目的。通常每 3 个月或半年进行一次外观检查及每年进行一次性能测试，具体应根据产品技术规范的有关要求进行。

表 6－8　检测项目及检测周期（以导弹装备为例）

序号	试验样品(示例)		检测周期	
			外观检测	性能检测
1	A 类	金属材料、金属涂层	半年或 1 年	
2		塑料	一般 12 个检测周期(试验总时间的十二分之一)	
3		橡胶	不大于半年	
4		有机涂覆层	试验初期半个月一次，试验中期每月一次，试验后期 3 个月一次	
5	B 类	元器件	每 3 个月或 1 年	半年或 1 年
6		部组件	每 3 个月或 1 年	1 年

续表

序号	试验样品(示例)		检测周期	
			外观检测	性能检测
7	C类	导弹或筒(箱)弹	每月	1年
8		弹上设备	1年	1年
9		弹上火工品	—	一般第一次检测为试验时间的一半,以后每两年及试验结束后进行性能试验
10		地(舰)面设备及组合	一般为1年	

6.7.3.2.4 故障处理

自然环境试验故障判别及统计的一般要求包括：试验样品不能工作或部分功能丧失；试验样品参数检测结果超出规范允许范围；产品的机械、结构部件或元器件发生破裂、断裂或损坏；由选材、设计、工艺、自然环境等因素导致的试验样品故障，应计入自然环境试验故障；由装卸、运输包装、检查测试等操作不符合技术规程而造成的试验样品故障，不计入自然环境试验故障。

以验证产品环境适应性为目的，当试验样品出现经检测确认试验样品丧失规定的功能、试验样品外观出现缺陷、试验样品出现性能指标超差上述三种情况之一时，则按试验结束处理。以暴露缺陷及薄弱环节为目的，按照以下方式处理：经检测确认试验样品丧失规定的功能，该试验样品试验结束；试验样品外观出现轻微缺陷，不影响试验样品性能时（不进行维修），继续试验；试验样品出现性能指标超差，且对功能没有影响或影响可以忽略时，经分析确认若有必要，可继续试验。由试验样品故障造成试验结束的，应在采取故障分析及纠正措施后，重投修复的原样品或经设计改进后的新样品。

6.7.3.2.5 失效分析

故障试验样品在回实验室开展失效分析前应按以下要求进行预处理：

1）调查和取证试验品现场失效信息，试验样品移动前拍照，记录失效环境参数；

2）条件允许时，在验现场完成对试验样品的非破坏性分析和测试；

3）试验样品转移时应做好适当的密封保护和减振措施避免引入二次损伤；

4）综合分析失效现象及测试结果等信息，初步推理和归纳试验样品的失效模式。然后应根据试验样品失效信息制定合理的分析方案，并结合试验样品类型及特点选择相应的失效分析方法，具体可参考 GJB 3233—1998、HJB 7739—2004 等标准有关规定。产品承研方应提供试验样品相关性能参数测试分析等技术支持。

6.7.3.2.6　最终检测及样品撤场

试验终止后，应对试验样品进行外观及功能/性能的最终检测，做好记录并将检测结果与基线及中间检测数据进行对比。试验样品完成最终检测后应进行撤场处理。拆卸和取下试验样品时，应确保试验样品不引入二次损伤，并对试验样品进行包装和运输。

6.7.3.2.7　试验数据收集

应及时对试验过程中产生的各类试验数据进行收集，明确各类试验数据标准格式和收集清单，并建立专用数据库系统对试验数据进行统一收录、管理和维护。

（1）环境因素数据

试验过程中，应对试验样品投放期间经受的大气环境因素数据进行连续监测和记录，一般包括如下环境特征信息：

1）大气环境因素：大气温度、相对湿度、太阳辐射、日照时数、气压、风向风速、降水、天气现象等；

2）大气腐蚀因素：海盐离子、二氧化硫、氨、硫化氢、氯化氢、二氧化氮、臭氧、雨水组分、降尘等。

（2）试验样品检测数据

所有试验样品均应有完整的检测记录，包括初始、中间及最终检测记录等，每次检测结束均应编制试验测试报告。试验样品有关基础信息、检测记录及结果分析等数据由产品承研方负责收集，并定期以试验测试报告的形式进行反馈。

（3）试验结果分析数据

应综合运用数学模型、数据挖掘等手段对试验数据进行分析，挖掘影响装备（产品）自然环境适应性及贮存寿命的潜在问题和共性规律。试验结果分析数据包括试验要求、故障及失效分析数据、解剖分析数据、试验结论及建议等，应尽可能全面和详实。

6.7.3.3 试验后处理

6.7.3.3.1 试验数据处理

在试验过程中，应及时对试验样品各类检测数据（包括图像、照片记录等）进行分析处理，应用图表、曲线等形式清晰描述试验样品外观及性能参数的变化趋势，分析造成试验样品环境失效或产生故障的主要原因，并按试验大纲要求进行分析处理。

（1）外观检查

对试验样品变形、脱漆、锈蚀、长霉、变色、老化、变质、裂纹、分层、剥落、脱焊、泄漏、松动、卡滞、损坏等外观缺陷进行分析和评价，归纳造成上述失效模式的直接原因。对于工艺涂层件，可参考 GB/T 1765—2008、GB/T 6461—2002 等标准进行评价。

（2）功能性能检测

应按照样品试验细则规定进行功能或性能测试，并依据产品技术要求进行测试结果分析，一般包括以下内容：

1）A 类试验样品：热物理性能、力学性能、耐烧蚀、耐冲刷强度及内部质量（如发动机）等测试分析；

2）B 类试验样品：理化性能、电子及液压性能参数、火工品发火性能、组合匹配及工作性能等测试分析；

3）C 类试验样品：密封性能、电气及机电性能、光学性能、电磁性能等测试分析。

（3）贮存后验证

应依据试验目的及产品技术规范要求，针对不同类别试验样品开展相应的可用性验证试验，以评估产品在贮存规定时间后其剩余性能是否仍然满足预定的性能指标和使用要求。A 类和 B 类试验样品主要开展功能性能试验，C 类试验样品主要开展功能性能试验、环境试验、可靠性试验等。

（4）解剖分析

如需获得试验样品外观及性能退化的深层次原因与机理，应进一步开展全面的解剖分析试验获取产品的自然环境贮存稳定性与性能退化规律。

6.7.3.3.2　试验结果分析评价

应综合试验样品检测数据及解剖分析结果，深入开展产品失效机理及自然环境适应性分析，一般包括如下内容：

1）依据试验细则规定对试验数据进行直接分析和评价，并结合试验样品组成的材料及工艺特性分析，获得试验样品环境适应性设计和防护工艺的薄弱环节。

2）应通过解剖分析揭示引起试验样品退化或失效的深层次原因与机理，给出产品选材、选型等方面结论及改进建议等参考信息。

3）应依据试验数据分析及评价结果给出所有样品的试验结论，并结合装备使用环境剖面及实际安装使用情况，提出针对性改进设计、防护、使用及维护等方面措施。

6.7.3.3.3　试验工作总结

应在试验结束后依据收集的试验数据编制试验报告，及时对试验工作进行分析和总结，并编制试验总结报告。试验总结报告一般包括以下内容：

1）试验依据。列出试验的依据性文件，包括试验方案、试验大纲、技术条件以及相关的标准规范。

2）试验概述。对试验时间、地点、参试单位和人员、试验完成情况等进行概要描述。

3）参试设备技术状态。说明参试设备和试验样品的技术状态及在研制过程中所属阶段或批次，试验中所用仪器设备的型号规格及其有效性。

4）试验过程及试验数据。描述试验步骤、试验现象，汇总、归纳和整理试验的各项结果，以数据、曲线和各种图表的形式清晰表达，对试验样品试验数据和环境数据进行分析。

5）试验故障及处理方法。对试验中出现的故障或异常现象进行故障原因和机理分析，并说明采取的解决措施。

6）试验结果分析。分析和评价试验结果是否满足产品技术文件或试验大纲的要求。

7）试验结论。根据试验大纲的相关要求，对产品环境适应性做出评价，并对产品的选材、设计、生产和工艺提出改进措施，对产品维护措施和环境防护提出改进意见。

8）其他。将试验结论及处理措施纳入数据库，为后续同类或相似装备环境适应性的持续迭代提供参考。

6.7.4　加速贮存试验方法

6.7.4.1　试品要求

6.7.4.1.1　试品范围

试品的选取范围包括：

1）零部组件级产品：选取采用新材料、新工艺的工艺结构件，以及无相似贮存信息的元器件、电气及液压组件、印制板组装件、电路模块等作为试品；

2）整机级产品：选取无相似贮存信息的电子/机电整机、含能整机等作为试品；

3）系统级产品：条件允许时，可选取舱段或全弹作为试品。

6.7.4.1.2　试品技术状态

试品试验前应达到以下技术状态：

1）材料/结构类试品：一般应按相关标准制作成材料试样，必要时针对产品设计模拟工装，以模拟实际贮存工况；

2）元器件/部组件类试品：应能满足试验要求且质量检验合格，并具有产品检验合格证或产品证明书；

3）整机及以上试品：应具备任务书/技术协议等文件中规定的功能和性能，在设计、材料、结构及工艺等方面应能反映产品的基本状态。

6.7.4.1.3　试验样本量

试验样本量按照以下原则确定：

1）零部组件级试品：应根据其加速应力水平数和检测周期确定试验样本量，可参照 GB 2689.1、GJB 92、GJB 1307、GJB 5103、QJ 2328、QJ 20233 等标准有关规定；

2）整机级试品：应根据其贮存寿命指标（置信度、贮存期等）试验验证及评估的统计分析需要确定试验样本量；

3）系统级试品：应根据试验母体数量及经费情况确定试验样本量，一般选取 2～4 发，母体数量大、价格不昂贵的可视情增加试品。

6.7.4.2　试验程序

6.7.4.2.1　试验流程

加速寿命试验主要包括加速贮存试验设计、加速贮存试验实施和试验结果分析评估等三个阶段，流程如图 6-8 所示。

6.7.4.2.2　加速贮存试验设计

（1）贮存环境条件分析

①贮存剖面及其环境载荷因素确定

应根据战术导弹的贮存剖面及其环境载荷因素来确定其贮存期的“规定贮存条件”，主要包括：

1）运输装卸：从出厂到交付使用部门的机动运输及贮存期内的勤务转场运输过程，应考虑的环境载荷因素主要包括振动、冲击等；

2）库房贮存：在国防库房及野战库房存放的过程，应考虑的环境载荷因素主要包括温度、湿度等；

3）定期测试：按照规定的要求进行检测和测试的过程，应考虑

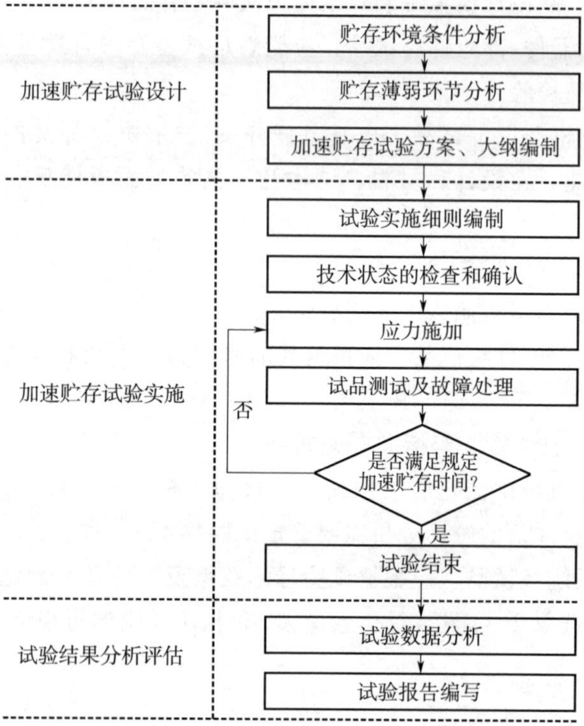

图 6-8　加速贮存试验流程

的环境载荷因素主要包括电应力等；

4）战备值班：在贮存期内存在的技术准备、战勤值班、战勤开机等过程，应考虑的环境载荷因素主要包括温度、湿度及电应力等。

②基准贮存环境剖面制定

应选择战术导弹贮存剖面内的主要环境载荷因素，根据其应力量级、持续时间和时序，制定基准贮存环境剖面，作为开展加速贮存试验的基线文件。基准贮存环境剖面应与战术导弹实际贮存环境或研制总要求/任务书有关规定一致，推荐采用实测数据制定基准贮存环境剖面；无实测数据时，可采用估算应力或推荐应力作为制定基准贮存环境剖面的依据。战术导弹贮存环境条件分析方法可参见

GJB 10786 附录 B。

(2) 贮存薄弱环节分析

①贮存薄弱环节的初步确定

初步确定战术导弹贮存薄弱环节的途径一般包括：

1) 收集同类或相似产品的老化、腐蚀、性能退化、失效及工作异常等故障数据，将失效率较高或寿命较短的产品确定为贮存薄弱环节；

2) 收集在演习及飞行试验等过程中工作异常、性能退化及失效的产品，如不能排除是偶然个体失效，应作为贮存薄弱环节；

3) 收集贮存期间定期检测数据并分析性能参数的退化趋势，存在明显单调退化趋势的产品，应作为贮存薄弱环节；

4) 重点关注采用新材料、新元器件、新工艺的产品，通过贮存可靠性预计等贮存寿命分析手段，确定贮存失效率较高的产品，作为贮存薄弱环节。

②贮存失效模式及机理分析

针对初步确定的贮存薄弱环节，应开展贮存失效模式、失效机理分析，明确其贮存敏感应力。分析时应考虑导致贮存失效的各种影响因素，包括产品的功能性能、贮存环境条件、环境防护措施和安装方式等。

(3) 加速贮存试验方案、大纲编制

①试验方案编制

应根据合同或立项批复的要求，视情编制加速贮存试验方案，用于说明战术导弹加速贮存试验工作的整体规划，概述所要求的试验对象及数量、试验方法的确定原则、试验场所的确定原则、日程安排等内容，经订购方组织评审通过后，作为审查、批准、监督和评价承制方加速贮存试验大纲的依据。

②试验大纲编制

应针对产品特点，结合贮存环境及薄弱环节分析结果，制定加速贮存试验大纲，为开展加速贮存试验提供依据。试验大纲主要包括试验目的、试验依据、试品的数量和技术状态、试验方法、参试设备和仪器要求、试验中断处理办法、故障判据、试验数据处理方法及试验报告要求等内容。

6.7.4.2.3 加速贮存试验实施

(1) 试验实施细则编制

承试方应根据加速贮存试验大纲编制试验实施细则，详细描述加速贮存试验的实施途径、有关设备的使用方法、试验实施方法和步骤等内容，用作指导实施人员试验。

(2) 技术状态的检查和确认

试品到达现场后，应按照出厂验收技术条件或有关标准，对试品的技术状态进行检查，确认试品是否满足技术状态要求。应在试验的标准大气条件下，对试品进行性能检测，并记录检测结果，确认试品正常后方可进行试验。

(3) 应力施加

对参试设备进行检查，确保处于完好状态。按照试验实施细则的规定安装试品，施加试验大纲中规定的加速应力条件。试验过程中，承试方应对试验设施进行连续监测，以保证振动、温度、湿度等环境应力及电应力等工作载荷在规定的容差范围内，并记录监测结果。

(4) 试品测试及故障处理

当试验时间达到试验大纲规定的测试点时，除产品的技术标准或试验大纲另有规定外，一般应将试品恢复至 GJB 150.1A—2009 中 3.1 规定的标准大气条件下进行测试，并记录实际的大气条件及检测数据。应根据产品的技术条件判定产品是否出现故障，若试品无故障，则继续进行试验；若试品出现故障，则应进行故障模式、故障机理分析，必要时召开专题分析会，以确定是否采取设计改进或延寿措施。

(5) 试验结束

当加速贮存试验达到试验大纲规定的加速贮存试验截止条件时，

试验结束。

6.7.4.2.4　试验结果分析评估

(1) 试验数据分析

应按照大纲规定的试验数据处理方法，分析加速贮存试验所收集的各项数据，获取产品的加速因子、贮存期等贮存信息。

(2) 试验报告编写

加速贮存试验结束后，应编写加速贮存试验报告，给出产品的加速因子、贮存期等结论。加速贮存试验报告主要包括试验概况、试验件说明、试验装置及测试仪表的说明、试验过程描述、试验中出现的主要问题及处理情况、试验数据处理分析、试验结论、存在的问题与建议及附件等内容。

6.7.4.3　试验方法

6.7.4.3.1　零部件/组件级产品

(1) 试验方法选择

零部组件级产品加速寿命试验方法选择依据如下：

1) 材料/结构类产品：高分子材料/结构产品可按 GB2689.1、GJB 92、QJ/Z 164.1 等标准规定的方法开展加速寿命试验；发动机推进剂可按 QJ 2328 等标准规定的方法开展加速寿命试验；

2) 元器件/部组件类产品：元器件可按 GB 2689.1、QJ 2407 等标准规定的要求和方法开展加速寿命试验；弹药元件可按 GJB 5103 等标准规定的要求和方法开展加速寿命试验；电子组件可按 QJ 20233 等标准规定的要求和方法开展加速寿命试验；火工品可按 GJB 735.8、GJB 735.13、GJB 1307 等标准规定的要求和方法开展加速寿命试验；

3) 其他：金属弹性元件、胶黏剂、涂层、润滑脂、复合材料、药剂等其他无相关标准的产品，可参照其他产品规定的方法开展加速寿命试验。

(2) 贮存失效模式、失效机理确定

零部组件级产品应重点验证和考核的失效模式、失效机理包括：

1）材料/结构类产品：包括橡胶、塑料等高分子材料件的老化和变质，复合材料件的力学性能下降，金属材料件的腐蚀、应力腐蚀开裂，金属弹性元件的应力松弛，推进剂安定剂含量或力学性能下降，装药老化、不相容和物质迁移等；

2）元器件/部组件类产品：包括元器件/部组件的性能参数退化、功能丧失，火工品的早炸、瞎火等。

（3）敏感应力及加速模型的确定

应在产品贮存失效模式及机理分析的基础上，针对产品在贮存剖面内的敏感环境及载荷应力，选择合适的加速应力及加速模型。典型的加速模型参见 GJB 10786 附录 D。

（4）加速应力施加方式确定

应综合考虑评估精度要求、试验件数量、试验周期等因素，选择加速应力的施加方式：

1）材料/结构类产品：一般采用恒定应力法；

2）元器件/部组件类产品：一般采用恒定应力法；当样本量较小时，也可采用步进/步退应力法。

（5）加速应力水平确定

加速应力水平确定考虑以下要素：

1）最高应力极限：应针对产品的特性，充分利用产品组成部分的物理化学特性及耐受应力极限信息、同类产品历史数据，或通过最高应力极限摸底（预）试验确定其最高应力极限；

2）最高加速应力水平：应不高于最高应力极限，以保证加速应力不超过使产品的失效机理及物理化学特性发生改变的水平；

3）最低加速应力水平：在试验时间及经费允许的情况下，应适当接近实际贮存应力水平，以提高数据外推的准确性；

4）其他加速应力水平：应在最高加速应力水平与最低应力水平之间按照加速模型的类型优化确定。

（6）加速应力水平数确定

加速应力水平数应综合考核评估精度要求、试验件数量、试验周期等因素确定。加速应力水平的个数一般不少于四个；在加速因子已知的情况下，可取一个加速应力水平开展贮存期加速验证试验。

（7）试验时间确定

对于加速寿命试验，可采用定数截尾，在每个应力水平下一般应获得三个以上的失效数据；可采用定时截尾，根据规定的贮存寿命指标、预估的加速因子等参数，初步计算出所需的加速寿命试验时间，一般低应力水平试验时间长、高应力水平试验时间短。试验中，可依据搜集到的性能参数退化情况视情调整加速寿命试验时间。

（8）测试项目确定

应结合产品的功能性能特性、安装方式等实际使用工况，通过失效机理分析及预试验等手段确定产品的寿命表征参数，作为加速寿命试验的测试项目。零部组件级产品的典型寿命表征参数参见 GJB 10786 附录 C。

（9）测试周期确定

应结合产品实际贮存情况，根据每个应力水平的试验时间确定测试周期，每个应力水平下一般应有不少于 10 次的测试。

（10）失效阈值确定

对于加速寿命试验，应依据设计规范，或通过实际使用工况的验证试验确定产品的失效阈值，为确定产品的失效时间提供依据。

（11）试验数据分析

对于加速寿命数据，可通过寻找产品加速应力水平与寿命特征量之间的物理化学关系，外推和计算正常应力水平下的贮存寿命特征及加速因子等贮存信息。

对于加速退化数据，可通过寻找产品各加速应力水平下的寿命表征参数随老化时间的退化规律，外推和评估正常应力水平下的性能参数退化规律及加速因子等贮存信息。

6.7.4.3.2　整机级产品

（1）试验程序

整机级产品的加速寿命试验程序包括：1）确定整机加速寿命试

验应力；2）确定整机加速因子；3）确定整机加速寿命试验剖面；4）开展整机贮存期加速验证试验；5）开展整机贮存后验证试验；6）测试与检测；7）故障处理；8）试验数据分析。

（2）整机加速寿命试验应力确定

应采用多种应力开展整机加速寿命试验，以充分激发和加速整机的各种贮存失效模式及机理。整机加速寿命试验应力一般可包括：1）运输振动、冲击应力；2）温度（高温、低温及温度循环）应力；3）湿度应力；4）腐蚀介质；5）低气压应力；6）电应力。

可根据产品的结构功能特点及其所面临的寿命剖面和敏感应力，对上述加速寿命试验应力进行剪裁。

（3）整机加速因子确定

①基于底层单元信息的加速因子综合计算

通过综合材料/结构、元器件/部组件等底层单元的寿命特征及加速因子等贮存信息综合计算整机的加速因子，依据的原则如下：

1）短板原则：选取整机中贮存最薄弱环节的加速因子作为整机加速因子，主要适用于有明显薄弱环节的机电整机或含能整机；

2）平均原则：将整机中薄弱环节加速因子的算术平均值或加权平均值作为整机的加速因子，主要适用于各薄弱环节加速因子相差不大的电子/机电整机。基于竞争失效的电子/机电整机加速因子综合计算方法参见 GJB 10786 附录 E。

②基于加速试验的加速因子确定

可以选取一定数量有代表性的典型电路板、组件及整机，通过开展多个加速应力水平的加速寿命试验获取其加速因子，作为其他同类整机产品加速因子选取的依据。

（4）整机加速寿命试验剖面的确定

①应力施加方式确定

当选取多个应力作为加速寿命试验的应力时，各应力的施加方式应最大程度地模拟产品的实际使用状态。应力的施加应遵循以下原则：

可采用组合应力的方式，以特定的顺序分别开展温度、湿度、温度循环应力加速寿命试验与振动、冲击应力加速试验，对每一项应力依次单独施加；

若具备条件，可将温度、湿度、温度循环、振动及电应力等环境应力和工作载荷以它们在寿命剖面内出现的方式综合施加，以考核应力之间的耦合效应；

振动及电应力的持续时间一般较短，应将试验的持续时间分成若干段施加，以保证环境暴露的分散性，便于有序地引起累积损伤。

②各应力施加时间的确定

确定加速应力水平为 S_A，将一年中各贮存阶段基准贮存应力水平 S_1，S_2，…，S_N 下的贮存时间 t_1，t_2，…，t_N，通过整机加速因子 AF_1，AF_2，…，AF_{NS} 折算到加速应力 S_A 下的试验时间，累加得到等效贮存一年的总加速寿命试验时间计算公式为

$$T=\sum_{j=1}^{N_S}\frac{t_j}{AF_j} \tag{6-46}$$

式中 T ——等效贮存一年的总加速寿命试验时间，h；

N_S ——基准贮存应力水平数；

t_j ——一年中贮存应力水平 S_j 对应的贮存时间，h；

AF_j ——加速贮存应力水平 S_A 相对于贮存应力水平 S_j 的加速因子。

③加速寿命试验剖面制定

应利用整机加速因子，将基准环境剖面转换为加速寿命试验剖面。整机级产品的加速贮存试验剖面制定方法可参见 GJB 10786 附录 F。

（5）整机贮存期加速验证试验实施

依据加速寿命试验剖面按时序施加加速应力，开展一个循环加速寿命试验等效一年。试验循环数的确定依据如下：

1）若样本量允许，可采用基于二项分布的成败型可靠度评估方法，则加速寿命试验的循环数等于需验证的目标时间；

2）在小子样条件下，考虑到产品寿命具有一定的离散性，将寿命乘以给定的试验长度因子作为等效实际寿命时间，通过增加试验时间达到利用较小的试验子样验证较高的可靠度的目的。相应的，加速寿命试验的循环数计算公式为

$$N = Y \times k \tag{6-47}$$

式中 N ——加速试验剖面循环数；

Y ——需考核和验证的寿命指标，年；

k ——试验长度因子，建议取值范围为 1.0～1.5。

（6）整机寿命验证试验

整机级产品的寿命验证试验项目应根据产品达到目标寿命后的任务剖面剪裁制定，以产品规范等技术文件的有关要求为准：

1）电子/机电整机：一般采用环境试验及可靠性试验项目；若具备条件也可采用其他验证试验项目；

2）含能整机：一般采用环境试验、点爆（点火）试验项目，必要时安排安全性试验项目；若具备条件也可采用其他验证试验项目。

（7）测试与检测

加速贮存试验过程中应结合产品设计实际，采用合适的测试方法对试品进行全面测试与检测：

1）应重点关注可表征产品贮存性能退化的功能性能及特征参数，必要时通过预试验确定产品的寿命表征参数；

2）应确定合理的试验测试时机，等效模拟每贮存一定时间后的性能检测情况，以考核贮存环境损伤对产品的影响；

3）应将试验前、试验期间及试验后测得的性能数据进行比较，以确定试品性能变化的趋势；

4）必要时，应对加速贮存试验的产品进行外观、无损射线、金相组织等寿命表征检测分析，从微观层面评价产品的贮存损伤情况及贮存性能，并通过对比试验前和试验后的分析结果，确定产品的贮存潜在缺陷或薄弱环节。

(8) 故障处理

①故障分类

应对加速贮存试验期间出现的所有故障进行分析，并进一步分为非贮存故障和贮存故障。加速贮存试验过程中，下列故障可判为非贮存故障：

1) 由于运输、吊装、转场和检测测试等操作不符合技术规程造成的试品故障；

2) 由于安装不当或意外事故引起的试品故障；

3) 由测试设备或辅助设备故障引起的试品故障；

4) 由试验设备故障引起的试品故障；

5) 整修过程中引入的故障。加速贮存试验过程中，凡是按规定的试验方法、条件、检测要求进行试验，出现的因设计不当，生产、工艺缺陷造成的失效，且无有效改进措施的应计入贮存故障。

②故障处理程序

若产品在加速贮存试验过程中出现故障，一般应按如下程序进行故障处理：

1) 暂停试验，保持产品技术状态，记录试验过程和现象，对产品发生的故障进行分析，确定发生故障的部件；

2) 进行失效机理分析，确定故障原因，并结合产品的实际贮存情况，分析故障与加速贮存试验的相关性，必要时召开故障专题分析、评审会；

3) 根据规定的故障分类原则对所发生的故障进行分类。如果产品故障分析为贮存故障，则将故障数据计入产品故障统计。若产品故障分析为非贮存故障，则不计入；

4) 如故障无法修复，则将故障产品剔除后，其余试品继续试验至规定失效数或至试验大纲规定的加速贮存试验截止时间，试验结束；如故障可以修复，应对故障产品进行修复，在证实其修理有效后，从中断所在的加速应力起始点开始，继续进行试验，中断前的试验时间计入总试验时间，直至达到试验大纲规定的加速贮存试验截止时间，试验结束；

5）对加速贮存试验中暴露的贮存故障，可确定为贮存薄弱环节，定寿项目需采取设计改进措施，延寿项目需提出整修更换、升级改进等延寿措施。

（9）试验数据分析

整机加速贮存试验后，应利用加速贮存试验数据对其贮存可靠度进行评估，整机级产品的贮存可靠度评估方法可参见 GJB 10786 附录 G。若经评估确认整机贮存可靠度达到指标要求，则认为整机满足规定的贮存期（如 Y 年）要求。

参 考 文 献

[1] 李星新，等．装备通用质量特性基础与试验［M］．北京：北京理工大学出版社，2020．

[2] GJB 10786—2022．战术导弹贮存加速试验方法［S］．2022．

[3] 李良巧．可靠性工程师手册［M］．北京：中国人民大学出版社，2012．

[4] 陶俊勇，等．装备通用质量特性技术基础［M］．长沙：国防科技大学出版社，2017．

[5] 姜同敏，等．可靠性与寿命试验［M］．北京：国防工业出版社，2012．

[6] 胡湘洪，高军，李劲．可靠性试验［M］．北京：电子工业出版社，2015．

[7] 姜同敏，王晓红．可靠性试验技术［M］．北京：北京航空航天大学出版社，2012．

[8] 王忠，等．环境试验［M］．北京：电子工业出版社，2015．

[9] 赵宇，杨军，马小兵．可靠性数据分析教程［M］．北京：北京航空航天大学出版社，2009．

[10] GJB 10785—2022．战术导弹贮存加速试验方法［S］．2022．

[11] GJB 150A—2009．军用装备实验室环境试验方法［S］．2009．

[12] GJB 1032A—2020．电子产品环境应力筛选方法［S］．2020．

[13] GJB/Z 34—1993．电子产品定量环境应力筛选指南［S］．1993．

[14] GB 376—1987．火工品可靠性评估方法［S］．1987．

[15] HJB 54—1993．武器系统及设备可靠性评定要求和方法［S］．1993．

第 7 章　发展趋势展望

从 20 世纪 70 年代我国制定并发布第一个可靠性标准 SJ 1044—1976《可靠性名词术语》开始，可靠性技术在我国已经走过了半个多世纪的发展道路。21 世纪以来，可靠性技术在我国国防科技工业领域发挥着越来越重要的作用，可靠性作为武器装备的重要性能指标的观念深入人心，尤其是可靠性保证技术的发展，已有力支撑了我国多型新研武器装备的研制生产任务。

近年来，物联网、大数据、人工智能等高新技术迅猛发展，而我国周边的国际局势愈加复杂，在百年未有之大变局的时代背景下，数字化、实战化、体系化、智能化的理念已成为国内外武器装备发展的大势所趋。

数字化牵引，降本增效。美军持续推动研制模型向数字化方向转型，通过数字化手段牵引装备设计，将数字化研制环境逐渐固化到产品研制全寿命周期中，一方面可以提升综合管理效率，准确定位新研装备需求，打通功能性能一体化设计流程；另一方面可以通过建立数字样机等仿真手段降低设计和试验成本，最终打造装备数字化综合平台，助力装备研制降本增效。

体系化对抗，综合集成。未来的作战模式不再是单一的武器装备的对抗，而是多装备协同作战场景下的体系对抗。在体系化作战要求下，面向作战装备域和作战能力域，实现武器装备的综合集成和体系作战能力的综合集成。针对这一新的作战模式，从顶层设计出发，完善体系能力指标，深化体系“能力—效能”指标关系映射，深入开展体系对抗评估分析，结合体系仿真与外场试验，开展指标评估、方法和模型的优化设计。

智能化赋能，人机协同。智能化技术的发展驱动未来战争模式的深刻变革，美军在《联合作战环境 2040》文件中尤其强调了智能化战争的重要性，马赛克战、全域战、多智能体对抗等智能化战争形态的研究层出不穷，未来战争走向智能化、无人化的发展趋势已成为必然。从装备发展层面，智能化赋能主要包括两个方面，一是智能化装备的研发与使用，二是智能化技术推动装备效能提升，最终实现人机协同。

实战化考核，全面评价。新发布《军队装备试验鉴定规定》指出，“着眼装备实战化考核要求，调整试验鉴定工作流程，在装备全寿命周期构建了性能试验、状态鉴定、作战试验、列装定型、在役考核的工作链路”。这就要求装备研制要全力摸清复杂战场环境条件下的装备性能边界，摸清“能”和“不能”底数，装备鉴定要面向实战、全过程、全层级、全指标。

因此，可靠性技术的发展必须要切实把握当前武器装备发展需求，按照“夯实基础、跟踪技术、解决急需”的原则，明确可靠性保证技术面临的挑战，准确梳理可靠性保证技术发展前沿，为下一代可靠性保证技术的发展提供方向指引。本章作者从数字化研制模型、体系化作战场景、智能化装备发展、实战化环境条件四个方面，阐述了可靠性工程的新特点和新挑战。

7.1　数字化研制模式下的挑战

“数字航天战略”的深入实施将推动武器装备的设计、验证、制造、保障业务向数字化模式转变。其中，基于模型的系统工程(MBSE) 技术已成为一种公认的复杂系统数字化设计范式。MBSE以模型为主要载体，开展跨单位/跨专业的协同设计，虚拟试验先行、虚实融合的试验验证，可以显著提升研发效率，降低研制成本。MBSE 是系统工程为了适应复杂装备研制需求逐步发展而来的，如图 7－1 所示，MBSE 的核心变革就是采用形式化、图形化和关联化的建模语言及建模工具改造传统系统工程的技术过程（即“V”模型的左半边)，使用模型来代替自然语言描述的文档，以逻辑连贯一致的多视角通用系统模型为桥梁和框架，实现跨领域模型的可追踪、可验证和全生命期内的动态关联，进而驱动生命周期各阶段的系统工程过程和活动。

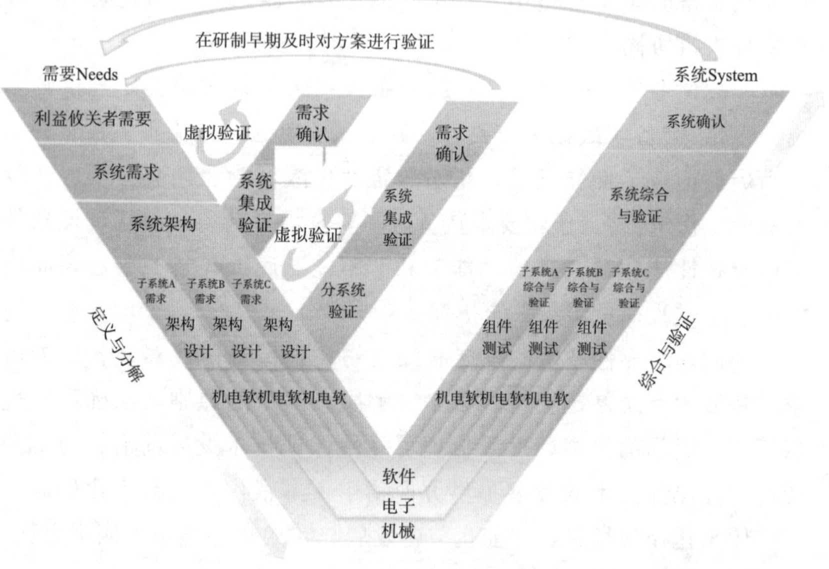

图 7-1　基于模型的系统工程

基于 MBSE 的可靠性工程的特点如下：

(1) 设计模型化

产品模型是指在产品设计过程中，在特定时刻能够综合反映产品特性的一组属性集合，其至少包括需求模型、功能模型、物理模型、故障模型、维修性模型、测试性模型、综合保障模型等。设计模型化体现在产品设计过程之中，产品不同技术状态表现为各种不同的产品模型以及模型之间的关联与演化。设计模型化具体表现为设计过程模型化和故障预测与健康管理和综合保障技术的模型化。设计过程模型化以美国佐治亚理工学院建立的系统分析过程为例，建立了系统模型、系统运行场景模型及工厂制造模型。过程包括元模型、剖面、模型库等知识收集，以及目标优化模型、费用模型、可靠性模型、机构动力学模型等多领域混合系统的仿真分析，保证系统设计与可靠性目标的同步实现。

（2）方法仿真化

方法仿真化表现为综合集成环境下建模仿真方法的大量使用，在可靠性维修性保障性的指标论证、方案权衡等方面，仿真方法可以提高考虑问题的范围和准确度；在设计分析阶段，基于产品专用特性模型，注入故障，仿真分析产品的可靠性、维修性、保障性水平，使可靠性工作在产品研制的早期即可以深入开展，以提高设计分析的能力和精度；仿真方法用于可靠性虚拟试验验证与评价，可大大减少实物试验的数量，缩短研制周期和降低费用。

（3）手段集成化

手段集成化表现为以 CAD/CAE 技术为依托的可靠性设计与分析工具及其集成，对不同仿真软件进行接口模块的二次开发和集成，通过接口模块进行数据交互与共享，研究系统集成技术，将开发的软件和系统进行综合集成，形成适用于产品功能可靠性分析平台，完成对系统的整体仿真和可靠性分析工作，从而有效避免重复建模，提高工作效率。

为实现上述特点，在数字化研制模式下，按照基于模型的系统工程思想，遵循 R（用户需求分析、系统需求分析）- F（系统功能架构设计）- L（系统逻辑设计）- P（产品构造设计）的理念，从系统需求出发，开展系统行为、架构、参数分析，针对核心功能架构进行详细建模，从指标需求上覆盖各级产品涉及的可靠性等通用指标与顶层战技指标相关的核心指标分解，形成战技指标要求和系统、分系统、单机等技术要求的映射链路。通过模型静态校验、行为图动态仿真运行对系统功能架构进行验证。基于模型的系统工程实施步骤如图 7 - 2 所示。

针对上述可靠性工程的新特点，如何充分利用 MBSE 技术方法，将数字化研制模式在可靠性工程领域深入实践，重点研究方向如下：

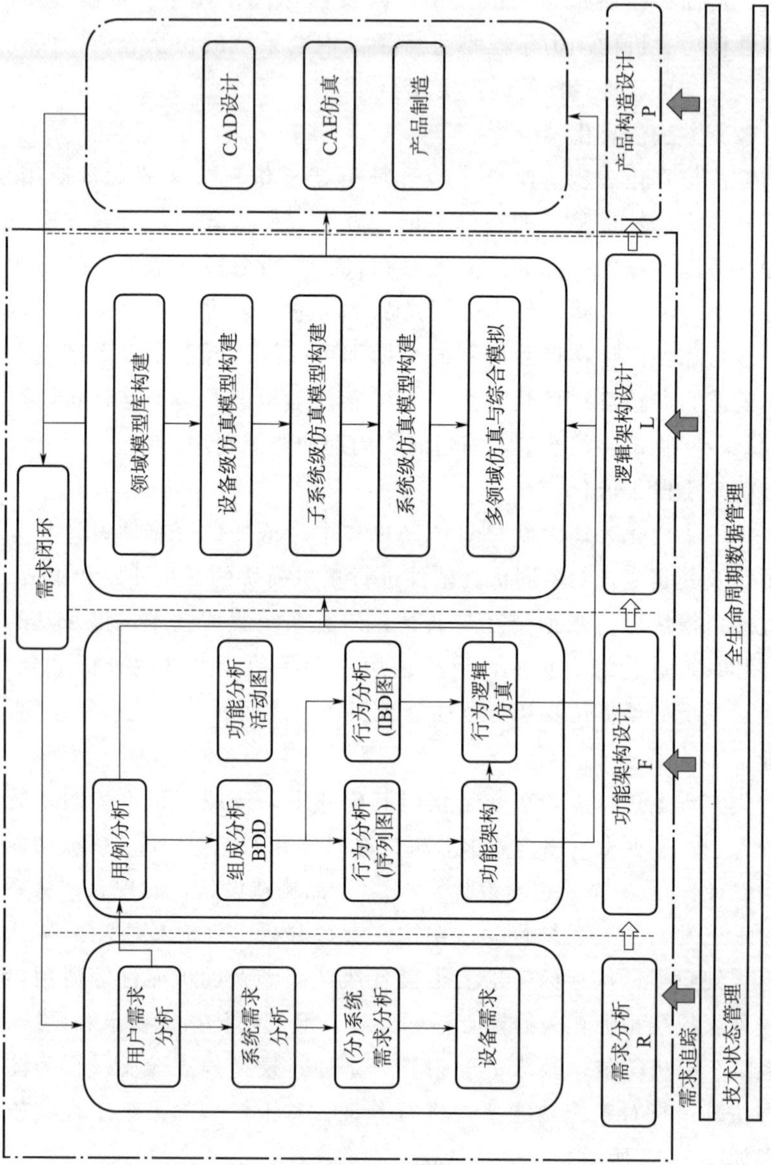

图 7－2　基于模型的系统工程实施步骤（“R－F－L－P”）

（1）可靠性与性能一体化设计

在当前装备研制过程中，可靠性工程自成体系，部分可靠性工作存在“走过场”的情况，装备性能与可靠性之间相互割裂、“两张皮”的问题显著。数字化的研制模式，为解决这一问题提供了有效途径。首先，在数字化研制模式下，装备的需求模型、功能模型、物理模型、故障模型等实现了有效集成，这为打通装备的性能设计和可靠性设计的信息交互奠定了有力基础，对于产品的故障模式、演化规律更能深入机理层面，有力提升可靠性的正向设计能力；其次，数字化技术手段可以在论证阶段开展指标权衡优化仿真，在设计阶段开展性能可靠性一体化设计仿真，对于关重件和薄弱环境开展故障机理仿真，这些技术手段都可以丰富和发展一体化的设计理念；最后，数字化平台的建设，包括实现设计文档、设计模型、分析技术方法的高效基础，实现可靠性与性能的综合管理。

（2）低成本可靠性工程

在大国博弈的背景下，保证武器装备高质量、低成本、可持续发展，支撑规模生产，提高我国装备部署量，是实现防御力量实战化能力的重要手段。装备低成本工程的本质目的是为了降本增效，数字化技术是低成本可靠性工程的重要技术手段。首先，数字化的可靠性研制模型可以在全寿命周期的范围内，提升可靠性工作综合管理效率，降低人力资源投入。其次，借助数字化技术，辅助开展产品可靠性设计，可以在有限资源下提升可靠性工作效率，例如根据 PDM 系统的 BOM 信息，自动进行可靠性预计，并将预计结果反馈到 PDM 系统；根据 EDA 软件的电路图、电路板图等，建立测试性模型，并注入故障，进行测试性设计分析；根据 EDA 软件的电路图、电路板图数据，建立材料模型、工艺模型后，进行基于故障物理的可靠性仿真，预测寿命。此外，借助数字化样机，开展装备可靠性仿真试验反馈产品设计，可以在显著降低实体装备可靠性试验次数的前提下，真正地实现“设计、验证、再设计”的产品设计理念。

（3）装备可靠性数字化鉴定

系统级、体系级的复杂装备在进行状态鉴定时，既需要消耗大量的人力、物力和财力，又可能存在作战场景覆盖不全、考核不到位的情况，数字化鉴定是武器装备鉴定工作未来重要的发展方向，图 7-3 给出了基于 MBSE 的数字化装备鉴定流程。可以预见，数字化技术将对传统的可靠性设计分析及试验验证工作带来深刻的变革，不同作战场景下任务可靠性、保障效能等指标的考核需要借助体系集成仿真平台，开展数字化鉴定工作。装备数字化试验可以实现对试验全过程的跟踪，将被试装备的试验数据全面客观完整地记录下来，从而实现基于被试装备试验状态、试验过程和试验结果的综合性评估，并且可以多次、重复地开展试验，取得更加全面的数据，提升评估质量，提高试验效果评估的客观性和全面性。因此，如何利用数字化鉴定技术，结合外场试验，开展综合鉴定工作是未来武器装备状态鉴定技术的重点发展方向。

7.2　装备体系化场景下的挑战

随着隐身飞机、巡航导弹、陆基和潜射弹道导弹、蜂群式无人机、临近空间高超武器等武器装备的不断发展以及多域战、分布式指挥等概念的不断深化应用，未来战场扩展到了陆、海、空、天、电磁等多维空间，武器装备运用呈现出“即联配系、敏捷指控、协同编成”的特点，武器装备对抗由“平台对平台”向“体系对体系”不断转变，对状态掌控能力、系统协调能力、快速反应能力、连续使用能力、有效保障能力等方面提出了新的要求和挑战。为应对多样化、体系化、高强度、快速演变的新型威胁，必须塑造装备体系，要强化策划和顶层设计，我国各军工科研院所也开展了功能完备、要素齐全、作战高效、运行可靠的装备体系研制工作，其集传感器、信息网络、武器平台于一体，各环节紧密衔接、高度融合，实现战场态势信息共享、协同探测与识别、协同指挥控制、协同发射、协

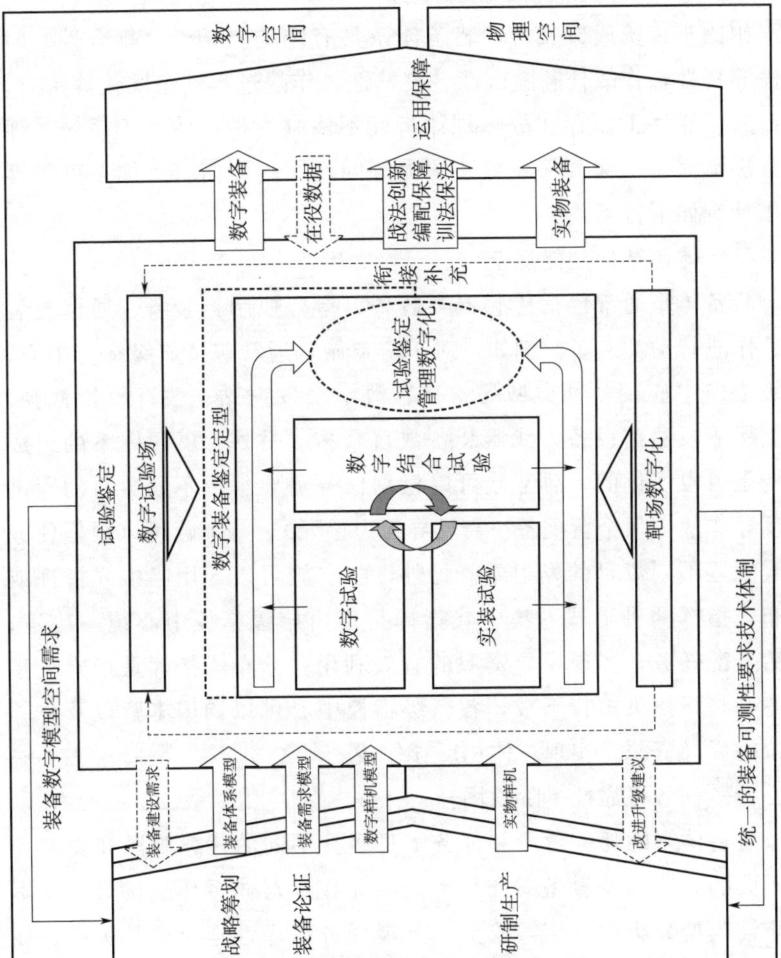

图 7－3　基于 MBSE 的数字化装备鉴定

图 7－3　基于 MBSE 的数字化装备鉴定

同制导、作战资源即插即用，克服单一链路、单一体制武器系统局限性。

相比于传统武器装备，装备体系具有结构复杂性、耦合性、时序性等特性，作战任务随机性、突发性，作战过程动态演化等特点，导致其可靠性工作存在故障规律特性不清晰、指标体系不系统、评估方法不完备、综合保障方法缺失等问题，具体而言，体系可靠性工作具有如下特点：

（1）体系结构功能复杂

装备体系通常包括传感器类装备、指挥控制类装备、通信类装备、作战行动类装备。例如，对于防空旅，通常包括旅级指控中心、营级指控中心、多种类型的雷达、数十个发射站、数百枚拦截弹，加上保障及通信设备，武器装备数目众多。另外，反导体系的组成结构是可以变化的，防空旅可以根据任务需要编成不同数目的营进行反导作战（每个营配备一套反导火力单元），每个营可以根据任务形式配置不同数目的发射站。另外，防空旅可以采用集中式指挥或分布式指挥两种形式：集中式指挥是指由旅级指控中心统一决策，然后分配任务，实现反导资源的有效利用；分布式指挥是指旅级指控中心将指挥决策权下放，各营级指控中心可以调用本营以及友邻单位的反导资源，实现一体化反导作战。

（2）任务可靠性多阶段耦合

装备体系的任务阶段和任务类型多，不同的任务阶段和类型需要不同的武器以及设备参与任务，因此在针对体系作战场景，基本可靠性模型分析没有实际意义，开展任务可靠性建模则是关键。在任务可靠性建模时，存在多阶段耦合的情形，以反导任务作战过程为例，依据弹道导弹的运行轨迹，反导作战过程通常包括上升段拦截、中段拦截、末段拦截，根据作战机制，则包括探测预警、指挥控制、火力打击等环节，任务类型与阶段的变化影响装备体系的任务可靠性。装备体系的任务可靠性描述困难。当前，国内外学者主要采用体系结构产品描述装备体系，但是体系结构产品面向多种应用需求，给出的信息较繁杂且存在冗余，例如 DoDAF 2.0 产品包括 52 个产品，8 个方面的信息。对体系任务可靠性建模分析而言，一方面存在较多的冗余信息；另一方面，可靠性逻辑关系、时间描述等可靠性建模与分析中的重要因素没有在体系结构产品中得到明确的描述。因此，需要对现有的体系结构产品进行一些剪裁和扩展才能满足可靠性建模的需求。

(3) 体系韧性特点显著

体系韧性是体系显著特征，也是体系可靠性重要的度量手段。韧性作战系统在开始时，先依据当前作战任务加载作战数据，系统进行实时状态监控和作战环境感知，指挥层根据相关数据进行决策，此时系统具备完全作战能力；随着作战进程深入，作战对手发动攻击或系统自身节点发生故障，系统感知到威胁事件，韧性作战系统进入自我预防状态，作战层做出反应；在预防状态，韧性作战系统依靠自身的适变机制处理威胁事件，如成功则系统威胁事件预防成功，系统作战能力得以保持，否则系统进入降级状态，系统作战能力下降；在降级状态，韧性作战系统依据当前作战任务和作战环境，进行任务影响自主分析和任务再规划，储供层和维修层进行参与，基于任务重新调配作战资源，系统作战能力开始逐步恢复，系统进入恢复状态；在重构状态，韧性作战系统依据任务再规划结果进行系统结构自适应重组，系统最终达到所需的完全作战能力。只有认清体系的韧性过程特点，才能高效率开展体系故障传播规律认知、体系综合保障决策、体系效能评估等工作。

基于上述特点，研究装备体系可靠性关键技术问题，对于保持体系战备完好性，充分发挥装备体系效能具有重要意义。体系可靠性的重点研究方向如下：

(1) 装备体系故障规律特性

对于传统单装而言，装备故障模式主要为元器件、原材料等基础产品失效或软件程序发生失效，基础产品的失效行为通过装备内部组成关系进行传递，并反映在产品外观或性能参数上。而体系通常被认为是由系统构成的复杂系统，具有业务独立性、管理独立性、地理分布性、演进性开发、涌现行为等特征。遭遇外部攻击、单个节点发生故障或退化与通信时延或中断等行为故障规律及对所属体系的影响仍有待继续深入研究和探索。

（2）装备体系可靠性指标体系

目前对元器件、原材料、部组件、整机、系统等不同层级产品开展可靠性评价主要依靠可靠度、MTBF等指标，然而针对未来战场高动态、高复杂性、不确定性等特征以及装备体系能力结构复杂、层次要素众多等特点，仅利用可靠度指标难以准确描述体系各类要素特征。韧性是描述减少破坏性事件的规模及持续时间的能力的一项体系性能指标，其包括预测破坏事件及对破坏事件的吸收、适应和恢复能力。在元器件、组件等层次，可靠性和韧性是等价的，然而对于复杂体系，可靠性和韧性的概念内涵完全不同。因此，针对装备体系动态可靠性建模及评估的需求，系统、科学地构建可靠性指标体系是亟待深入研究和探索的课题。

（3）装备体系可靠性建模与评估技术

目前开展装备可靠性建模与评估工作仍使用串联、并联或马尔可夫等传统模型，然而装备体系网络具有复杂性、动态性（可维修、可重构等）、耦合性、时序性等特点，并且体系作战以服务交战为核心。因此在开展装备体系可靠性建模与评估时，需要综合各体系内节点功能性能，考虑观察、判断、决策、行动（OODA）环路和有效杀伤链，以及韧性等可靠性指标，科学、准确地评价体系可靠性水平。

（4）装备体系综合保障技术

随着装备研制由交装备向交体系、交能力转变，对装备体系的综合保障和智能运维提出了更高要求。考虑到装备体系“即联配系、敏捷指控、协同编成”的特点，提供备品备件清单、定期定时更换的传统综合保障工作模式已经无法确保作战效能的发挥及持续保障能力的形成。因此，结合体系作战模式、保障需求特点等，明确体系整体保障能力需求及保障效能、战备完好性等顶层指标要求，开展体系状态感知及保障决策支持技术研究是亟待深入研究和探索的课题。

7.3　装备智能化发展下的挑战

依托大数据、人工智能、神经网络算法，智能化武器装备将突破人类生理和思维极限。未来战争必定是智能化战争，人工智能武器终将成为未来战场的杀手锏。以防空导弹发展为例，从探测、跟踪、寻的、拦截到成功摧毁目标，整个过程中的制导和作战都将完全自主实现，同时实时获取战场信息，并将有用信息从海量信息数据中分析提取出来，同时对当前态势进行提前化的准确预测，在缜密分析和判断后做出决策并且执行，不再依赖卫星导航，在无卫星定位导航服务条件下，仍能通过其他信息辅助导航技术进行导航，完成作战任务。

未来基于智能化装备武器装备的作战使用中，机器成为主要作战武器，无人作战装备将成为战场中坚力量。机器逐渐走向前端战场，人在后方进行全局布控和指挥决策。算法成为致胜优势，更高自主性的无人系统通过算法进行实现。能够提高对信息进行处理、感知和决策的可靠度及运算速度，从而获得战争主动权。互联互通成为关键，在复杂环境下也能实现高速、高容量、可靠、低延时的信息传递。信息系统、指挥控制、作战平台的全面智能化，完全形成智能化作战体系。装备智能化发展趋势下的可靠性工作特点如下：

（1）故障模式多样化

智能化装备比起机械化、信息化装备，将呈现新的形态。与信息化装备相比，智能化装备将从“信息优势”转向“智能优势”主导，作战方式将从“人机相对分离”转向“人机协同一体”。因此，针对智能化装备的故障模式存在传统的硬件、软件故障模式外，还包括智能化的故障模式，故障产生的原因既包括环境因素也包括人为对抗等因素，表 7－1 给出了智能化装备的故障模式及其影响因素的简要分析表。

表 7－1 智能化装备组成及其故障模式、影响因素表

产品类别		故障模式	环境因素	时间因素
硬件	机械部分	腐蚀，疲劳，磨损，变形，松动	气候环境因素、力学环境因素	随时间老化、磨损、腐蚀
	电子部分	参数超差，参数漂移，短路	电磁环境因素	随时间老化、磨损、腐蚀
软件		输入输出问题，性能问题，设计/逻辑问题，时序问题	网络攻击环境	—
智能	数据	数据质量，不平衡数据，数据噪声，对抗攻击，数据投毒	人为对抗因素	随学习正向增长、随攻击反向衰退
	算法	域外测试，分布偏移		
	模型	预测错误，模型偏差		

（2）自我学习，智能健康管理

对于不同的智能装备，由于其承担的任务、所处的环境和所应用的领域均不同，故其硬件实体和组成机构差异性很大。例如无人机、无人坦克、无人舰艇等的硬件实体、组成机构、结构形状完全不同。智能装备硬件实体的控制系统集中体现其智能度，主要是通过人工智能技术的赋能，面向特定任务，在自身模型、外部干扰和非致命故障等各种不确定和扰动情况下，使装备具有在复杂作业环境下执行多变任务的自主控制能力，并可通过主动学习、不断进化，使装备性能持续提升。硬件实体通过人工智能赋能其控制系统，在自身硬件、外部干扰和非致命故障等各种不确定和扰动情况下，使智能装备具有在未知复杂作业环境下自主执行多变任务的能力，这就要求智能装备的硬件实体及其控制系统能够进行自动监控、自诊断、自治愈的智能健康管理，同时要具有智能自主制导、控制与优化等方面的自适应性。

(3) 任务场景不确定性

对于战场态势进行准确的智能感知与识别是智能装备进行可靠应用的基础，要求在各种条件下都能准确感知和识别。由于战场环境的多变性和不可预测性，目前越来越依赖于使用深度学习模型来捕捉其中的关键特征，取得了较好的效果。但是，深度学习模型不可避免地存在模型过拟合和模型迁移、泛化的问题。智能化战争中战场情况异常复杂，战场态势和任务场景（环境）充满了不确定性，导致难以获得大量的真实目标和战场数据来训练模型，也难以确保模型不在特定环境下产生“偏见”。目前针对感知智能系统的可靠性性测试都集中于无语义的数据混淆，甚至是采用对抗攻击样本生成方式，不能反映任务场景（环境）的语义特征和不确定性特点，对其进行可靠性建模、分析和评价带来重要挑战。

(4) 安全性约束是底线

智能化系统平台并不是“全能的”，更不是“完美的”，存在着一些不可避免的缺陷和漏洞，特别是在复杂战场环境中，拥有高度智能的作战系统很有可能出现识别错误、通信降级、系统失控甚至遭电磁、网络攻击后“倒戈反击”等问题，我们应在研究探索智能化产品实际使用中如何确保其可靠性，保持高度警惕，注意规避风险。

为解决上述问题，未来的重点发展如下：

(1) 人工智能自主可控下的可靠性设计与评价

当前大量的深度学习模型及数据库，模型开发训练平台以及承载模型的芯片等硬件载体多是国外产品。针对人工智能基础设施的自主可控能力不足的问题，重点建设人工智能通用基础设施条件，涵盖可重构芯片、碳基芯片、光量子芯片、智能传感器、智能自修复材料等基础产品的检测验证条件，智能产品的硬件、软件、算法的失效模式表征特征库，智能产品训练资源库和标准测试数据集，以及全面完善的智能产品云服务平台，具备对智能装备可靠性性指标的验证与评估的能力。从而促进智能产品设计改进，满足智能装备满足可靠性设计与试验验证评价需求。

（2）智能装备作战场景模型及训练资源数据集构建能力

战场环境中的各种因素变化，如气象、水文、空间等要素的变化都可能会使装备系统无法准确感知和识别其中的目标对象，此外对目标对象有针对性的伪装也对深度学习模型的鲁棒性带来影响。针对当前人工生成作战场景的测试覆盖性和充分性不足的问题，建设具有鲁棒性的智能装备作战场景模型库及训练资源数据库，针对智能装备的任务、环境、工况和反馈等复杂条件，能够自动生成可靠性、安全性的自动测试数据集，为训练和开发合适的智能算法，解决当前作战中还未解决的实际问题提供支撑，以提升现有装备作战能力水平。

（3）智能装备可靠性、安全性半实物仿真测试能力

当前对智能装备的测试主要集中在算法层面和模型层面，较少涉及系统层测试。考虑到智能装备的多样性，基于仿真环境的测试是目前最有效的智能能力测试与评估方式。随着技术和装备的发展，部分装备可以实现虚实空间的对接，部分装备可以缩微成等价实验室模型或者数据发生器，这也给基于仿真的测试方法带来新的机遇。需建设智能装备可靠性、安全性半实物仿真测试平台，涵盖仿真测试验证数字模型、数据仓库、半实物仿真设备等，实现智能装备作战任务场景仿真、复杂环境模拟、人机协同验证等可靠性、安全性测试验证能力。

7.4 装备实战化环境下的挑战

聚焦备战打仗是衡量和检验武器装备现代化水平的重要标准。为进一步提升装备的实战化水平，要立足作战需求，在装备转型发展的新时期，从未来可能打什么仗、怎样打仗、跟谁打仗的角度出发，弄清实战化环境的内涵与外延，进而明确武器装备的体系、规

模、结构、性能、指标等，确保新研武器装备适应能打仗、打胜仗的要求。在装备瞄准实战化环境的研制过程中，可靠性工作具有如下特点：

（1）实战化作战条件复杂恶劣

装备实战化作战面临复杂严酷使用环境，且具有强耦合性、非线性、失效关联性等复杂环境效应，需要开展环境谱设计、复杂自然环境损伤规律和作用机理、复杂环境效应模拟与加速试验设计、环境效应建模与仿真等研究，解决全寿命周期复杂动态环境效应快速预测问题，为装备复杂环境效应分析、建模仿真、试验鉴定等工作提供指导。针对实战化装备复杂、严酷复杂自然环境适应性验证与量化评价需求，搭建模拟“天地一致性”飞行环境、结构功能一体化产品多场耦合性能验证及战场电磁环境效应与干扰的综合环境试验系统，具备整机及多舱段分区温度-湿度-振动-电磁干扰综合模拟试验能力，实现对面向实战化及“天地一致性”、装备地面试验“试战一致性”的空天环境综合性能试验验证目标，满足力—热—环境综合效应验证需求。

（2）实战化指标全覆盖、可验证

针对实战化装备的部署要求和使用特点，梳理装备全寿命周期装备通用质量特性设计的特点和保证要求，开展通用质量特性设计、通用质量特性试验与验证评价等工作，回答装备通用质量特性设计和分析的定量指标要求。论证阶段应明确各项战术技术指标定义及相应试验考核方法，目前多数新研型号在方案论证阶段制定战术技术指标时，由于军方将部分成熟型号战标移植至本型号，导致该些指标定义不甚清晰，在状态鉴定阶段难以开展评定工作。同时，部分军方提出的战术技术指标缺乏相应的试验验证手段、或鉴定成本过高。为后续开展试验鉴定工作带来许多困难。因此，在新时期装备研制总要求论证过程中，应关注战术技术指标的可验证性。

（3）实战化考核要虚实结合

在作战需求的根本牵引下，装备实战化试验鉴定模式和试验鉴定项目要求不断提升，部队实战化演训频率、强度不断加大，交付装备面临严酷的实战检验。实物试验最能真实反映武器装备的各项技术指标的实现情况，但同时也存在着试验成本高、试验效率低等问题，且部分技术指标无法通过实物试验进行鉴定。需开展通用质量特性专业技术领域时空融合的虚拟试验方法、机理驱动的装备建模与自适应优化理论、虚实数据融合检验机制等技术研究，解决实物试验和虚拟试验之间的数据实时对比、快速迭代验证和历史数据高效复用等问题，提高仿真计算与实物试验的分析比对精度，实现实物试验与虚拟试验的协同化与标准化，保证试验验证的有效性和全面性。

综上所述，在实战化条件下要求武器装备在复杂战场环境干扰下能够正常发挥效能，需要基于实战化需求，从设计风险分析与控制、试验验证、质量问题改进等方面开展可靠性工作，重点研究方向如下：

（1）实战化可靠性设计风险分析、控制

以提升武器装备战斗力为目标，从实战化要求出发，按照“吃透变化、吃透环境、吃透成功”的工作要求，充分识别产品所有可能使用场景，严格开展技术风险分析和控制。强化实战化分析、验证能力和共性支撑资源库建设。重点提升实战化场景识别、分析与构建技术，复杂实战环境分析与预示技术，多物理场耦合试验验证技术等实战化分析、验证能力；加强环境剖面数据库、故障模式与失效机理库、设计准则库等共性支撑资源库建设，满足型号研制需要。设立型号伴随专家组，支撑型号技术攻关和把关，严格执行技术评审，组织开展重点型号（项目）的独立评估。严格控制技术状态变更，充分分析和验证变更的影响。

（2）实战化可靠性验证和试验管理

开展测试覆盖性和试验充分性分析，强化贴近实战的试验验证，深入开展面向实战、高效的通用质量特性试验技术研究。重点开展通用质量特性与功能性能一体化试验、通用质量特性数字化仿真、系统级可靠性强化试验、测试性仿真分析与验证、结构静/热强度虚拟试验、电磁环境与自然及力学环境综合试验等试验技术攻关，为开展面向实战的试验验证奠定基础。具体试验实施时，一方面强化型号试验项目策划及试验实施管控。全面、系统开展型号物理试验和数字试验的策划、审查，并实行动态管控，保证试验策划的覆盖性、合理性；围绕装备实战化趋势，强化试验评审，确保满足“新研产品的天地一致性、沿用产品的环境适应性、系统级产品的试验覆盖性”等要求。另一方面加强贴近实战的试验验证。按照“鉴定试验、作战试验、在役考核”层层递进的实战化考核体系要求，面向实际使用维护、提升装备战斗力，以贴近实战化运用为导向设计、实施验证试验，重点强化复杂电磁环境下对抗试验，以及面向实战的飞行试验验证。

(3) 质量问题机理研究与“双五”归零要求落实

对装备在实战条件下暴露的质量进行深入分析和整改是提高装备实战化可靠性的有效途径。因此，需要加强现役装备质量问题整改，形成装备质量问题敏捷整治和迭代改进机制。一方面加强质量问题机理研究，重点开展质量问题失效机理分析和整改措施有效性验证，为质量问题的彻底解决和改进奠定基础。另一方面在质量问题处理过程中严格落实质量问题“双五条”归零要求，严格把关故障定位和故障复现，强化归零措施的系统性和有效性，强化归零的彻底性；同时强化典型问题、批次型质量问题的举一反三。

参 考 文 献

［1］ 任占勇．数字化研制环境下的可靠性工程技术：基于产品数字样机的可靠性设计与分析［M］．北京：航空工业出版社，2015.

［2］ 曾声奎．可靠性设计与分析［M］．北京：国防工业出版社，2011.

［3］ 吴科，吕文婷，姚超雪，等．浅析无人机软硬件余度设计方法［J］．价值工程，2022（26）：127－129.

［4］ 闫英，锁斌．基于证据理论的不确定量化方法与研究［M］．北京：科学出版社，2018.

［5］ 赵亮．基于随机集理论的 QMU 关键技术研究［D］．绵阳：中国工程物理研究院，2016.

［6］ 康锐，王自力．可靠性系统工程理论研究回顾与展望［J］．航空学报，2022，43（10）：527505.